KB233101

新경제제도론

지속가능한 발전을 위한
시스템과 조직

新경제제도론

지속가능한 발전을 위한 시스템과 조직

지은이: 블라디미르 D. 안드리아노프(V. D. Andrianov)
번 역: 대외경제정책연구원 SNU-KIEP EU Center,
       한양대학교 아태지역연구센터 HK 사업단

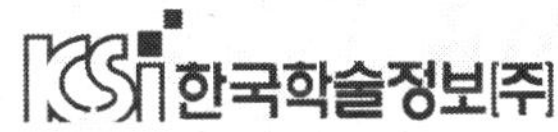

한국학술정보[주]

> 시장 발전의 내적 법칙들은 인식 가능해야 하며
> 시장과 관련한 여러 관계들 속에 노정된
> 자율조절 메커니즘은 국가 통제 메커니즘 속에서
> 국가 경제에 의해 활용될 수 있고,
> 또 활용되어야만 한다.
>
> 콘드라티예프, 『경제 동력의 제 문제들』(모스크바, 1989).

경제에서 정부의 위상, 역할, 기능과 관련된 문제들은 경제학이 태동하던 시기부터 학자들의 관심 대상이 되어 왔다. 지난 백여 년 동안 전 세계의 경제 문헌들은 정부가 시장 경제 체제에 얼마나 간섭할 수 있는가의 문제에 대해 수많은 의견들을 제시해 왔다. 이런 면에서, 그 시기가 전쟁의 시기였는지 평화의 시기였는지, 혹은 급속한 경제 성장기였는지, 아니면 빠른 인플레이션 또는 디플레이션 시기였는지 등 세계경제 발전의 구체적인 상황들에 따라 학자들의 시각은 본질적으로 변화해 왔다.

세계 경제 발전의 객관적인 전개 과정들은 경제 발전의 법칙성과 경향들에 대해 경제이론이 가지는 본질적인 역할의 확대뿐만 아니라, 과학적 연구에 기초한 국가 경제 정책의 연구까지도 가능하게 하였다.

본 연구서에서는 중상주의, 경제자유주의, 케인스 이론, 통화주의, 사회적 시장경제 모델, 국가통제주의, 제도주의, 지속 가능한 발전 이론, 조절이론과 같이 학파 혹은 이론이라고 불리는 과학적 연구 경향들과 관련된 여러 학자들의 견해들이 다루어진다.

지난 세기 서유럽의 거시 경제학 이론에서 경제 발전 과정의 조절론 문제에 대하여 경제학자들이 보여준 시각의 변화 과정 속에는 일명 **케인스 이론**과 **통화주의 이론이라는**, 경제 조절의 두 가지 대안적 개념들이 들어 있다.

케인스 이론은 자유 시장 체제가 거시 경제학적 균형을 보장하는 내부 메커니즘을 상실했다는 인식으로부터 출발하였다. 따라서 차별화된 재정 정책 수단을 통한 정부의 적극적인 경제적 간섭이 제안되었다. 통화주의 개념의 기반에는 시장이란 본래 경쟁적이며, 시장 체제는 자동적으로 거시 경제적 균형에 도달한다는 입장이 깔려 있었다.

본 연구서에서 저자는 시장 경제 조절에 대한 본인의 이론, 즉 기능적 경제시스템 이론의 한 구성 요소라고 할 수 있는 자율조절이론을 제시하고자 한다. 기능적 경제시스템 이론과 자율조절이론은 케인스 이론과 통화주의 개념을 따르는 많은 뛰어난 석학들의 시각으로부터 비롯된 독창적인 합성이론이다.

이 자율조절이론은 널리 알려진 두 이론이 보여주는 영원한 대립 속에서 새로운 시각을 실제적으로 정립시켜 줄 것이다. 자율조절이론을 제시함에 있어 본인은 시장경제가 성공적으로 기능하기 위한 기본적 조건이 지속 가능성(또는 안정성)과 역동성이라는 점에서 출발한다.

경제학 이론에서 지속 가능성은 여러 다양한 경제적 균형 개념들 가운데 하나의 속성으로 간주되며, 이 경제적 균형의 중요성에 비추어 균형의 획득과 유지는 거시 경제학의 가장 중요한 과제들이 되었다.

체제 분석의 여러 법칙들에 따르면, 그 어떤 체제에서도 지속 가능성(또는 안정성)은 그 속에 자율조절이론의 메커니즘을 내재하고 있다. 저자는 기능주의적 경제시스템은 경제시스템의 거시경제적 수준에서, 그리고 자율조절 조직들은 미시 경제적 수준에서 자율조절 메커니즘이 되어야 한다고 생각한다.

이 책에서 저자는 자율조절이론과 기능주의적 경제시스템 이론을 새로운 연구 패러다임으로 살펴보고자 한다. 이 이론들은 개별 학문으로 소개될 수 없는 사회와 학문분과 상의 여러 영역(경제학, 정치학, 사회학, 문화, 물리학, 수학, 환경학, 사상 등)들 간의 상호작용을 연구한다.

이 연구서는 2007년 제5차 국제 콩쿠르에서 사회과학 발전에 대한 기여를 인정받아 콘드라티예프 메달을 수상하였다. 학문적 중요성에 있어 이 상을 수상한 저서들은 국제적으로 저명한 경제학자들에 의해 노벨상에 버금가는 업적으로 간주되고 있다.

제1장

경제조절의 기본 개념들 / 11

1. 중상주의 ▌11
2. 경제 자유주의 ▌27
3. 케인스 이론 ▌30
4. 통화주의 ▌36
5. 사회적 시장경제 모델 ▌45
6. 국가 통제주의 ▌59
7. 제도주의 ▌72
8. 지속 가능한 발전 이론 ▌81
9. 조절 이론 ▌88

제2장

시장경제의 자율조절 이론 / 91

1. 경제시스템의 균형 및 지속 가능성의 개념 ▌91
2. 기능적 경제시스템의 정의와 주요 파라미터 ▌96
3. 기능적 경제시스템의 생성 및 발전의 제도적 기반 ▌102
4. 기능적 경제시스템의 성립 원칙과 그 특성 ▌111

제3장

거시경제적 자율조절 메커니즘 / 117

1. 인플레이션 수준을 조절하는 기능적 경제시스템 ▌118
2. 정부예산의 균형을 보장하는 기능적 경제 시스템 ▌181
3. 국가의 통화 안정성을 보장하는 기능적 경제 시스템 ▌199
4. 외환준비(外換準備)금 조성과 사용을 보장하는 기능적 경제 시스템 ▌205
5. 경쟁환경의 조성과 유지를 보장하는 기능적 경제 시스템 ▌247
6. 비선의적 경쟁으로부터 국내 시장을 보호하기 위한 기능적 경제 시스템 ▌253
7. 자본의 유입과 이동을 조절하는 기능적 경제 시스템 ▌264
8. 국민의 사회적 보호를 위한 기능적 경제 시스템 ▌287
9. 환경 보호를 위한 기능적 경제 시스템 ▌309

제4장

미시 경제적 차원의 자율조절 메커니즘들 / 315

1. 자율조절조직(SRO: Self-regulatory Organization)의 정의와 기본 성격들 ▌315
2. 자율조절 조직들의 분류 ▌323
3. 공동규제의 개념 ▌327
4. 러시아에서 자율조절 조직들의 형성과 발전 ▌329

결 론 / 339

참고문헌 / 344

제1장　경제조절의 기본 개념들

1. 중상주의

경제적 지식의 원천은 노예제 사회의 시대뿐만 아니라, 고대 이집트의 파피루스 텍스트, 함무라비 황제의 바빌론 비석문(기원전 1792~1750), 종교 찬송가들의 수록집인 고대 인도의 베다(기원전 약 2000~1000 사이)에까지 거슬러 올라간다. 과학으로서 경제학의 이론적 단초들은 고대의 위대한 사상가였던 아리스토텔레스의 여러 업적들 가운데에서 찾아볼 수 있다.

역사적 참고자료: 아리스토텔레스(기원전 384~322)는 고대에 이미 상품과 화폐, 그리고 자본의 초기 형태들을 포함하여, 경제학의 기본 범주들에 대해 심도 있는 분석을 선보였다. 자신의 저작 『니코마코스 윤리학』을 통해 그는 상품의 본질에 대한 연구 경향이 결정되기 수십 세기 이전에 노동과 수요라는 경제적 관계들의 두 가지 기초에 대해 최초로 언급한 바 있다.

최초의 경제 학파인 중상주의(무역상 혹은 상인이라는 뜻의 이탈리아어 mercante에서 유래)는 16세기 말에 태동하여, 18세기 중반까지 융성하였다. 중상주의는 자본의 초기적 축적 단계에 있는 국가들의 경제 발전을 연구하였다. 중상주의 방법론의 특징은 경제 생활의 실제 사실들과 통계들을 기술할 수 있도록 했을 뿐만 아니라, 베이컨과 홉스, 로크 등의 철학 사상을 발전시켰던 역사주의와 경험론을 활용했다는 점이다.

중상주의는 경제학의 선사시대가 어떠했는지를 연구한다. 중상주의자들은 무역을 부의 주 원천으로, 그리고 돈과 금, 은, 귀중품을 가치 있는 보화로 간주하였다. 때문에 중상주의자들에게 있어서 특징적인 것은 부를 돈과 동일시함으로써 한 국가가 부유하면 부유할수록 더 많은 돈(당연히 금과 은의 가치에 맞먹는)을 소유하게 된다는 결론에 이르렀다는 점이다. 그런데 화폐의 축적은 국가 권력의 도움을 받아야만 가능하다. 따라서 중상주의자들은 국가의 적극적인 경제 정책이 필수 불가결하다는 인식을 가지게 되었다.

중상주의자들은 국가에서 돈을 보존, 관리하는 체계를 만들 것을 정부에 제안하였다. 이 제안들 가운데에는 다음과 같은 것들이 들어 있다:

- 화폐의 해외 반출 엄금
- 외환에 대한 국가 독점시스템의 도입
- 외국 상품과의 교역을 위한 '물류 창고' 확보
- 외국인의 물품 판매 이익금은 내수 물품 구매에 반드시 사용되어야 한다는 규정

유럽 국가들에 의해서 제안되고 실행되던 당시 위와 같은 일련의 규정들은 시장 경제 체제의 형성을 촉진하였다.

그러나 자산가치로서 부를 축적하는 일은 많은 국가들에게 부정적인 영향을 끼쳤다. 특히 이탈리아와 포르투갈이 대서양을 경유하여 들여온 라틴아메리카산 금은 심각한 경제 침체를 야기했고, 훗날 경제학자들은 이를 '금을 처바른 가난'으로 명명하였다.

16세기 후반부터 발전되기 시작한 후, 17세기에는 일명 후기(혹은 산업) 중상주의라고 불렸던 이론이 크게 융성하게 된다. 이 시대는 위대한 지리적 발견의 '수확' 시기이자 절대 군주의 형성이 완성되어 가던 시기였을 뿐만 아니라, 부르주아 계층의 경제 교역이 성장하던 시대이기도 했다.

국가 경제 정책 영역은 무역 영역으로 전환되었고, 적극적 무역 수지의 달성은 무역 부문에서 가장 중요한 정책 과제가 되었다.

후기 중상주의 이론가들이 보여주었듯이, 국외로의 수출과 국내 수입 간의 비용 차이가 커질수록 국가는 부유해지게 된다. 이 같은 차이를 이루기 위해 두 가지 방법이 제안되었다. 우선 원재료의 수출보다는 완제품 판매에서 더 많은 수입이 이루어졌기 때문에, 완제품의 수출만이 허용되었고, 값비싼 사치품의 수입은 금지시켰다. 두 번째 방법으로, 이 같은 차이는 간접 무역 방식을 통해 이루어졌으며, 이를 위해 자금의 해외 반출이 허용되었다. 이때 제시된 원칙은 한 국가에서 물건을 싸게 사들인 후, 이를 다른 나라에서 비싸게 되파는 것이다. 적극적으로 무역 수지를 이루고 해외 시장을 석권하기 위해 정부는 해외 수입품들에 대해 의무 관세를 매기기 시작했고, 특히 해외 시장에서 수요가 많은 상품을 다루는 기업가들을 포상하며 수출을 장려하였다.

공산품들을 꼭 수입해야 하는 불가피성으로부터 벗어나기 위해 산업 발전, 특히 제조업의 육성을 권장하였다. 영국, 프랑스, 네덜란드, 이탈리아 정부는 자국의 경제 정책을 통해 상인들이 기업주가 되도록 적극 장려하였다.

이렇게 하여 산업 생산 발전을 촉진하는 새로운 법률들이 제정되었다. 산업 기반의 기업들은 세금을 감면받았고, 보조금과 특별 신용 대출도 지원받았다. 국유 공장들이 부분적으로 사유화되기도 하였다. 경제사에서 이것이 바로 민영화 과정의 첫 원형이었다.

경제 영역에서 이러한 정책은 영국, 프랑스, 네덜란드로 하여금 그들이 산업 발전의 선두에 설 수 있는 시금석을 마련해 주었다. 일례로 영국은 가장 거대한 '세계의 패권국'이 되었고, 이들의 화폐는 점차 가치의 기준이 되었다.

중상주의의 이념들은 외국의 경쟁 기업들로부터 자국의 경제를 보호하고, 자국 생산품들의 판로 확대를 위해, 일명 정부 보호 무역주의라고 이름이 붙여진 국가 정책의 이론적 바탕이 되었다. 실제로 17세기부터 오늘날까지 특정 상황에서 보호무역주의라는 경제 정책을 시도하지 않은 나라는 단 하나도 찾아볼 수 없다.

후기 중상주의론으로부터 자본주의의 자유 경제 이론으로의 전이, 즉 자유 경쟁으로의 전환은 여러 유럽 국가들에서 산업 발전의 강력한 자극제가 되었다.

⁝ 러시아에서의 중상주의 개념의 발전

러시아 경제 사상사에 있어 새로운 단계는 17세기에 시작된다. 러시아가 서유럽 국가들에 비해 경제적으로 뒤떨어진 것을 극복해야 한다는 불가피성을 이론적으로 정초하려는 시도들뿐만 아니라 여러 경제 개혁들이 도입되었던 시기가 바로 이때였다.

이 시기 러시아에서는 전국 규모의 시장이 태동하였고, 다음과 같은 상황들에서 그 예를 찾아볼 수 있다:

- 지대 경작 면적 증대
- 가내 수공업의 경공업품 생산 양식으로의 전환
- 제조업 형태의 대량 생산 출현
- 상인 계층의 역할증대
- 대내 및 대외 무역 규모의 확대

정부는 채굴에 따른 광물의 절대 부족과 관련하여 귀금속류의 자산 가치에 눈을 돌렸다. 그리고 점진적으로 중상주의 정책을 도입하기 시작하였다. 중상주의 토대로부터, 국가의 경제 침체를 타계하고, 국가의 독립성을 보장할 목적으로 경제 개혁의 실현을 주장하였던 일련의 정치 행동가들이 등장한다.

러시아 중상주의의 최초의 대표자들 가운데에서 우리는 프스코프의 귀족이었던, 아파나시 라브렌티예비치 오르딘 – 나쇼킨(Afanasy Lavrentievich Ordin – Nashokin)을 꼽을 수 있다.

역사적 참고자료: 외무부(영사 부서)에서 근무한 바 있는 아파나시 라브렌티예비치 오르딘 – 나쇼킨(약 1605~1680 추정)은 대지주였으며 학식이 높은 사람이었다. 라틴어, 독일어, 폴란드어에 능숙했으며, 1667년의 신무역법 개정

작업에 참여하였는데, 이 법은 러시아의 국외 무역 정책이 앞으로 나아가야 할 방향을 제시해 주었으며, 러시아에서의 무역법 입안 개정에 중요한 공헌을 하였다. 오르딘-나쇼킨은 무역과 산업, 국가 경영의 조직 부분에서 일련의 구체적인 기구들을 설립하였다. 그는 국가 경영의 중추적 핵심기구의 강화에 각별한 관심을 기울였고, 귀족계층의 기득권에 반대하였다. 프스코프에서 오르딘-나쇼킨은 도시의 자치 경영을 도입하는가 하면, 외국 상인들의 선점에 맞설 방책을 제안하기도 하였다.

오르딘-나쇼킨은 교역의 발전에 각별한 의미를 부여하였는데, 그는 교역을 국가 수입의 가장 중요한 원천이자 국민의 복지 증대를 위한 여러 수단들 가운데 하나로 간주하였다. 또한 그는 자국 상인들의 무역 활동을 짓누르고 있었던 외국인 상인들과 세금부과자들에게 허용되었던 특권에 반대하는 경향의 자유 무역을 옹호하였다.

그는 또한 1667년 노브고로드 정관(定款)의 개정을 주도하였다. 오르딘-나쇼킨은 이 새로운 정관의 도입에 있어 러시아산 상품에 안정적으로 높은 가격을 책정하기 위해 러시아 상인들로 하여금 무역 회사를 설립하도록 유도하였고, 외국 상인들과 경쟁하게 하였다. 노브고로드 정관은 관세부과를 담당할 조직에 대한 문제들뿐만 아니라, 대외 교역을 규제하는 여러 법령들까지도 포함하였다. 실질적으로 오르딘-나쇼킨은 관세 보호무역주의의 근간을 만들어 놓은 것이다.

역사적 참고자료: 이 정관에 따르면 외국 상인들은 외국의 은이 국고로 유입되도록 하였던 외국환으로만 관세를 지불해야 했다. 외국인은 각기 루블 관세 6%와 통관세 10%를 내야 했다. 게다가 외국환은 낮은 환율로 국고에 유입되었다. 이에 반해 러시아 상인들은 5%에 지나지 않는 루블화 세금만 지불하면 되었다. 이 정관에는 외국과의 수익성 무역의 발전을 위해 상품의 종류

에 따른 관세의 차별화가 적용되었는데, 이 덕분에 관세 덕분에 상품 수입이 제한되었고, 반면에 수출은 장려되었다. 러시아 상인들은 수출품 판매로부터 생긴 이익금으로 외국 상품을 세금 지불 없이 구매할 수 있었다. 무역은 지역적으로 제한되었다. 외국인들은 러시아를 상대로 무역을 할 때 계약자 선정에 애를 먹었으며(그 이유는 상호 직접 교역이 금지되어 있었을 뿐 아니라, 계약 파기의 경우 교역 물품을 몰수당했기 때문이다), 이들에게 소매 무역과 외국인 교역자 간 무관세 교역도 역시 금지되었다. 오르딘-나쇼킨은 외국인과의 이중 교역을 제한할 것을 제안하였지만, 한편으로는 자유 무역과 무관세 교역을 조직하기도 하였다. 관세 부과의 궁극적 목적은 고가의 귀금속 확보 및 이것들의 국내로의 유입뿐만 아니라, 국내 무역의 보호와 이상적 무역 수지의 확보였다. 채무로 인한 국고 손실을 메우기 위해 오르딘-나쇼긴은 외국 상인들이 상품을 사들이면서 외국환 형태의 은화로 지불한 총액의 1/3을 국고로 환수하였다.

이 노브고로드 정관에는 금융 정책의 여러 원칙들이 포함되었다. 여기에는 적극적인 화폐 균형을 확보하기 위해 금과 은의 수출과 수입에 대한 조절과 엄격한 상규례가 제정되었다. 오르딘-나쇼킨은 또한 신용 무역 체계를 갖추려 노력하였다. 특히, 자유 은행의 기능을 수행하게 될 '향촌 회관' 건립을 제안하였다.

중상주의의 개념들은 러시아 최초의 경제학자들 중 한 사람인 유리 크리좌니치(Yuri Krizhanich) 저작들에서도 피력된다.

역사적 참고자료: 유리 크리좌니치(1617~1683)는 러시아어의 문법과 사전 편찬 작업을 정부로부터 위임받아 수행하였다. 자신의 역사 개념 속에서 크리좌니치는 지방주의 사상, 즉 전 세계 문명의 발전에서 개별 국가의 역할에 대한 생각을 피력하였다. 이것과 관련하여 그가 고려한 점은 러시아가 단일한 슬라브 문명을 창조 할 수 있고, 또 그래야만 한다는 것이다. 즉 그는 우크라이나를 러시아에 편입시켜야 한다는 생각에 동의하였다. 러시아에 장기간 체류하는 동안에 그는 『정치적 두마(정치)』를 써냈으며, 이 책에서 그는 국부를 만들기 위한 여러 방법들을 연구하였고, 경제 활동에서 국가의 개입을 옹호하였다.

유리 크리좌니치는 외국 상인들의 무역 활동 제한과 국가 주도의 무역 체제 구축뿐만 아니라, 지주 상인들에게 이자를 물리지 않고, 공업 원자재 수출은 금지하자는 의견을 내놓았다. 그의 저술이 나온 지 이미 300년이 훨씬 넘었지만 당시 러시아 정부에 대한 다음과 같은 유리 크리좌니치의 호소는 그 현실성의 가치를 잃지 않은 채, 오늘날의 국가 지도자들에게까지 그 영향을 미치고 있다.

"통치는 피통치자들의 복지를 위해 수행되어야 하며 모든 개혁은 삶이 필연적으로 더 행복해지고, 민중이 더 부유해질 수 있도록 실현되어야 한다. 또한 우리는 신이 은총을 베풀지 않고 그대로 내버려 두지 않을 러시아의 행복의 별을 믿고 자신의 길을 찾아야 한다."

비교적 균형 잡힌 경제 시각을 제시한 사람으로서 러시아의 최초 중상주의자들 가운데 한 사람이 바로 이반 찌호노비치 포소쉬코프이다.

역사적 참고자료: 이반 찌호노비치 포소쉬코프(Ivan Tikhonovich Pososhkov: 1652~1726)는 공예가 집안에서 태어났다. 그는 조폐소의 거장이었고, 양조장을 소유하고 있었을 뿐만 아니라, 토지 또한 적지 않게 가지고 있었다. 재능 있는 작가이기도 했던 포소쉬코프는 자신의 처녀 작품으로 화폐와 군조직 개혁의 문제들을 다루었다. 72세 되던 해(1724)에 그는 『빈부에 관하여』이란 저서를 집필하였다. 이 책에는 부당한 빈곤이 무엇 때문에 발생하는지, 또한 치졸하고 더러운 부는 왜 증식되는지의 문제들이 들어가 있다. 이 저서는 세계적으로 가장 저명한 중상주의 경제 문헌의 하나로 손꼽힌다. 이 책은 애덤 스미스의 『민중들이 소유한 부의 본질과 원인에 대한 연구』(1776)란 책이 나오기 훨씬 이전에 쓰였다. 이 책은 총 9장으로 구성되어 있고, 경제 활동, 국가 조직, 교회 생활과 교육 등의 문제를 다루고 있다. 그의 사상에 따르면, 물질적 부는 '짜르의 부'와 '범 민중적인 부'로부터 생성되며, 이 경우 토지는 짜르에게로 돌아갈 가장 풍요로운 공물이 된다. 포소쉬코프가 보기에 러시아만의 특별한 부는 기독교적인 사랑이었는데, 그는 이 사랑을 물질을 초월한 진

리라는 부의 화신이자 러시아 국가 통치력의 견고한 발전적 기초로 보았다. 이 연구는 경제의 문제점들이 영혼의 문제와 함께 고찰되었던 것으로 러시아 역사상 최초의 업적으로 평가받았다. 포소쉬코프는 당시로서는 혁신적인 경제 개혁을 도입할 것을 최초로 제안하였다. 그렇기 때문에 그의 책이 출판된 것은 1848년이 되어서야 가능했다.

포소쉬코프는 '전 국민의 부유화' 달성을 위한 경제 정책을 최우선 과제로 설정하였다.

산업 발전 부분에서 포소쉬코프가 제안한 사항들로는 다음과 같은 것들이 있다:

- 국고를 이용한 공장 건설과 건설 이후 공장의 사유화
- 경공업의 발전과 경공업 규정
- 장인 공작소 도입
- 발명 장려
- 광물탐사 수행

그의 의견에 의하면, 이 정책들의 실현이야말로 한 국가의 돈을 '유지'시킬 수 있도록 해 준다. 그는 또 대외무역에 특별한 관심을 두었다. 무역은 상인들의 독점이 되어야 한다고 본 포소쉬코프는 외국 상인들과의 조직적인 무역을 위해 정부의 감독과 보호 아래 러시아 상인 계층 전체를 하나로 결집시킬 것을 제안하기도 하였다.

아울러 포소쉬코프는 해외 무역의 지역적 제한, 수출품목들에 대한 높은 가격 책정, 산업 원자재의 수출 금지, 완제품 수출의 확대를 옹호하였다.

국내 무역에 있어서 포소쉬코프는 표준 경화의 설정을 호소하였고, 시장의 가격 담합에 반대하였다. 금융 분야에서 포소쉬코프는

화폐와 그 유통에 각별한 관심을 기울였다. 유명론자(唯名論者)로서 포소쉬코프는 돈의 가치는 국가 권력에 따라 다르다고 보았다. 그가 보기에 짜르는 금속 함유량과는 상관 없이 자신의 의지에 따라 주화의 가치를 매길 수 있다고 보았다. 예를 들어, 만약 짜르가 동으로 만든 짜르 문양 주화 위에 1루블이라는 글씨를 새기도록 명령을 내리면 이 주화는 영원토록 1루블의 가치로 통용되는 것이다. 즉 화폐는 그 자체로 정부의 창조물이자 가치이고, 법에 의한 생성물에 다름 아니었다.

화폐 개혁의 분야에서 포소쉬코프는 순은으로 동전을 주조할 것과 주화의 금속 함유량을 축소시키고 종전의 구리 주화를 작은 크기로 바꿀 것을 제안하였다. 국세에 있어서는 농민층에 대한 세금 감면과 귀족층에 대한 세금 부과를 도입하도록 촉구하였다.

경제 및 정치적 통합의 길로 나아갔던 17세기 러시아는 경제 개혁의 실행을 위한 대전제들을 만들어 놓았다. 이 전제들은 18세기 초반에 완성되었고, 실질적으로 중상주의 경제 정책을 실현하였던 표트르 1세의 활동과도 깊은 관련을 맺고 있었다. 당시의 경제 정책은 후기 중상주의의 원칙들을 특징으로 하고 있었다.

향후 러시아 시장을 대체할 해외 무역을 이끌기 위해 산업 발전의 중요성이 인식되었는가 하면, 러시아 상품의 수출 장려, ①적자 무역 수지로의 개선, ②흑자 무역 수지로의 개선 등이 주창되었다. 이와 동시에 정부의 무제한적 개입까지 제안되었는 바, 이 범위에는 경제 활동, 농업 활동의 엄격한 규정, 전면적인 보호 관리가 포함되었다. 당시의 정책 원칙들로는 아래와 같은 사항들이 포함되어 있었다.

- 대규모 산업 창출
- 발틱 항구들의 연결
- 농업 장려(향상된 경작법 도입 및 가축 번식력 개선, 귀족 토지 점유 확대, 토지소유 방식의 개정)
- '법령화된' 제조업을 위한 특혜 도입(면세로 교역할 권리, 특정 업종에 대한 독점권 행사)
- 기업 형태의 발전
- 제조업의 보조 작업에 투입될 국가 소유 농민의 활용

대외 무역 정책은 무역 부분에서의 규정, 보호, 감독 체계에 기반을 두고 있었다. 대외 무역의 기본 부문들은 국가에 의해 독점화되었다. 자금을 끌어 들이고 이것을 국가에서 보존하며 거대 산업을 보호할 목적으로 의무 관세가 부과되었다.

1724년에는 러시아에서 사상 최초로 관세율이 반포되었다. 관세율은 차별 적용되었고, 외국환으로 수납되었으며, 낮은 환율로 국고에 적립되었다. 금융 정책은 다음과 같은 일련의 조치들을 실현할 수 있도록 해 주었다:

- 개인의 은 채취를 최초로 승인
- 금과 은의 해외 수출 금지
- 새로운 액면가를 포함, 은주화 발행 확대 및 은화 루블의 발행
- 주화의 은 함유량 축소 및 소액 은주화의 구리화 전환
- 국고 수입 증대를 위한 구리주화 발행 확대
- 자유로운 대외 무역에서 금과 은 제외
- 러시아 상인이 교역을 통해 거둔 모든 금과 은은 고정 환율로 산정, 주화로 교체하여 국고 환수 조치
- 국가 수입과 지출의 총예산 형식으로 국가 예산 확정
- 연합체 형식의 중앙집권적 국가 경영 체제 확립
- 조세 개혁 시행

표트르 1세의 명령에 따라 과학 아카데미에서는 경제학에 대한 연구와 교육이 시작되었다. 이와 같은 일련의 개혁 조치들은 국가의 역사적 발전에 중대한 역할을 하였다. 귀족 계급 출신의 사상가들은 표트르 대제(Peter the Great)의 개혁에 적극적으로 참여하였는데, 이들 가운데서 우리는 살티꼬프, 볼린스키, 타티셰프를 꼽을 수 있다.

역사적 참고자료: 러시아 정부 인사인 표도르 스테파노비치 살티코프(Fedor Stepanovich Saltykov: 출생 연도는 확실치 않음 – 1715)는 네덜란드와 영국에서 해양 업무 교육을 받은 연고로 조선업을 지휘하였다. 1711년부터는 선박 수입을 위해 국경 출입을 자주하여, 11척의 배와 4척의 목조 전함을 구입하였다. 영국 체류 시절 그는 서유럽의 문물과 풍습을 연구하였다. 표트르 1세에게 모두 헌정한 두 권의 책을 기술하기도 하였는데, 『입장』(1713)이라는 개혁 관련 서적과 『국가에게 이익을 안겨주는 주석』(1714) 이라는 책이 그것이다. 실질적인 면에서도 그는 교육과 서적 인쇄에서의 개혁을 제안하였고, 서적 관련 업무, 제조 공정뿐만 아니라, 교역의 확대를 주장하기도 하였다. 아울러 지중해를 경유하여 인도와 중국으로의 항로 개척을 위해 항해 일정을 제시하기까지 하였다.

살티코프는 경제 및 문화적 후진성으로부터 러시아를 구제하고, 국고 수입의 증대와 새로운 수입원을 모색하고자 짜르령에 의거한 특별 계획안을 준비하였는데, 계획안에는 아래와 같은 사항들이 포함되어 있었다.

- 제조업의 생산 확대와 공업 원자재로까지 적용 확대
- 산업품 수출을 통한 국가 수입 증대와 국내 산업 발전
- 성직자에 대한 세금 부과, 국고 수입 증대를 위해 교역인으로부터 인두세 도입

살티코프는 영국, 네덜란드, 페르시아, 중국과의 대외 교역 확대

뿐만 아니라, 동방 여러 국가들과의 교역도 확대시키기 위해 북해로의 진출을 주장하였다.

표트르 대제 개혁의 또 다른 사상가인 볼린스키는 농업 관련 법안을 구체화시켰다.

자신의 연구를 통해서 볼린스키는 지주 계급의 경제에 대해 언급하였고 귀족 경제를 제한할 것을 주장하였을 뿐만 아니라, 농업 생산성 증대를 위한 구체적인 의견들을 제시하기도 하였다.

타티셰프는 봉건적 절대주의를 신봉하였다. 사회적 불평등의 불가피성을 인정하면서 그는 농노제도를 옹호하였다.

타티셰프는 적극적인 무역수지 정책을 옹호하였다. 그는 각 항구와 도시들에서 관세율을 조정하거나 특별 관세율 적용을 제안하였다. 뿐만 아니라, 그는 금과 은, 그리고 러시아에서는 생산되지 않는 원자재에 대한 수입관세 적용을 폐지하였다. 아울러 타티셰프는 중계 무역을 용이하게 하고, 재래 시장의 활동을 확대해 주는 방안을 내놓기도 하였다.

타티셰프는 또 산업과 무역의 신용도, 경공업의 발전뿐만 아니라, 공업과 무역 활동을 위한 신용대출을 위해 은행을 설립해야 한다고 주장하였고, 정부가 무역, 산업, 농업을 후원할 것을 제안하기도 하였다.

타티셰프는 또한 통계학의 창시자로서 로모노소프의 선배이기도 하였다. 그는 무역, 산업, 통신의 방식 등에 대한 문제들을 포함하고 있는 통계지리학적 설문을 작성하기도 하였다.

경제 개혁의 토대 구축과 도입에 있어서 특별한 역할을 한 사람은 미하일 바실리예비치 로모노소프였다.

역사적 참고자료: 미하일 바실리예비치 로모노소프(Mikhail Vasilievich Lomonosov: 1711~1765)는 홀모고르 인근 미샤닌스카야란 시골에서 해안 관리인이자 농부인 아버지의 가정에서 태어났다. 마을의 동년배인 이반 슈브스키와 사제 세묜 사벨리니코프에게서 글을 배웠고, 대수학을 독학한 그는 슬라브어 문법을 교재를 통해서만 학습하였다. 슬라브 – 그리스 – 라틴 아카데미에서 수학하였고, 페테르부르크의 과학 아카데미 그리고 이후에는 독일의 대학에서 교육을 받았다. 로모노소프는 물리학과 졸업 후, 화학 분야 교수가 되었으며, 자신의 발견으로 학문의 거의 모든 분야에 기여하였다. 한편 그는 러시아 경제철학의 선조이기도 하였다. 러시아 문학발전에 지대한 공헌을 한 로모노소프는 시학 분야에서 문학장르의 새 이론인 삼문체론을 주창하기도 하였다.

경제에 대한 로모노소프의 관심은 러시아에서의 경제 독립성 보장과 자주성에 대한 문제에 있었다. 이러한 문제들의 해결책으로 로모노소프가 제시한 것은 국내 생산, 그 가운데에서도 주로 산업의 다면적 발전이었다. 그는 주철의 생산과 가공관련 인접 산업의 발전에 최우선적 관심을 두었다. 따라서 로모노소프는 지형조사작업, 나라의 자연과학적 부의 포괄적 개발, 교통 체계의 구축, 기계의 도입과 적용, 수공업에 대한 교육, 북해로(北海路)의 확보 등과 같은 문제들에 큰 관심을 기울였다.

산업 발전을 위해 그는 보호관세주의 방식을 통해 외국과의 경쟁으로부터 자국의 산업을 보호할 것을 주장하였다. 로모노소프는 농업 발전 프로그램을 제시하였는데, 여기에는 다양한 농경 문화의 도입과 사육 동물의 번식력 증진 등과 같은 사항들이 포함되었다.

한편 그는 무역 발전, 특히 나라와 국민 복지 증대를 위한 주요 요인들 가운데 하나라고 보았던 대외 무역의 발전을 위해 이로운 상황을 만들 것을 촉구하였다.

그에게 있어서 무역의 기본은 대외 및 대내 무역의 발전에 기반한 국내 생산의 증가였다. 로모노소프는 국가의 무역 수지 개선을 위해서는 국가의 지원이 필수적이라고 역설하였다.

로모노소프의 경제관에는 중상주의적 요소들이 보이지만, 여기에는 또한 경제 활동에 대한 그만의 특별하고 진지한 차이점이 발견된다. 로모노소프는 나라의 부를 생필품의 풍요로움에서 발견하였고, 그가 간주한 경제 정책의 목적은 '민중들의 물질적 만족', 즉 인구 대다수가 원하는 물질적 요구에 대한 만족이었다.

로모노소프가 다른 중상주의자들과 달랐던 것은 그가 제조업 상품의 수출보다는 생산업의 발전과 야금술, 국내의 내수를 충족시키는 것에 우선적 비중을 두었다는 점이다. 그가 지적한 또 다른 점은 수출은 '내수 잉여'가 가능할 때에만 발전한다는 것이다.

그는 또 국민 경제의 연구에 큰 강조점을 두었다. 이 같은 목적으로 로모노소프는 러시아의 정치 및 경제 지형도뿐만 아니라, 경제-지리 지도집을 만들 계획을 가지고 있었다. 한편 그는 여러 학문 연구 기관의 창설을 주창한 선도자이기도 했다.

러시아 학문의 중심이라 할 수 있는 러시아 최초의 국립대학교인 모스크바 국립대학교가 1755년 로모노소프의 발의에 따라 문을 열었다. 이후 그의 이름을 기리기 위해 이 대학에는 로모노소프 모스크바 국립대학이라는 이름이 붙여졌다.

2. 경제 자유주의

자본 축적의 초기 단계가 완성되면서 중상주의 이론은 기존의 인기를 상실해 갔다. 새로운 시대는 새로운 사상을 필요로 하였고, 특히 거대해진 산업자본은 국가 보호로부터의 해방을 갈망하였다. 중상주의 이론에 대한 날카로운 비판들이 경제학자들의 연구물에서 보다 빈번하게 나타나기 시작했다.

경제 자유주의에 대한 새로운 시작들에 전면적인 기초를 다진 것은 애덤 스미스와 데이비드 리카르도 같은 정치 경제학의 고전주의 학파 창설자들이었다.

역사적 참고자료: 스코틀랜드 태생의 애덤 스미스(Adam Smith: 1723~1790)는 영국의 경제학자이자 철학가이다. 그의 주요 저서로는 『도덕 감정론』(1759)과 『국부론』(1776)이 있으며, 이 중에서 『국부론』은 18세기 정치경제학 부문에서 가장 위대한 업적으로 평가되며, 영향력 있는 정치경제서로 평가된다. 환전 브로커의 아들로 태어난 데이비드 리카르도(David Ricardo: 1772~1823)는 영국의 저명한 경제학자였으며, 그의 대표서로는 『정치경제와 조세에 대한 원리』(1817)가 있다.

애덤 스미스 이론의 근간에는 자연법과 유사하게 작동하며 사회 발전을 규정하는 경제 법칙에 대한 제안이 깔려 있다. 그는 '자연적 조화'(균형)라는 개념을 제안했는데, 그에게 있어 자연적 조화란 외부적 간섭(정부의 간섭)이 없이 경제에서 자연스럽게 형성되는 것으로서, 시장 경제시스템이 작동될 수 있는 최적의 상태였다. 애덤 스미스는 이 같은 경제의 자연적 기능화를 '보이지 않는 손'의 원칙이라 불렀으며, 국가의 역할을 '밤 순찰대'의 기능, 이른바 질서를 확립한다거나 개인 재산의 보호와 방어, 경쟁과 같은 것으로 제한하고자 하였다.

기업 활동의 자유와 교역의 자유, 이 두 가지 원칙은 이론과 실제 정책 모두에 있어서 국가의 보호무역주의를 송두리째 바꾸어 놓았다.

리카르도 역시 정부가 경제에 개입하는 것을 전면적으로 제한할 것을 주장하였다. 애덤 스미스와 마찬가지로 그 역시, 경제에는 객관적이고 자연발생적인 그러나 충분히 인식 가능한 법칙들이 작동하고 있다고 보았다. (국가의) 외적인 개입이 없을 때에 이 같은 행위의 메커니즘은 균형 속에서 경제 체제를 유지시켜 간다. 이와 동시에 리카르도는 사회의 생산력 증대를 촉진하기 위해 국가의 경제 정책에 대한 개정이 필연적이라는 점에 주목한다. 여기에서 그는 경제법을 연구할 수 있고, 필연적인 경제 정책을 국가가 개발할 수 있는, 이른바 경제학(정치 경제학)의 중요한 역할을 보았다.

애덤 스미스와 리카르도는 모두 자유무역정책과 자유무역이론(영어의 'Free Trade'라는 단어에서 유래한 말로서, 말 그대로 무역의 자유를 뜻한다)의 창시자들로 알려져 있다. 이들은 이 정책을 전 세계인에게 항상 이상적이고 언제나 이익을 안겨주는 정책으로 제시하였다. 그러나 이 정책의 가장 완벽한 의미에서의 구현은 19세기 중반 대영제국에서 나타난다.

자신의 연구를 통해 리카르도는 대영제국에서는 중상주의 시대 이래로 이미 해외로부터 수입된 식료품과 원자재에 대해 실질적으로 높게 책정된 관세(일명 '빵의 관세'라고 불려짐)가 상품가격을 인상하는 결과를 낳았다고 지적하였다.

리카르도는 국제적인 생산특화를 통해 개별 국가들이 이익을 얻을 수 있다는 설득력 있는 이론인 비교우위 원칙의 이론적 기반을 마련했다. 리카르도와 그의 수많은 추종자들의 이론적 입장들은 이후 수십 년간 대영제국에서 열띤 토론의 대상이 되었다.

리카르도와 그의 추종자들의 이론이 곡물 및 원자재, 공업 제품에 대한 모든 보호무역적 제한을 없애버리면서 당시 국가 경제 정책의 원칙이 된 시기는 19세기 중반 리카르도가 죽은 뒤였다. 자유무역주의 정책은 영국에 엄청난 성공을 안겨주었고, 영국이 향후 전 세계 산업의 주도권을 향유할 수 있도록 해 주었다.

3. 케인스 이론

케인스 이론의 개념들은 20세기의 가장 위대한 경제학자들 가운데 한 명인 존 메이나르드 케인스의 사상에 근거하고 있다. 통합 체계로서 시장 경제 개념을 만들어 낸 케인스는 당시 경제학에서 혁명을 이끌어 냈다.

> **역사적 참고자료**: 존 메이나르드 케인스(John Maynard Keynes: 1883~1946)는 영국의 위대한 경제학자이자, 정부 관료, 정치 칼럼니스트이기도 했다. 켐브리지 대학의 교수였던 그는 주요 저작으로 『화폐론』(1930), 『고용, 이자 및 화폐에 관한 일반 이론』(1936)이 있고, 20세기 모든 경제 활동에 있어 가장 널리 알려져 있는 경향, 즉 케인스 이론의 창시자이다. 한편 그는 축적증대 이론의 창조자이기도 하다. 1944년에 케인스는 해리 덱스테르 웨이트와 함께 브레튼우드 외환 시스템을 완성하였다. 이 시스템의 골자는 브레튼우드 시스템 참여국들의 환율을 미 달러에 고정시킴으로써, 참여국 화폐들을 '금본위 제도'에 바탕을 두도록 하는 것이었다.

케인스는 일명 거시 경제학 개념을 학문의 영역 속으로 끌어들였다. 거시 경제학은 독립적이고 과학적인 학문 분과로서 1936년 그의 주요 저작인 『고용, 이자 및 화폐에 관한 일반 이론』이란 책이 세상에 나오게 된 후에 본격적으로 이론적 틀을 갖추었다. 거시 경제적 지표 모델은 수량화를 통한 정확성뿐만 아니라, 사유의 지표인 화폐 개념을 들여왔다.

케인스는 적어도 애덤 스미스가 제시한 '보이지 않는 손'에 대해 회의적이었다. 자신의 주요 저작에서 케인스는 자유 시장 체제는 거시 경제학적 균형을 보장하는 내적 메커니즘을 결여하고 있다는 점에서 출발한다. 저축과 투자 간의 불균형은 경기 침체를 불러일으키며, 이것은 다시 물가 상승을 심화시켜 결국 실업률에 영향을 미치게 된다.

이처럼 이 이론에 따르면 수요와 투자, 상품의 재고 변화는 기본적으로 생산과 고용 수준에 따라 움직인다고 보았다. 따라서 케인스 이론은 차별화된 금융 정책을 통한 정부의 적극적 개입을 권장한다.

이 정책의 핵심은 총소득과 이 소득을 이루는 몇몇 다른 요소들로 구성되는데, 이 요소들은 케인스 이론의 등식으로부터 비롯된다.

$$Y = C + I + E - J + G$$

위 공식에서 Y는 경제 활동성 지표, C는 소비, I는 투자, E는 수출, J는 수입(Import), G는 정부 지출이다. 참고로 국가 재정지출은 전 세계 대부분의 국가에서 지난 수 세기 동안 점진적인 증가 추세를 보이고 있다.

> **역사적 참고자료**: 18세기에 선진국들은 GDP 대비 높지 않은 국가 지출 채무 수준을 보여 주었다. 그러나 1870년부터 1996년까지 주요 선진국들의 GDP 대비 채무 증가율은 다음과 같이 증가하였다: 프랑스: 12 → 55%, 네덜란드: 9 → 50%, 독일: 10 → 49%, 이탈리아: 12 → 53%, 일본: 9 → 36%, 그리고 미국이 4 → 33%.

OECD의 데이터에 따르면 2004년 주요 선진국들의 GDP대비 국가 채무 비율이 프랑스 54%, 독일 47%, 영국 45%, 미국 36% 순이다.

1980년대와 90년대에 케인스 이론의 금융 정책 방안은 아시아의 신흥 산업국들, 이른바 홍콩, 대한민국, 말레이시아, 태국, 싱가포르, 대만에서 가장 효과적으로 활용되었다. 산업 선진국들 가운데 세율 및 국가 지출의 유연한 변화 정책을 시도한 국가들로는 뉴질랜드, 오스트리아, 영국, 호주, 미국, 일본, 스웨덴과 스위스가 있다.

케인스가 특별히 복잡한 문제로 간주했던 것은 경제 위기에 대한 시장 경제의 취약성과 실업이었다. 때문에 그의 가장 중요한 공헌 가운데 하나는 국가위기정책에 대한 연구이다.

현대적 관점에서의 케인스 이론은 "조율"이라는 단일한 메커니즘 속에서 다음 사항들을 부정하는 것이 아니라 통합하고 강화한다:

- 시장을 통제하는 재정 수단들
- 정부의 강력한 재정정책
- 사회적 경제적 발전을 목표로 활용되는 자원의 집중화

1940년대와 60년대에 그의 계승자들은 케인스의 사상을 발전시키며 시장과 국가에 의해 종종 '케인스의 혼합 경제학'이라고 불리는, 경제 체제의 조화로운 개념을 만들어 냈다.

참고자료: 케인스 개념의 가장 분명한 후계자들로는 다음과 같은 학자들을 꼽는다.
- 미국 경제학자 폴 안토니 사무엘슨, 1970년 노벨상 수상
- 미국 경제학자 로렌스 로버트 클레인, 1980년 노벨상 수상
- 미국 경제학자 제임스 토빈, 1981년 노벨상 수상
- 미국 경제학자 프랑코 마델랴니, 1985년 노벨상 수상
- 미국 경제학자 로버트 머튼 솔로우, 1987년 노벨상 수상
- 미국 경제학자 존 케넷 헬브레이트.

혼합 경제학의 바탕을 이루는 것은 사유재산제이다. 사유재산제의 독특한 보충물이라고 할 수 있는 국가는 이 때문에 민간 자본

의 경쟁자가 되어서는 안 된다. 대신 국가는 사회 경제적 발전의 불안정성을 척결하면서(혹은 윤곽을 잡아가면서) "체제 안정자"의 기능을 수행해야 하는 것이다.

미국의 저명한 경제학자 폴 사무엘슨은 혼합 경제학을 경제 생활에 있어 최악의 재난에 대비하는 일종의 거대한 통합 보험 시스템으로 보았다.

케인스 이론가들은 일반적 개념의 토대 위에서 혼합 체제 내의 국가 경제 정책의 방법론과 구체적인 형태들을 연구하였다. 경제에 대한 국가 통제이론 중에 가장 폭넓게 인정받는 이론은(오늘날 '경기이론'이란 말로 보다 널리 알려진) '반(反)선회 통제론'과 경제 성장 이론이다.

경제 성장에 대한 국가 정책의 주요 방향은 바로 투자에 대한 영향력인데, 주요 수단으로는 다음과 같은 것들이 있다:

- 국가 예산
- 세금 정책
- 세율 표준 규제

규제의 방법 중에 결정적인 것이 국가의 재정지출인데, 이 지출의 확대는 종종 일정부분 적자재정에 의해 실행된다. 국가 지출 증대의 기본적인 목적은 일차적으로 국가 측면에서의 효과적인 수요 증대이며, 개인의 자본 투자에 있어서는 유리한 조건의 창출이다.

이 같은 개념에 비추어, 국가 지출의 가장 중요한 대상은 학문 연구비, 산업 및 사회 인프라 구축(교육, 경제활동 인구에 대한 훈련과 재훈련, 의료 서비스)이다. 이러한 일련의 정책들을 통해 얻게 되는 결과는 정부에 의해서 활성화되는 투자 증대와 같은 효과이다. 정부가 주도한 투자는 GDP성장의 원동력이 되고, 고용률 증가와 소비 촉진을 야기한다.

이 과정의 메커니즘은 다음과 같다. 초기 단계의 자극을 받은 부분은 인접 부분에서의 생산 확대를 조장한다. 이제 생산은 고용률 증가를 가져오고 상품 소비에 대한 수요를 높인다. 이 소비는 다시 상품 생산의 확대로 이어지게 된다.

경제성장 촉진 정책은 과학 기술 혁명의 발전을 촉진하고, 이는 경제의 다양한 여러 영역들에서 이 혁명의 성과를 활용할 수 있도록 만들어준다. 교육 분야에서의 정부 지출, 전문 노동자들에 대한 준비와 재교육은 사회생산에서 고용인들의 자질을 전체적으로 높이는 일이 가능해지도록 하였다. 뿐만 아니라, 이는 순환적 동요를 일정 정도 감소시킬 수 있다.

한 가지 분명한 사실은 미국을 포함, 유럽의 여러 국가들에서 국가의 진지한 주도 없이는 경제의 여러 부문들을 만들어 내고 발전시키지 못했으리라는 점이다.

참고자료: 특히 미국 최대 회사인 보잉의 2005년 대차 대조표를 보면 정부 지원 총액이 250억 달러에 달하는 것을 알 수 있다. 유럽의 에어버스도 1967년 창립 이후 약 150억 달러에 해당하는 여러 형태의 정부 지원금을 받아 왔다. 1992년 이 두 회사는 정부의 지원금이 회사 총 투자 비용의 1 / 3을 넘지 않도록 합의했다.

이제 막 경제 성장이 시작되거나, 재생산의 위기로 인해 위협적인 과열 현상이 일어나는 시기에는 투자 증대를 억제하는 국가의 정책이 시행되고, 이 결과 생산위축이 발생한다. 예를 들어, 중국은 경제 성장의 빠른 템포를 늦추기 위해 2000년대 초기부터 이 같은 정책을 실행하였다.

미국과 서유럽 선진국들의 대부분에서 보여준 경제에 대한 국가 규제의 실례로 볼 때, 케인스 개념들의 활용은 서구의 경제학자들로 하여금 혼합 경제 모델이야말로 거의 이상적이라는 사실을 믿게 하였다.

역설적이긴 하지만, 러시아에서는 오랜 세월 동안 중앙 집권적으로 계획된 경직된 체제가 존재하였으며, 전통적으로 경제에 대한 정부의 개입이 상당히 컸으나, 1990년대에는 심각한 예산 위기가 지속되기도 하였다.

1990년대 후반 러시아에서 실시된 경제 개혁 기간 동안 국가 재정지출액의 비중은 2005년 국민 총생산 GDP의 27.7% 수준으로 떨어졌다.

금융 정책의 효율성에 따르면 러시아는 선진국 대부분의 나라뿐만 아니라, 많은 개발 도상국들에게조차 밀리고 있다. 이 지표에 따르면, 1990년대 초반 러시아는 전 세계에서 43위에 올라 있었다.

재미있는 사실은, 1990년대 초반 금융 정책 효율성 조사에서 상위 15위 국가들 가운데에서 9개국(홍콩, 미국, 일본, 싱가포르, 대만, 태국, 말레이시아, 인도네시아와 인도)이 동년 경제 자유 수준에서와 같이 시스템상의 지표에 있어서도 전 세계 상위 9개국에 속해 있다는 사실이다. 앞서 제시된 지표는 특히 GDP에서 차지하는 국가 재정지출액, 금융 시장의 기능에 대한 국가 개입의 정도, 그리고 무역에서의 제한을 인정하고 있는 8개의 기준에 근거해 있다.

러시아 경제 개혁의 초기에는 계획기관들이 전무하였고, 대기업들이 무너졌다. 이러한 현실 속에서 공정한 경쟁이 이루어지는 시장의 출현 가능성보다는 당파나 마피아 조직들의 출현이 훨씬 더 강한 힘을 발휘할 수밖에 없었다.

정부의 개입이 불가능한 상황에서 정부는 자본주의 경제의 러시아식 변형이 나타나는 것을 보고만 있을 수밖에 없었고 결국 이는 심각한 경제적 재정적 위기를 몰고 오고야 말았다. GDP의 1 / 3 이상이 사회의 음성적 섹터에서 발생하던 1990년대 말기에 국가의 '지도적이고 방향을 설정하는' 역할을 기대하는 것은 사실상 불가능한 일이었다. 러시아 경제의 제도적 공백상태의 주범이었던 구조들 역시 시장 원리들에 바탕한 사회의 실질적 변형을 이끌어 낼 수 없었고, 이러한 현실은 흔히 말하는 '갱 자본주의'의 발전을 야기하였으며 이 결과 러시아는 지금까지 이 구조를 극복하지 못하고 있다.

새로운 제도적 형태들은 전쟁과 같이 사회 갈등 혹은 체제 불안 등과 같은 역사의 드라마틱한 사건들이 진행되는 동안에 만들어졌던 것들만을 제거할 수 있다. 국가가 의도적으로 방향을 설정하는 역할로 돌아가는 일은 어려운 과제인 것이다.

4. 통화주의

통화주의 개념의 근간에는 화폐로 시장 경제의 근본 요소를 설명하는 화폐 수량이론이 자리하고 있다. 이 이론에 따르면 유통되는 화폐의 총공급량은 곧 물가에 직접적인 영향을 미친다. 이는 화폐가 수요 조절 기능을 담당하고 있으며, 경제 순환 과정에 따라 생산과 고용 규모 모두에 커다란 영향을 미친다는 것을 의미한다.

역사적 참고자료: 화폐수량이론의 창시자는 17세기 영국의 학자 반더링과 흄이다. 18세기에 영국에서 인정받게 된 이 이론은 점차 화폐에 대한 이론의 학문적 지파들을 만들어 냈다. 이론은 발전되어 가면서 복잡해졌을 뿐만 아니라, 금융 및 거시 경제적 상황과 점점 밀접하게 연관되어 갔다. 화폐 수량 이론의 기본 원리에는 화폐 발행량과 가격 간의 직접적인 비례 의존성이 자리하고 있는데, 이를 공식으로 표현하면 다음과 같다. M이 통화량이고 P가 가격 수준이라고 할 때, M=P이 된다. 그러나 후에 이 공식에는 "영구히 불가변적이거나 동일한 조건들에서"란 단서가 추가된다. 하지만 완벽한 의미에서 인과관계는 현실을 반영하지 못했다. 실제로는 통화량이 가격보다 훨씬 빠르게 증가하였던 것이다.

이 이론에 혁신적인 공헌을 한 사람이 바로 리카르도였다. 그는 화폐의 종류가 주화이든 지폐이든, 그 사이에 뚜렷한 차이가 있음에도 불구하고 이 모두가 교환의 수단이 된다고 지적하였다. M=P, 즉 통화량과 물가 수준 간의 상호의존성은 전체적으로 화폐에 영향을 미친다. 이 이론의 한 단계 더 나은 발전 단계는 영국의 저명한 사상가이자 경제학자인 존 스튜어트 밀(John Stuart Mill: 1806~1873)과 연관된다. 그는 주요 저작인 『정치경제의 기초』(1848)에서 통화 이론을 다루고 있다. 그는 수요와 공급에 대한 화폐 가치의 의존성을 보여주었으며, 금본위 제도의 내용과 화폐 통화에 있어서 신용의 역할, 지폐의 특수성, 그리고 통화 공급 과잉의 위험성 등을 보여 주었다.

화폐수량이론에서 새로운 이론으로 넘어가는 전이 단계는 교환 등가 이론의 출현과 관련된다. 이는 미국 예일 대학교의 교수이자 경제 및 수학 학자인 어빙 피셔(1867~1947)에서 비롯되었는데, 그는 화폐수량이론의 본질을 정확하게 논리적으로 규명하였다.

역사적 참고자료: 미국의 경제 학자 어빙 피셔(Irving Fisher: 1867~1947)는 『돈의 구매력』, 『교환 등가이론』과 같은 연구와, 『100% 돈』, 『구조적 과세』

와 관련된 여러 제안을 함으로써 경제 사상사에 영향을 끼쳤다. 한편 경제적 이윤의 개념을 만들어낸 그는 1931년에 창립한 세계 계량 경제 학회의 초대 회장으로 선출되었다. 그의 주요 저작으로는 『화폐의 구매력: 정의와 대출, 이자 및 위기와의 관계』(1922)와 『화폐의 안정성, 진화의 역사』(1934), 『100% 의 화폐』(1935) 그리고 『구조적 과세』(1942)가 있다.

이후 보완된 그의 교환등가이론에서는 MV = PY라는 등식이 나오는데, 여기서 우리에게 이미 익숙한 M은 화폐의 공급(통화량)이고, P는 물가수준, V는 화폐 유통의 속도, 마지막으로 Y는 생산의 물리적 규모이다.

양적인 교환등가는 화폐주의 개념의 핵심이 되었고, 이 공식의 도움을 통해 다음과 같은 교환 등가성을 정의내릴 수 있다.

- 1년 동안 생산된 상품을 소비하는 데 필수적인 통화량($M = PY / V$)
- 물가 수준($P = MV / Y$)
- 연초 물가에서의 실질 생산($Y = MV / P$)
- 단일 화폐의 유통 속도($V = PY / M$)

교환 등가 이론은 제아무리 고전주의적 정확성에서 본다 하더라도 화폐 축적의 기능, 즉 투자자원을 고려하지 않았다. 고전적 교환 등가이론에서는 누적된 화폐와 투자 자원에 대한 기능을 구체적으로 언급하지 않았다. 하지만 피셔 이론에서 돈은 유통과 지불의 수단으로 기능하였다.

지난 세기 초 경제학자들은 주화와 지폐만을 화폐로 간주하였다. 수표라는 개념이 생겨난 것은 그리 오래되지 않았다. 케인스는 자신의 저서 『화폐 조약』(1930)에서 처음으로 수요가 있기까지의 적립금을 통화수단으로 보았다.

오늘날 수량 이론과 은행의 현실은 M1과 M2란 개념에 기초해 있다.

M1의 개념에는 순환되는 은행권과 수요가 있기 전까지의 수표 예금 및 고액 수표(신용장)로 구성되어 있는 현금자금 패키지가 포함된다.

M2에는 정기 예금과 국채가 포함된다. (이를 임시 현금자금으로 간주하기 때문에) 통화주의 이론은 새로운 경제학 이론의 원동력이 되었고, 1968년 미국 경제학자 칼 브루너(Karl Brunner)에 의해 통화주의란 이름으로 불리게 되었다. 통화주의 개념의 근본에는 시장이란 선험적으로 경쟁적이며, 시장체제는 자동적으로 거시 경제학적 균형을 이루고자 한다는 입장이 깔려 있다.

지난 세기 후반 통화주의 이론의 이상적인 지도자는 바로 밀턴 프리드먼이었다.

역사적 참고자료: 밀턴 프리드먼(Milton Friedman: 1912~)은 미국의 경제학자이자, 통화 이론과 현실에 대한 여러 편의 연구서를 가지고 있다. 수요 분석과 통화의 역사, 통화 이론의 실제 영역에 있어서의 성과, 안정화된 정치의 복잡성을 증명한 공로로 그는 1976년 노벨 경제학상을 수상하였다. 그의 주요 저서로는 『자본주의와 자유』(1962), 『미국 화폐의 역사 1867~1960』(1963), 『선택의 자유』(1980)가 있다.

프리드먼은 1970년대 국제 통화 시스템에서 급진적 개혁을 일구어냈다. 유연한 환율 시스템의 열렬한 신봉가였던 그는 실질적 경제 정책에서 자신의 사상들을 구현하고자 적극적인 연구를 수행하였다. 실제로 프리드먼의 영향력 때문에 금 표준화와 고정 환율에 바탕했던 브레튼-우드의 체계가 붕괴되었다. 이러한 상황 속에서 케인스 이론과 통화주의 이론 간의 실제적 모순이 드러나게 되었다. 케인스가 브레튼-우드 금융 체제를 수정한 학자들 가운데 한 사람이었다면 프리드먼은 그 금융 체제의 장의사라고 할 수 있다. 프리드먼의 과학적, 사회적 그리고 선동적 활동은 바로 글로벌 경제로의 전환을 이끌 수 있었던 한 인간의 탁월한 예일 것이다. 세계 환율 체제 개혁에 끼친 그의 공헌은 평가할 수 없을 정도로 위대한 것이었다.

통화주의는 경제 성장과 국가 수익, 고용성, 개방 경제의 문제점들을 분석하는 특별한 방법론으로 불릴 수 있을 것이다. 통화주의자들의 견해에 따르면, 시장 체제는 두 가지의 원론적 탁월성을 보유하고 있는데, 그중 하나는 시장체제가 엄청나게 역동적이고 자율조절적이라는 점이다. 결과적으로 이 체제는 광범위한 영역에 변화를 안겨주고, 혁신에 매우 수용적 태도를 보일 뿐 아니라, 새로운 요구에 유연하게 순응해 간다.

시장은 사람들로 하여금 에너지와 지식, 포부를 발휘할 수 있도록 자극할 뿐만 아니라, 위험을 각오하도록 하기도 한다. 한편 시장 체제는 신속하고 효과적인 성장을 가능케 한다. 이 같은 성장의 바탕에는 무엇보다도 사람들의 적극성과 모험심이 깔려 있다. 자율조절 메커니즘은 경제학적으로 효과적이며 비교적 적은 비용이 든다.

프리드먼은 경제의 정상적 기능을 위해 화폐 안정성에 각별한 의미를 부여하는 입장을 날카롭게 비판하였다. 이러한 원칙의 거부는 곧 시장 경제의 부분들이 동일한 전체를 구성할 수 있도록 만들어 주었던 모든 메커니즘의 붕괴를 의미하는 것이다.

통화주의자들이 화폐정책에 가졌던 신념은 첫째도 안정성, 둘째도 안정성, 셋째도 안정성이었다. 통화량의 안정적 증가는 생산의 안정적 증대를 가져온다. 이러한 입장으로부터 '화폐의 원칙'이 등장하게 되는데, 중앙 은행은 경제 호황과 위기의 순환에 상관없이 통화량 증대의 안정성을 확보해야 한다는 것이다. 통화량의 증대가

년 3~5%를 넘지 말아야 한다는 규정은 전세계 대다수 나라들에서 뿐만 아니라, 국제 외환 및 금융 조직들에서도 적용되는 원칙이다.

통화주의자들은 국가의 규제가 기업의 창의성에 해가 될 뿐만 아니라, 경제를 불안정하게도 하며, 근본적으로는 관료적인 성격을 띠게 한다는 점을 지적한다. 따라서 통화주의자들은 회계 정책의 도입만을 허용하면서 국가의 경제 개입을 최소화할 것을 촉구한다.

물가와 임금률의 안정성은 생산 수준과 고용 수준이 아닌, 상품과 원자재 가격에 대한 총지출의 변화에 영향을 주게 마련이다. 따라서 통화주의 정책의 본질은 바로 국가 시장 안정을 위한 화폐 공급 규모의 규제에 있다.

오늘날의 통화주의자들은 기대 요소들과 불예측성을 고려한 경제 발전의 사회 심리적 분위기, 경제 주체들의 정보화 수준, 그리고 이 주체들의 선정에 있어 적용되는 이성적 판단 등에 많은 관심을 기울였다.

한편, 현대의 통화주의는 실질적 화폐 부족에 대한 영국의 공식, 즉 총 화폐 수요와 물가 지수와의 상호 의존성을 활용하면서, 또 한편으로는 GDP, 국가 예비금 및 국가 채무의 상관계수를 적용하면서, 피셔의 교환 등가 이론을 보충하고 있다. 통화주의자들의 이론적 연구 원칙들은 세계 여러 국가들의 중앙 은행들이 시행하는 신용 화폐 정책뿐만 아니라, IMF를 포함한 국제 금융 기관, 세계 은행, 유럽 부흥 개발 은행 등의 재조직 등에도 사용되었다.

그럼에도 불구하고 실제에 있어서 프리드먼의 여러 예견들은 적중하지 않았다. 특히, 이것은 자유 변동 환율제도 도입 이후 세계 경제에서 나타난 변화들로 예증된다. 시간이 지남에 따라 이 자유 변동 환율제도가 세계 금융 위기를 타개할 만병 통치약이 아니며, 자유 시장의 구원자도 아님이 분명하게 드러났다.

고정 환율제가 유지되던 13년간(1960~1972), 실질적 경제 성장률은 자유 변동 환율제 시행 기간보다 2배 이상 높았다. 더욱이 사람들이 가장 민감하게 느끼는 문제들, 이른바 물가 인상률과 실업은 훨씬 더 심각한 수준에 다다랐고, 생활 수준은 브레튼-우드 환율 체제하의 시절보다 훨씬 낮았다.

그는 또 고정 환율제 폐지 이후 국제 무역이 번성하리라 기대하였지만 자유 변동 환율제 도입 이후 세계 경제의 성장 속도는 거의 절반으로 둔화되었다. 1974~1990년 동안의 국제 간 무역 성장률은 1964~1973년 동안의 8.7%에 비해 4.5%로 떨어졌다.

1990년대 초 러시아 경제 개혁가들은 원칙적으로 통화주의 노선과 개방 시장 경제를 받아들이기로 선언한 바 있고, 실제로도 이러한 모델들의 기본 원칙들을 이용하였다. 특히, 국내 시장의 안정을 위해 별도의 통화 공급 규모를 규정하는 체계를 마련하였다. 국가 통화 정책은 화폐 발행을 담당하는 러시아 중앙 은행을 통해 실행되었으며, 시중 상업은행의 급여액과 예비금을 규정하는가 하면, 금리 조정과 준비금 기준도 변경하였다. 이렇게 하여, 러시아 중앙 은행은 공개시장 조작을 시도하였다.

그러나 서구와 달리, 러시아의 통화주의는 경직되어 있고, 명령 중심적 성격을 띠었다. 더군다나 실제에 있어서도 통화주의의 가장 중요한 공리들이 무시되기 일쑤였다. 특히, 통화주의는 통화량에 대해 충격요법적인 압력을 권하지 않는다. 통화량은 국민 총생산과 GDP의 성장을 위해 '모종의 확대 영역'을 만들어가며 점진적으로 증가해야 한다.

그러나 정작 러시아에서는 인플레이션에 대한 우려로 인해 점진적 통화량 축소 정책이 시행되었다. 그 결과 GDP 대비 총통화량은 1990년에 73%였던 것이 1995년에는 12%로까지 급락하는 현상이 벌어졌다. 총통화량이 물가 상승을 감안하지 않은 결과였던 것이다. 이 사건은 기업들의 실질적 자금 수단을 고갈시켜 버렸고, 산업 생산의 위기를 거쳐 종국에는 급격한 경제 침체로 이어지게 되었다.

경제 성장과 화폐 공급은 유동적이고 다면적인 메커니즘으로, 총통화량 증가가 산업 활동 주체들의 경제 활동을 억제하거나 국가의 세금과 예산 흐름의 모든 기반을 훼손해서는 안 된다.

러시아에서 실행된 금융 경제 정책은 1990년대 말 러시아 연방 정부의 총예산에서 수익 부분을 GDP 대비 25% 수준까지 끌어내리는 결과를 초래하였다.

러시아에서 경제 개혁은 개방 시장 경제 이론의 실행으로부터 시작되었고, 서구에서 통화주의 대표자로 잘 알려진 로버트 만델 플레밍의 모델이 그 기반이 되었다.

역사적 참고자료: 로버트 만델 플레밍(Robert Mandell Fleming: 1932~)은 1999년 경제학 부문 노벨상 수상자이자 콜럼비아 대학 교수를 역임하였고, 오랜 기간 동안 IMF에서 일하였다. 최적 환율 이론의 창시자이자 여러 저서들의 공동 저자이기도 한 만델은 전문 학술지에 실린 100여 편이 넘는 논문을 가지고 있고, 총 8권의 저서가 있는데, 이 중에는 『채무, 적자 그리고 경제 효과』(1991), 『새로운 유럽의 건설』(1992), 『중국: 인플레이션과 성장』(1996)과 같은 대표적인 업적이 있다. 1960년 초, IMF 연구 분과를 이끌었던 그는 자유 경제 모델의 공동 저자이자, 총체적 균형의 통계 모델을 효율적으로 사용한 학자로도 유명하다.

세금 및 정부 예산, 그리고 통화금융 정책의 효과는 현행 환율 제도에 달려 있다는 생각이 바로 만델이 제시한 모델의 기본 공리이다. 환율은 통화금융 정책에 있어 매우 중요한 역할을 하는데, 이 정책 속에서 환율은 선정된 정책 모델이 무엇인지에 따라 그 자체가 목적이 되기도 하고 수단이 되기도 하며, 단순한 수치가 되기도 한다.

키리옌코를 수장으로 한 러시아 연방 정부는 이 같은 원칙들을 몰랐거나 무시했고, 이는 1998년 8월 미 달러화와 비교해 루블화의 급격한 가치 절하를 몰고 왔다. 이는 러시아 금융 위기의 원인 가운데 하나이기도 하였다.

덧붙여 강조할 점은, 언제나 그랬듯이 통화주의에 기초해 있는 국가들에서는 세금의 비중이 총 경제 대상의 25%에서 35%로 증가했고, 케인스 정책이 지배적인 나라들에서 이 수치는 각기 34%에서 45%로 증가하였다는 사실이다.

페레스트로이카 초기에 예외적으로 통화주의 정책이 공표되었던 당시, 이 정책은 1990년대 말까지 큰 영향을 끼쳤는데, 어떤 평가에 따르면 당시 세금의 비중은 80~90%까지 치솟아, 이러한 상황 속에서 그 어떤 합법적 기업도 이윤을 낼 수 없게 되었다.

엎친 데 덮친 격으로, 가용 미 달러화는 러시아 화폐로 환전되는 공식 환율이 루블화에 비해 2배 이상 높았으며, 통화 수단으로 정상적인 통화금융규제를 실행하는 것은 불가능한 일이었다.

개념에만 천착된 경제 정책은 시장경제의 기초를 확립하는 문제를 해결할 수 없다는 것을 1998년 8월에 전개되었던 러시아 금융 위기가 여실히 보여주고 있다.

5. 사회적 시장경제 모델

⚬ 독일 사회학파의 등장

사회학파로 알려진 새로운 경향이 19세기 80～90년대에 독일에서 등장했다. 사회학파는 경제학의 주요 부문들을 단일한 방법론적 틀로써만 해석하지 않았다. 사회학파의 다양한 흐름들은 이 학파만의 방법론적인 특징이 되는 '사회적 접근'이라는 큰 주제로 묶였을 뿐이었다.

학문적 인식의 필수 전제로서 사회를 목적지향적인 시스템으로서 연구하는 사회학의 좀 더 넓은 관점이 경제적 문제에 대한 검토에 적용되었다. 경제는 진화적인 변화를 겪는 사회시스템의 일부로 간주되었다. 가치추구, 경제주체의 행동 동기 및 특징은 경제구조와 사회 환경 안에서 일어나는 변화들의 상호 관계 속에서 형성되는 것으로 파악되었다. 또한 경제활동은 경제, 정치, 법률 및 사상 등의 다양한 요소 간의 상호작용의 결과로 해석되었다.

독일에서 이러한 사회학파가 출현한 이유는 다음과 같다:

- 19세기 70～80년대에 독일의 경제는 비약적으로 발전하여 독일은 후진국에서 세계를 이끌어가는 국가로 변모하였다.
- 모든 산업생산품이 최신 기술에 기반을 두게 되었다.
- 사기업이 점차적으로 법인화되었다.
- 시장에서 중심주체가 독점과 과점 연합이 되면서 경제활동을 규제하는 정부의 역할이 중요해졌다.

결과적으로 시장경제에 새로운 시스템이 생겨났고, 실제 경제활동은 서로 절연된 합리적 경제주체의 독립적 활동으로만 이루어질 수 없게 되었다. 이러한 상황에서 독일의 경제학자들은 경제활동의 사회적 측면에 대한 연구에 관심을 가지게 되었던 것이다.

특히, 루돌프 슈타믈러는 사회적 의미에서의 생산수단은 외적으로 소비자의 만족을 위해 필요한 수단의 획득을 지향하는 사람들의 자율적 협력의 특별한 형태라고 주장했다. 그는 경제 현상에 있어서 형식과 내용을 구분할 필요가 있다고 강조했다.

내용이란 노동의 사회적 분업에 기초한 사람들 간의 공동행위이다. 형식이란 법이나, 정부 조직의 도움으로 실현되는 외적 규제이다. 즉 그의 견해에 따르면 법적 규제란 사회적 제도에 특별한 형식을 부여하는 것이다.

사회학파의 입장은 생산과정으로부터 사회적 관계를 분리시켰다. 사회학파는 이론적으로 생산부문에서 사회적 특성은 무시하고 특정 사회 제도와 관련이 없는 기계적 과정에 주의를 기울였다. 생산은 생산 요소들 간의 영원히 변치 않는 상호작용 과정이라고 본 것이다.

사회학파의 이러한 방법론적 특징은 객관적인 경제법칙의 부정으로 이어졌다. 이 학파의 옹호론자들은 전혀 다른 두 개의 세계가 존재한다고 생각하였다. 그 하나는 자연계로서 이 세계에는 객관적인 법칙이 작용하는 반면, 다른 하나는 인간 영혼의 세계로 이 세계는 자유로운 인간의 의지가 지배한다고 보았다.

인간은 이러저러한 관념과 목표를 가지며 자신만의 욕구에 따라 모든 것을 창조한다. 즉 사회적 법칙이란 인간 동기의 법칙인 것이다. 사회적 관계의 기반으로서 생산을 부정하면서, 사회학파의 대표자들은 법적 요소들이 윤리적 규범에 의해 조절된다고 보았다. 그들은 경제과정에 대한 새로운 인식론을 소개하였는데, 그것은 **목적론적 인식론**이었다. 이러한 방법론의 기본 전제는 경제 활동에는 목표지향성과 합목적성이 본래 내재되어 있다는 점이었다.

사회학파의 학자들은 **가장 중요한 목표를 소비자의 욕구 충족**이라고 보았다. 따라서 루돌프 슈톨츠만은 이미 지난 세기 초에 상품 생산의 궁극적인 목표는 **모든 사회 성원의 정당한 생존을 보장**할 수 있는 높은 도덕적 이상을 실현하는 것이라고 인식하였다. 이러한 방법론적 입장으로부터 사회학파의 옹호론자들은 경제학의 주요 부문들을 해석하였다.

사회학파의 옹호론자들은 **'노동자조합'**에 의한 **'사회개혁'**을 통해 **시장경제를 발전시킬 수 있다고 보는 입장**을 옹호하였다. 그들은 생산 및 분배에 대한 정부의 규제 및 법적 규제가 자본주의의 사회 경제적 모순들을 제거할 수 있다고 보았다. 사유재산의 법인화, 그리고 자신의 활동을 좌지우지할 수 있는 독점 시스템의 득세 속에서 그들은 사회적 대립이 없는 새로운 사회제도를 만들어야 한다고 생각했다.

비슷한 과정이 오스트리아에서도 일어나고 있었다. 제1차 세계대전 후에 일어난 대립의 첨예화, 오스트리아－헝가리의 분할, 격렬한 사회민주주의 운동, 국내에서의 위기상황의 고조 등이 국제환경의 변화와 겹쳐 복잡한 양상으로 전개되고 있었다.

1918년 독일 전제군주의 전복, 러시아의 10월 혁명, 그리고 오스트리아 공화국의 성립은 '**제 3의 길**'을 찾아 새로운 이론을 만들어 내도록 몰아가고 있었다. 사람들은 혁명적인 발전 방법과 개혁적인 발전 방법 사이의 중간적 입장을 견지하며 조화로운 사회를 추구하기 시작했다.

이러한 상황에서 많은 경제학자들은 복잡한 상황으로부터 벗어나기 위해서는 경제활동에 대한 정부의 통제가 강화되어야 한다는 생각을 하게 되었다. 이러한 사상의 대표적인 주창자는 독일－오스트리아 사회학파의 대표인 오트마르 슈판(Otmar Spann)이었다.

역사적 참고자료: 오트마르 슈판(1878～1950)은 오스트리아의 유명한 경제학자이자 사회학자로 정치경제학 및 통계학 교수를 지냈다. 그는 경제활동에 대한 정부 규제의 강화 필요성을 주장하였다.

그는 정부를 사회 기능의 모든 면을 규정하는 주요한 경제 주체로 간주하였다. 자신의 저서 『국가경제의 기반』(1918)에서 그는 '**보편주의**'라고 불리는 사회학파의 새로운 이론을 주창하였다. '보편주의'의 독트린은 국가의 심각한 경제상황에 대한 보호적 반작용이라는 구체적인 역사적 상황 속에서 등장했다. 슈판의 방법론적 근거는 '목적성 이론'('목적성에 대한 연구' 또는 '보편주

의')이었다. 이 이론의 명제는 인간사회는 목적을 가지고 살아 움직이는 사회
적 조직이며, 그 안에서 개인은 특정한 기능을 수행해야 한다는 것이다.

슈판은 독일의 전통적 정치경제학적 입장인 관방학(독일어 Kame-
ralistik)적 견지에서 경제이론에 접근했는데, 이 분야에서는 정부,
그 중에서도 특히 규제문제에 특별한 관심을 기울였다. 그의 견해
에 의하면, 경제 부문들은 사회 속에서의 제 관계를 반영해야 하고,
그 사회적 관계 속에서 규제 관계가 이해되어야 한다. 모든 사회는
노동의 의식적인 분배에 기반을 두고 있다. 이 사실이 모든 사람들
을 통합성이라는 고리로 묶고 있으며 그들을 폐쇄성과 고립성으로
부터 해방시켜 주고, 그들을 별도의 개별적인 틀 안에서 서로 다른
개인이 아닌 동일하고 총체적이며 경계를 가진 국민으로 변화시켜
주는 것이다.

개인이 국가 경제에 포함되었을 때, 그의 복지는 자신에게만 달
려 있는 것이 아니라 다른 사람들에게도 달려 있게 된다. 이러한
측면에서 중앙집권화된 정부의 권력은 사회 질서의 유지를 위한
필수 불가결한 조건이 되는데, 이는 정부가 모든 경제 고리의 안
정성과 통일성을 담보해야 하기 때문이다. 이렇게 하여 사회는 자
신에 의해 통제되고 자신의 발전을 자신이 규정하는 동일한 총체
적 집단이 된다. 이러한 사회에서 '경제인'은 자신의 활동에 있어
이기적인 목표만을 고려할 뿐 아니라 모든 국민 및 국가의 이익을
고려해야 한다.

슈판은 모든 사회계급이 보존해야 하는 '최고의 정신적 가치'로
정부를 해석하고, '공동의 이익을 위한 윤리원칙' 및 '국민의 이익

을 위한 합의'와 정부를 연관시키면서 정부의 사회적 특성을 강조하였다.

정부는 영원하고 자연적인 사회 조직으로 받아들여졌다. 그러나 슈판은 정부의 경제적 기능에 혁명이 일어나야 한다고 생각했다. 그에 의하면 정부가 경제발전의 조정자 기능을 수행해야한다.

개인은 국가이익의 합목적성에 의해 자신의 행동을 의식적으로 통제해야 한다. 슈판은 조합제도의 형태로 조직화된 경제를 선전하였다. 조합이란 기업가들이 어떤 활동의 수행을 위해 노동자와 연합한 조직이다.

새로운 사회는 교환에 기반을 두게 될 것이다. 그러나 교환은 상호간에 이익이 되는 조합의 조직화된 상호작용이 되어야 한다. 슈판은 **국가 경제 이론의 기반은 봉사에 대한 연구**가 되어야 한다고 생각했다. 그는 봉사의 세 가지 형태를 다음과 같이 분류하였다:

- 직접 봉사(예를 들면, 양식이나 필수품의 생산)
- 간접 봉사(예를 들면, 생산 설비 및 반제품의 생산)
- 최고의 가치가 있는 봉사(예를 들면, 인간의 창조능력, 조직 능력 등)

봉사이론에 근거하여 슈판은 마르크스의 잉여가치 개념을 반박하면서 자본가가 노동자를 착취하는 것이 아니라 오히려 그 반대라는 이론을 발전시키고자 하였다. 그는 자신의 이론을 착취 반대 이론 또는 역(逆)잉여가치론이라 불렀다.

슈판은 민주주의에 반대하면서 민주주의가 전체주의 국가의 기반을 잠식한다고 강조하였다. 그는 복종을 중요한 사회규범이라고 생각했다. 또한 직업동맹들의 활동을 비판하였고 이의 철폐를 요구하였으며 동맹파업의 금지를 주장하였다.

'보편적인 정부'라는 관점은 '전체주의'와 근접한 개념이라는 것이 명백하다. 슈판의 이러한 사상은 **이탈리아와 독일의 파시스트들에 의해 폭넓게 원용**되었다.

사회학파의 방법론적 원칙과 전통은 이후의 경제 이론에 큰 영향을 미쳤다. 사회적 분석과 경제적 분석 간의 간극을 극복하고자 하는 시도는 법, 정책 및 경제의 총체적 기반 위에 경제활동을 연구하는 학제 간 접근의 발전을 가져왔다.

루트비히 에르하르트의 사회적 시장 경제 개념

'사회적 시장경제'라는 용어는 독일 경제부 장관이었던 알프레드 뮬러 - 아르마크(A. Mueller - Armack) 교수의 1947년 저작에 처음 등장했다. 이러한 방향에서의 연구는 W. 레프케(Wilhelm Lepke), L. 에르하르드(Ludwig Erhard) 등에 의해 계승되었다.

레프케의 정의에 따르면 사회적 시장경제는 '경제적 인본주의'로 가는 길이다. 이 이론은 권력집중과 자유, 중앙집권주의와 분권주의, 통제와 자치를 대치시키는 경제 유형이다.

이 개념의 창안자들은 제2차 세계 대전 이후 서독의 사회 경제적 발전이라는 구체적 상황 속에 프라이부르그 학파의 사상들을 적용하였다. 경쟁적 경제의 장기적 활력을 유지해야 하는 정부의 책임에 대한 보완으로 그들은 적극적인 사회 정책의 입안과 실행의 필요성에 대한 기반을 다졌다.

독일의 콘라드 아데나우어(Konrad Adenauer) 수상은 사회적 시장경제 모델에 대한 연구와 입안이 경제정책의 중요한 과제임을 공식적으로 천명하였다. 이 개념은 서독의 공식적 독트린이 되었고, 독일 경제 기적의 이론적 기반이 되었다.

국가경제 활동의 주요목표는 **경쟁에 입각한 고효율의 신축성 있는 경제 시스템에 기초 하여 사회적 진보를 이루는 것**이라는 점이 독트린에 천명되었다. 사회적 시장경제는 자본주의(19세기에서 20세기 초)와 전체주의적 통제경제 사이에 놓여 있는 '제 3의 길'로 간주되었고, 자유롭고 경제적으로 효율적인 사회로 이끄는 길로 받아들여졌다.

20세기 중반에 사회적 시장경제 개념에 기초하여 경제개혁을 지휘한 사람은 루트비히 에르하르트였다.

역사적 참고자료: 루트비히 에르하르트(Ludwig Erhard: 1897~1977)는 바바리아 지방에 있는 소상공인의 집안에서 출생하였다. 그는 어린시절 뉘른베르크의 섬유상점에서 노동을 시작하였다. 중등교육은 류르트와 뉘른베르크에서 받았고 프랑스 대학을 졸업하였다.

제1차 세계대전 동안에는 포병으로 참전하였고 1918년 부상을 당하기도 하였다. 1928년에서 1942년 사이에는 뉘른베르크 경기 연구소에서 연구원과 원장을 역임하였다. 여기에서 그는 사회적 시장경제 이론의 연구를 시작하였다. 그는 I.G.파르벤인두스트리(I.G. Farbenindustrie Aktiengesellschaft) 화학콘체른의 산업연구소에서 근무하기도 하였다. 나치 시대에는 이 연구소의 책임을 맡기도 하였다.

1945년부터 1946년까지는 바바리 경제부의 장관을 지냈고, 1948년에는 독일 내 영미 점령지의 경제통제 지휘관이 되었다. 1949년에는 기독민주당의 연방의회 의원을 지냈다. 1949년에서 1963년까지 서독의 경제부 장관을 지냈으며, 1957년부터 독일 부수상, 1966년에서 1967년 사이에 독일의 수상을 역임했다. 1966~1967년에는 기독민주당 의장, 1967년에는 명예의장이 되었다.

루트비히 에르하르트는 이론적 지식과 풍부한 관료경험을 겸비하였다. 그의
지휘하에 실행된 함부르크 경제개혁 계획은 40년대 말 서독을 위기상황에서
구해냈다. 경제학적 관점에서 에르하르트는 신자유주의자로 볼 수 있다.

에르하르트의 서고에는 1,200여 편에 달하는 논문과 연설문이 소장되어 있
다. 그의 가장 유명한 저술로는 1957년 독일에서 저술되고 출판된 『만인을
위한 복지』가 있다. 이 책은 러시아에서 2001년 번역되어 델로 출판사에서
출판되었다.

사회적 경제모델이 태동할 수 있었던 것은 독일의 복잡한 사회
경제적 상황 때문이었다. 이 당시 독일의 경제상황은 악화되고 있
었다. 생산설비의 3분의 2가 가동되지 않았고 가격이 치솟았으며,
블랙마켓이 성행하고 있었다. 국민이 가지고 있는 화폐량이 국가
생산량의 10배가 넘었다. 배급권이 있어야 상품을 살 수 있었고,
현물교환이 성행했다. 가장 좋은 화폐 수단이 담배였을 정도로 경
제시스템이 엉망이었다.

사회적 시장경제 사상과 관련하여 국가의 능동적 역할과 결합한
자유로운 법률 입안 작업과 자유 경쟁이 경제적 부흥의 지렛대가
되었다. 1948년 이후에 일어난 경제 자유화의 중요한 단초가 된
화폐 개혁이 이때 일어났다.

역사적 참고자료: 새로운 독일의 마르크화가 사용이 정지된 독일제국의 10
마르크와 교환되었다. 교환 이후에 남은 화폐는 특별 계정에 동결되었고 이후
1 : 20의 비율로 교환되었다. 연금과 봉급은 새로운 도이치마르크화로 1 : 1의
비율로 지불되었다. 결과적으로 유통화폐량이 14분지 1 이상으로 줄어들어 상
품량과 화폐량의 균형을 맞추면서 인플레이션을 눈에 띄게 줄일 수 있었다.

가격 개혁은 경제 구조의 원칙 및 물가 정책에 관한 법률에 입
각하여 실행되었다. 이 법에 따라 경제생활의 규제들이 폐지되었고

행정부에 의한 자원의 분배와 가격통제가 이루어졌다.

점차적으로 물가와 노임지급에 대한 규제가 완화되었다. 기본적인 식품, 농산물 가격, 아파트 가격, 원료의 상당부분들이 정부에 의해 경화로 안정화되었다. 그 외의 다른 중요한 소비물품(섬유, 신발 등)에 대해서는 가격 제한 정책이 받아들여져 이 규제는 1950년대 초까지 지속되었다. 1951년 대부분의 가격은 자유화되었다.

이제 급진적으로 경제환경을 변화시키고, 생산의 급속한 성장을 촉진하는 것이 충분히 가능하게 되었다. 재정적 안정성을 유지하면서 높은 인플레이션을 피하기 위해 일련의 조치들이 취해졌다:

- 임의적 가격 상승을 규제하는 연방법률 공포
- 생산 평균가에 해당하는 지역별 가격표를 주기적으로 공표
- 상품이 평균 가격으로 소비될 수 있도록 '대량소비 프로그램' 연구

이와 더불어 통화 통제 정책이 시행되었다. 이러한 조치들은 소비자의 실제적 구매력 수준으로 가격을 유지하면서 생산을 촉진할 수 있도록 해 주었다.

많은 부분에서 생산의 부흥과 현대화는 미국의 마샬 플랜(Marshall Plan)의 도움을 받았는데, 이 플랜은 매우 단기간에 전통적인 경제 부문들의 경쟁력을 향상시켜 주었다.

역사적 참고자료: 1947년 미국 국무장관인 조지 마샬(J. K. Marshall)은 유럽에 대한 미국의 원조 프로그램을 발표하였다. 실질적인 프로그램의 시작은 1948년 4월이었다. 원조의 형태는 직접적인 상품 원조 형태와, 유럽 국가들의 경제 부흥 지원 프로젝트의 일환으로 특혜 차관이나 융자의 형태가 있었다. 프로그램 운영은 유럽 경제협력기구와 더불어 미국의 경제협력청에 의해 운영되었다. 마샬의 유럽경제 부흥 계획에는 총 130억 달러가 소요되었으며, 이

현금화된 이익에 대한 높은 감가상각과 낮은 세율을 골자로 한 조세정책은 자생적 자금공급을 촉진시켰다. 게다가 경제성장을 촉진하기 위해 정부는 정부예산으로 목표를 설정하여 투자를 활성화시켰다. 특히 1952년 '생산투자 원조법'이 받아들여져, 이 법을 통해 광산-철광, 에너지 섹터, 수산업, 연방 철도를 위해 2차 부문으로 하여금 특별투자공제를 하도록 강제하였다.

노동생산성의 증가에 따른 임금 상승 제한과 세금의 감소는 비용감소를 위한 전제조건이었다.

경제적 독점에 대한 정부의 투쟁의지는 1945년에 실행된 경제의 강제적 비카르텔화 정책에 반영되었다. 선의적 경쟁 환경을 만들기 위해 1957년 '경쟁조직 보호법'이 받아들여졌는데, 이 법에 따라 경쟁을 제한하는 합의가 금지되었고, 시장을 지배하는 기업의 횡포에 대한 감시와 기업 합병에 대한 통제가 이루어졌다.

사회적 시장경제 개념을 발전시키면서, 에르하르트는 기업의 이윤과 주식을 노동자가 나누어 가질 수 있게 함으로써 '소유권의 개조' 프로젝트를 추진하였다. 에르하르트는 시장 메커니즘과 '사회적 파트너십'을 결합시켜 회사 경영층의 '공동참여' 모델을 연구하였다. '모든 사람들을 위한 복지', '모든 사람들을 위한 소유'라는 슬로건이 만들어졌다.

에르하르트와 그의 동료들에 의해 수행된 개혁은 독일의 경제부흥을 위한 기반을 다질 수 있게 해 주었다. 60년대 초반 서독은 서유럽에서 선구적인 국가가 되었다. 세계는 독일의 경제 기적에 대해 이야기하기 시작했다.

경제개혁이 성공한 것은 올바른 경제정책뿐만 아니라, 다음과 같은 좋은 요인들이 있었기 때문이었다.

- 생산을 위한 상당히 현대적인 자본 및 기술적 기반
- 상대적으로 저렴하면서 동시에 양질의 노동력
- 상품과 용역에 대한 소비자의 점증하는 수요

1965년 기독민주당 회의에서 에르하르트는 서독에서 사회적 시장경제가 확립되었으며 독일이 '안정된 사회'로 변화했음을 천명하였다. '안정된 사회'는 사회 경제 발전의 특정 단계로 간주되었다. 서독 사회는 이미 두 개의 발전 단계를 지났다고 인식되었다.

- 사회 제도의 변화를 위한 투쟁이 존재하는 '계급사회' 단계
- 다양한 특권과 좀 더 많은 사회적 생산물을 획득하기 위해 자신과 국가 사이에서 '조직화된 조합'들이 충돌하는 '다원주의 사회' 단계

이러한 단계를 거쳐 국가는 세 번째 발전 단계로 들어서는데, 이것이 '공동선'이 중시되는 '안정된 사회'의 단계이다.

이 이론의 옹호자들은 '안정된 사회'에서는 계급투쟁의 여지가 없다고 주장한다. 그러한 사회의 근간에는 계급 간 협력 및 모든 사회 그룹 간의 협력이 있어야 한다. 이러한 견지에서 '합의된 행동'과 같은 사회적 관계에 의한 통제 수단이 연구되었다. 이 틀 안에서 지속 가능하고 균형 잡힌 성장을 보장할 수 있는 모든 사회 경제적 문제에 대해 직업연맹, 기업, 정부와 같은 개별 이익 집단

간에 완전한 합의를 이룰 것을 제안하였다.

안정된 사회에서는 이를 위해 금융 및 융자 정책에 대한 일련의 개혁을 단행하도록 제안되었다.

사회적 시장경제 발전 단계 중 이 단계는 누구보다도 K. 쉴러(K. Schiller: 독일 사회당 당수)와 F. I. 슈트라우스(F. I. Straus: 기독사회주의당 재정위원장)와 관계가 있다. 이들은 **균형 잡힌 성장과 완전 고용**을 경제발전의 주요 목표로 삼았다.

그러나 효율적 수요 촉진은 독일 경제에 일련의 새로운 문제들을 가져왔는데, 인플레이션과 정부 예산 적자가 그것이었다. 이로 인해 80년대에 사회적 시장경제 개념의 틀 안에서 **통화를 통한 경제규제 방법**이 폭넓게 받아들여졌다.

이 시기에 과거적 의미의 시장으로의 복귀, 그리고 국내에서의 사회정책 실행을 위해 필수 불가결했던 세금부담으로부터의 국민의 해방이라는 슬로건 아래, **'공급과 규제철폐'** 개념이라고 불렸던 새로운 예산 전략이 연구되고 있었다. 이러한 전략의 기저에는 임금 동결로 인한 생산 비용의 감소, 사회적 예산 집행의 축소, 소득세 감소, 경제 공공 분야의 사유화 등이 깔려 있었다.

◈　　◈　　◈　　◈　　◈

사회적 시장경제모델은 시장 경제에서 정부에 의해 승인된 자유와, 사회적 보호 및 사회적 정의와 관련된 사회국가의 이상을 결합하고자 하는 시도였다. '사회적'이라는 용어는 두 가지로 이해될 수 있다. 우선 시장경제가 사회적 특성을 가지고 있어 시장경제의 효율성은 사회에서의 수익 증대를 위한 경제적 전제가 된다고 간주된다. 또 한편으로는 사회적으로 바람직하지 않은 결과를 가져오는 시장활동은 제한되어야 한다고 간주된다. 인간적이지 못한 자유로운 경제활동의 결과들은 정당하게 보완되고 수정되어야 한다. '사회적'이라는 개념이 등장하기 전까지는 시장 경제시스템이 사회적 문제를 해결하고 사회의 기반이자 안정세력으로서의 중산층의 배출을 목표로 하지 못했었다. 그러나 이제 '사회'라는 개념을 통해 사회적 구성요소들이 시장경제시스템의 필수적인 보완 요소라는 점이 인식되기 시작한 것이다.

1945년 12월 경제부 장관으로 임명되기에 앞서 루트비히 에르하르트는 독일 라디오를 통한 연설에서 다음과 같이 말하였다. "경제적 개념들과 경제적 제도들은 언제나 변화되어 왔고 변화될 것이다. 그러나 경제활동의 변함없는 **영원한 목표는 인간의 행복에 기여하고 이를 촉진하는 것이다.**"

모든 도그마에도 불구하고, 역사적, 정치적, 경제적 환경을 고려하며 최적의 효율성을 보장하는 경제제도가 최고의 경제제도인데, 이 제도는 경제적 목표가 실제 상황뿐 아니라 사회적 목표와도 항상 조화를 이루는 제도이다.[1]

사회적 시장경제 모델은 분명히 커다란 학문적 실용적 잠재력을 가지고 있다. 그 이유는 이 이론이 정체적이지 않고 경제 상황의 변화 및 시장 기능과 정부 사이의 관계 변화에 따라 탄력적으로 적용될 수 있는 역동적인 이론이기 때문이다.

---

1) *루트비히 에르하르트. 연구의 반세기. 연설문과 논문. (Людвиг Эрхард. Полвека размышлений. Речи и статьи. ≪Наука≫, ТОО ≪Ордынка≫, М.: 1996 г., стр.30).*

6. 국가 통제주의

2차 대전 이후 프랑스의 유명한 경제학자들 사이에는 소위 **사회학 학파**가 형성되었다. 사회학 학파의 대표적 학자는 정부의 경제 규제 실행에 활용될 수 있는 개념을 고안하였다. 그 개념은 지표에 입각한 계획이라는 방법론의 기초가 되었고, 이는 후에 **경제 운영 방법의 하나인 국가통제주의** 경제 이론으로 발전했다.

사회학파는 20세기 경제학의 주요 방향 중의 하나인 **제도 학파**와 많은 부분을 공유하고 있다. 프랑스 학자들의 작업, 특히 사회학파의 창립자인 **프랑수와 페루**의 작업은 경제 이론뿐 아니라 실무에 있어서도 중요한 수많은 독창적인 사상을 담고 있다.

> **참고자료**: 프랑수와 페루(François Perroux, 1903~1987)는 제도적−사회학적 이론을 대표하는 프랑스의 경제학자이다. 그는 통제경제정책의 기본 원칙을 만들어 낸 학자로 '지배소 개념'을 고안하여 이로부터 지표 계획의 원칙을 도출했다. 즉 강력한 '유인 효과'를 가진 지배적 단위는 독특한 성장축을 형성하고, 그로 인한 '통합 효과'를 발생시킨다는 것이다. 이때 성장축은 강한 '유인효과'를 지닌 회사, 상사, 지사, 그리고 지사들의 복합체를 이해하게 하는 것으로, 국가나 지역 발전에 있어 하나의 지대나 축, 점을 형성한다. 전쟁 이후 페루는 실용경제 연구소를 설립하였는데, 이곳에서 1948년부터 권위 있는 잡지 『실용 경제학』이 발간되었다.

제도학파의 모든 학자들이 그렇듯이, 프랑스 학자들은 **신고전주의 시장이론을** 비판적으로 받아들였다. 비판의 주된 대상은 이론의 추상성과 그 이론적 입장이 20세기 후반 거의 모든 나라들이 처한 실제 시장 상황에 일치하지 않는다는 것이었다.

사회학 학파의 대표적 학자의 주장에 따르면, 신고전주의 경제 학자가 고안한 시장 모델은 실제 경제의 일부만 반영할 뿐이다. 신고전주의 이론은 연구의 범위를 시장, 그것도 '완전 경쟁'의 시장에 국한시키고, 현실적으로 존재하는 관계와 동기를 지나치게 단순화시킨다.

페루와 그의 지지자들은, 자유경쟁 체제는 균형 조절 역할을 더 이상 실행하지 못한다고 주장했다. 시장은 독점과 다른 제도의 개입에 의해 구조적으로 변형되는 것이다. 페루는 폐쇄적이고 자족적인 시스템으로서의 경제 해석에 반대했다. 그의 견해에 따르면, **경제란 사회는 물론 정치 및 이데올로기와 불가분의 관계를 맺고 있다.**

경제는 경제적 권력과 사회적 권력 상호 간에 불균형 관계를 맺고 있다. 경제적 권력은 시장의 명령을 수동적으로 받아들이는 것이 아니라, 고유한 경제적 전략을 의식적으로 실현한다.

페루에 따르면, 현대 경제는 지주 회사와 자회사의 결합체이다. 통상적으로, 구체적인 지사의 생산이 40%를 상회하는 기업은 지주 회사의 역할을 맡을 수 있다. 그런 회사는 자동적으로 시장 경기의 중심에 서게 되고, 다른 회사나 상사는 그 결정에 따르게 된다.

페루는 일반적인 경제 균형의 개념을 제시했다. 그 개념에서 중요한 위치를 차지하는 것은 능동적 주체나 경제적 조직체로서, 이는 상사, 회사, 혹은 구체적 전략과 의도와 상응하여 일정한 경제적 기능을 수행하는 정부가 된다.

그는, 경제 주체의 행위는 시장 경제 게임의 법칙에 달려 있다는 것을 증명했다. 그 시장 경제는 상품 교환의 메커니즘이 아니라 경제 활동 파트너들의 힘의 상관관계에 의해 생겨난다.

그는 경제구조의 상관관계를 오직 사회적 정치적 구성의 맥락에서만 고찰했다. **경제적 행위의 진정한 관리자**를 집요하게 추적하면서, 페루는 경제에 대한 정부의 영향을 근본적으로 강화할 필요성을 증명했다. 이러한 접근법은 **케인스 이론**의 영향을 받아 형성된 것이다. 바로 케인스 이론의 경제학자들이 정부 규제를 실행하기 위해 노력하였던 것이다. 그러나 변화된 조건 속에서 케인스 학파의 학설들이 프랑스 정부의 당면 과제 수행을 전적으로 보장할 수는 없었다.

경제학의 부활, 그 현대화, 낡은 것의 개편과 현대적인 산업 분야의 창조, 경제 성장의 가속화, 그리고 다른 개발 국가들의 생산 수준에 뒤처지는 것을 극복하는 것 – 이 모든 것이 보다 능동적이고 장기적인 국가 경제 정책을 요구했다.

페루는 바로 이 국가 통제경제정책, 즉 경제 운영 과정 속에서 2차 대전 이후 프랑스 경제의 구조적인 재건 가능성을 보았던 것이다. 그는 이를 통해 70년대 중반 세계 경제 위기를 극복하는 중요한 방법을 찾았다.

경제 전략을 연구하면서, 페루는 자본가와 고용 노동자 사이의 갈등으로 인해 발생된 독점 경쟁, 국가 사업 등의 중요한 사실들을 고려할 것을 주장했다. 이 시기에 통제경제정책의 개념을 실현하기 위한 객관적 조건과 전제가 실현되었다. 그것은 규모 있는 정부 부처의 존재와 국가가 독점하는 금융 자본의 부재 등이다.

국가 경제 정책의 주요 방향 중 하나로서 선택의 원칙이 공표되었다. 그것은 **'노력을 기울여야 할 특별한 지점, 즉 소위 성장 지점, 지대'**라는 개념에 기초한 것이다.

동시에 중공업, 화학 공업 분야, 일반적인 기계 제작, 석유 가공, 그리고 가장 신선한 분야인 원자력 에너지, 전자 공학 등에 프랑스의 발전을 위한 최우선권이 주어졌다. 바로 이러한 주축 분야의 발전이 선별적 정부 정책의 목적이 되어야 하는데, 그 이유는 이것이 경제 발전 속도와 모든 국가 경제 구조를 확대하기 때문이다. 이렇게 해서 '조화로운 성장'이 확보된다. 이때 강조해야 할 점은 정부의 경제 정책 방향에 대한 모든 사회적 그룹의 동의가 필수적인 조건이라는 점이다.

지표 계획 실행의 경제적 수용을 위한 이론적 기반을 창출하면서, 통제경제정책의 옹호자들은 프랑스 경제의 구조적 재건과 세계 시장에서 프랑스 상품의 경쟁력 확보를 목적으로 한 산업과 자본의 집중 증대를 위해 노력한다.

1946년 통제경제정책의 이론적 근거를 발전시키기 위해 프랑스에서 '기획총괄위원회' 설립을 위한 법령이 제정되었고, 1947년에는 제1차 발전 계획(1947~1950)이 채택되었다. **'모네 플랜'**(Monnet Plan)이란 이름의 이 계획은 1953년까지 연장되었다.

1953년 제2차 경제 발전 계획(1953~1957)이 실시되기 시작하였는데, 그 이름은 '기르슈 플랜'이었다. 그 후 제3차(1957~1961), 제4차(1962~1965), 제5차(1966~1970), 제6차(1971~1975), 제7차(1976~1980) 계획이 실행되었다.

한편 국가 경제 정책은 60~70년대 이미 초기의 이론적 입장에서 벗어나기 시작했다. 여기에는 프랑스의 통합에너지 시스템(UES) 창립 참여와 전통적인 보호관세주의의 폐지가 주요 역할을 하였다. 화폐 태환성 도입, 자본과 노동자의 자유 활동 확대는 통제경제정책을 본질적으로 어렵게 했다.

세계 시장 경기가 자국 경제에 미치는 영향이 점차 증대되었고, 이후 발전 경향을 예측하는 것이 점점 어렵게 되었다. 이 밖에도 **정부의 도움으로 거대 자본의 위상은 강화되었고, 본질적인 정부 규제에 대한 거대 자본의 이해관계는 약화되었다.**

시장 경기 정책은 장기적 성장 정책과 비교할 때 현저한 우위를 차지했다. 2차 대전 이후 10년 동안 행해진 통제경제정책의 개념은, 그 국내적, 국제적 위치가 현저히 강화된 프랑스 거대 자본의 이해에 부응하지 않는다는 것이 점점 명확해졌다.

한편 놀라운 것은, 통제경제정책적인 사고가 21세기 초 **프랑스 지도자**에게 요구되었다는 사실이다. 특히 라파렝 정부 시기 **새로운 경제 전략**이 고안되기 시작되었는데, 이는 도미니크 드 빌펭을 수반으로 하는 행정부에 의해 2005년 승인되었다.

새로운 경제 전략은 적극적인 지구화 과정에서 세계 경제에 자국 경쟁력의 보존과 강화를 지향했다. 이러한 전략의 기본 방향은 다음과 같다:

- 프랑스 경제에서 혁신 분야의 발전 촉진과 이의 형성
- 탄력성 부여를 목적으로 한 노동 시장 개혁
- 외국기업의 합병 시도로부터 민족 자본
- 새로운 조세 정책 고안과 도입

새로운 방침은 과학집약적 기술과 혁신적 영역의 발전을 촉진한다는 점에 그 근본적인 우월성이 있었다. 프랑스 대통령 자크 시락에 따르면, 현재 프랑스는 '고등 기술과 지식 분야 산업화'의 실

현을 요구하며, 과학 연구와 혁신 분야의 발전 강화에 집중할 필요가 있다.

여기에서 국가는, 2차 대전 이후 자신의 역할을 커다란 국가적 프로젝트의 창시자, 조정자, 주요 투자자로 간주했던 것처럼, 통제 경제정책의 고전적 원칙과 방침으로의 회귀를 증언하는데, 다만 차이는 '성장축' 대신 '경쟁축'을 선택한다는 점이다.

프랑스 대통령 산하에 새로운 사상을 장려하고 추구하기 위해 **고등 과학 위원회**가 창설되었는데, 여기서는 일반적인 안을 작성하고 모든 과학 기술 집단의 활동을 모니터링할 것이다.

국립연구진흥협회가 기본적인 조정 기관으로 선택되었다. 그 밖에도 **신흥산업연구협회가 설립**되었다. 다른 프로젝트들도 국토 건설부에 의해 추진된다.

> **역사적 참고자료**: 2005년에 국가 연구 진흥 협회는 선진기술 프로젝트 융자에 거의 5300건의 신청서를 받아 처리했다. 그중에서 국제 무대에서 경쟁력을 보존하고 강화할 수 있는 105개의 프로젝트가 채택되었다. 그 프로젝트 중에서 67건이 **'경쟁축'**의 지위를 획득했다. 그중에서 6건이 국제적 중요성을 지니고 있으며 그 분야에서 세계적인 지위를 차지하게 되었다. 이와 관련된 분야는 다음과 같다:
>
> - 전자공학, 의학, 바이오 시스템 활용을 위한 나노기술 발전 - 컴퓨터 기술의 새로운 세대 창조에 있어 이러한 기술 이용이 계획된다. 그 '경쟁축'은 론 - 알파 지방 그레노블의 지역 과학 - 연구 기관을 토대로 조직되었다.
> - 정보 보안 수준이 향상된 텔레커뮤니케이션 시스템 창조 - 새로운 기술은 신용카드에 마이크로칩을 부착하거나 전자 상표 시스템을 이용하는 것 등에 적용된다. 이러한 문제를 다루는 주요 기관과 기업은 남부 프로방스 지방 - 코트 - 다쥬르에 위치하고 있다.
> - 새로운 백신. 새로운 화학적 진단과 분석 방법의 창조를 포함하는 생물학 연구 - 그 분야의 과제는 테러 공격의 위험을 포함하여 전염병으로부터 안

전을 보장하는 새로운 기술을 고안하는 것이다. 그 중심은 리옹 지방의 론
　－알파에 위치하고 있다.
- 정보학－여기에는 컴퓨터와 장거리 연락 시스템 운영을 위한 복잡한 보안
  시스템 고안이 포함되며 그 중심지는 파리와 그 근교이다.
- 항공과 우주비행학, 현대적 교통 체계의 창조－이 분야의 중심지는 툴루즈
  와 보르도(아키텐과 남부 피레네) 지방이다.
- 의학, 약학 및 새로운 치료 방법의 개발－이 분야의 작업은 세 방향으로 진
  행될 예정인데, 컴퓨터 진단을 구현하는 새로운 세대의 장비, 분자 생물학,
  새로운 종류의 약제 고안이 그것이며 중심지는 파리이다.

이상에서 열거한 국제적인 중요성을 갖는 프로젝트들 외에 세계
시장에서 경쟁력이 있는 프로젝트들이 추가될 것으로 추정된다.

참고자료: 세계시장에서 경쟁력이 있는 위치를 차지하는 분야는 다음과 같
은 프로젝트이다.
- 대체 휘발유 생산을 포함한 비식용 농산품(샹파뉴－아든과 피카르디)
- 분자 외과의술, 유전 공학, 종양학(알자스, 툴루즈, 파리 교외)
- 바다, 어업, 조선학 연구(프로방스 코트－다주르, 브리타니)
- 농업, 임업, 환경 보호(루아르, 론－알피나)
- 멀티 미디어 분야에서 현대적 기술 개발(파리)
- 원자 에너지의 발전 등

최우선적인 프로젝트의 선택은 프랑스의 기업과 지역 정부의 승
인을 받았다. 특히 행정부는 실제로 국가 내 모든 지역의 요구를
성공적으로 만족시켰다는 점을 강조할 필요가 있다.

최우선적 프로젝트의 분석을 통해 우리는 앞서 언급한 방향성들
의 일부가 이미 드골과 퐁피두 행정부에서 제안한 산업 정책의 도
정에 위치하고 있었다고 말할 수 있다. 무엇보다 중요한 문제는
항공과 우주비행을 포함하는 교통, 그리고 핵을 필두로 하는 에너

지에 대한 것이다.

정보학, 보건 및 약학 분야는 프랑스 통제경제정책에 있어 새로운 방향에 속한다. 프랑스는 세계적인 고급 컴퓨터와 장거리 통신 기술 시장의 일부를 장악하려는 시도를 하고 있다(70년도에 행해진 첫 번째 시도는 성공적이지 않았다).

초현대적 과학 집약적 프로젝트에 대한 **재정조달**은 민영화의 방법으로써 실현될 것이다. 이러한 목표실현을 위해 약 190억 유로를 할당하도록 제안되었다.

참고자료: 2006~2008년 '경쟁축'에 대한 **국가 금융 지원**은 약 15억 유로이다. 여기에는 다음과 같은 것들이 포함된다.
- 3억 유로는 세금 혜택을 받는다. 그중에는 연구기관만이 받을 권리를 갖는 사회기금으로부터의 지불도 포함된다.
- 4억 유로는 여러 부처의 예비비로 책정된다.
- 8억 유로는 학문 연구와 새로운 개발에 대한 국립 재단의 투자이다.
- 국립 연구 진흥협회 프로젝트의 조정자(또는 기관)에게 이런 목적으로 5억 유로가 책정된다.

국립연구 진흥 협회와 신흥산업연구협회는 프랑스 산업의 과학－생산 분야의 현대화 과정의 운영, 조정, 투자 전략의 고안과 같은 기능을 가지고 있다. 프랑스의 전 수상 도미니크 드 빌펭에 따르면, 새로운 산업 전략의 현실화는 본질적으로 프랑스 경제의 성장 속도를 높이고, 아시아와 동유럽 국가들의 산업자본 감소에 대립할 수 있게 하며, 경쟁력 있는 새로운 상품과 기술을 창조함으로써 새로운 판매 시장을 점령할 수 있는 가능성을 부여한다.

'경쟁축' 프로그램은 **실업률 감소**를 위한 전반적인 전략의 일부이다. 2006년 정부가 학자와 연구자들을 위해 만든 3천 개의 새로운 일자리 중에서 많은 부분이 국제적인 '경쟁축'으로부터 발생될 것이다.

도미니크 드 빌펭 정부는 프랑스 산업의 구조적인 문제들을 해결함과 동시에, 프랑스 경제의 주요 문제 중의 하나를 해결하려고 시도했다. 그것은 **노동 시장의 비탄력성**이다. 최근 몇 년 동안 국가의 실업률은 경제 활동 인구의 10%를 넘어섰다. 지난 30년 동안 상황을 개선하기 위해 행해진 시도들은 원하는 만큼의 결과를 얻지 못했다.

참고자료: 다음 순서는 **새로운 일자리 창출을 위한 특별 계획**의 고안과 채택이다. 그것은 다음과 같이 나타난다.

- 20명 미만 고용 기업을 위한 새로운 형태의 노동 계약서의 고안과 수용 − 이 계약서는 기간에 구애받지 않지만, 처음 2년 동안은 고용주나 노동자에 의해 중단될 수 있다. 이때 고용주는 해고 이유를 설명하지 않아도 되며, 자신의 결정을 2주 동안 공고할 수 있다. 이런 경우 고용주는 노동자가 일자리를 수락한 순간부터 수령한 임금의 8%를 세금이나 사회적 감면의 차감 없이 지불한다.
- 노동 수표 시스템의 창조와 활용 − 소기업은 사회적 지출의 일부를 정부가 지원하는 특별한 노동 수표로 지불할 가능성을 얻는다.
- 다양한 주택 건설 기금의 필수 공제액 규모에 따른 감면 확대 − 이런 경우 주택 건설과 주거 제공을 위한 사회적 지출을 감소시키는 형태로 기업에게 감면 혜택이 많아진다. 새로운 감면 법규에 따르면, 20인 미만 노동자 고용 기업이 확대될 것이라고 한다 (예전에 그런 혜택은 10명 미만 기업에게 해당되었다).
- 청년들을 위한 세금 대출 − 청년들의 취업을 장려하기 위해, 노동 수입이 2970∼10060유로인 26세 미만의 청년들에게 1천 유로의 세금을 대출한다. 이를 위해서는 한 직장에서 6개월 이상 일해야 한다.
- 노동력 계산 방법의 변화 − 26세 미만의 청년 노동자는, 현행 노동법에 따라 기업이 행해야 하는 모든 필수적인 지출의 대상에 해당되지 않는다.
- 군복무 기간에 간부 양성과 사회 봉사 − 자료에 따르면, 다양한 의무 수행

에 참여하는 사람들의 연령 제한이 폐지된다. 이로 인해 50세 이상이 일자리를 찾을 가능성이 증가한다. 군복무 기간 동안 청년들에게는 이후 사회에서 일자리를 갖기 위해 직업 훈련을 받을 기회가 주어진다.

이렇게 20명 미만 고용 **중소 기업**이 노동 시장 개혁의 중요한 중심이 된다. 전 프랑스 수상 도미니크 드 빌펭에 따르면, 이런 기업에 새로운 일자리 창출을 위한 중요한 보고가 숨어 있는 것이다.

2007년 프랑스에는 그러한 기업이 약 230만 개 정도 있었다. (전체 기업 수의 96%). 그렇지만 여기에 참여하는 것은 전체 노동력의 29%뿐이었다. 지난해 말 임금을 받은 노동자 총 2,200만 명 중에 사기업에서 일한 노동자의 수는 1,700만 명이었다.

앞서 언급한 정책의 실행 결과, 프랑스 기업의 96%가 고용주에게 노동자의 고용과 해고에 대한 새로운 권리를 부여하는 새로운 계약을 도입했다. 정부에 따르면, 개혁은 경제에 활력을 불어넣고 실업 문제를 완화시키는 데 도움을 줄 것이다.

프랑스 장관 회의에서 승인된 이러한 정책이 지향하는 방향은 일자리 수용과 노동자 해고에 있어 중소 기업의 상황을 완화시켜 주는 것이다. 위원회는 또한 사회적 프로그램에 대한 고용주의 지불액 규모를 낮춰 주었다.

전문가들의 평가에 따르면, 정부의 일자리 확대 계획에 40억 유로가 필요한데, 민영화를 가속화시킴으로써 그 일부를 조달하도록 계획되고 있다.

한편 2005년 11월 프랑스에서 대중 소요, 2006~2007년 노동자와 사무원의 봉기를 통하여 국가의 초기 사회 정책이 심각한 오류를 안고 있다는 것, 특히 이주 정책과 실업문제 해결이 그러했다는 것을 알 수 있다. 이 영역에서 국가 정책의 기본 원칙과 방향은 심각한 수정이 요구되는 것이다.

투자 정책 분야에서는 프랑스 산업을 외국 자본의 통제 시도로부터 보호하기 위한 일련의 입법 규정을 준비하고 받아들였는데, 그 속에는 외국 기업의 합병과 흡수 가능성을 제한하는 것도 있다. 동시에 **기업에 대한 세금 감면과 국내 수출업자들의 수출을 지원하는 특별 정책을 입안**함으로써 프랑스 상품의 경쟁력 향상을 위한 일련의 조치들이 계획되었다.

프랑스와 그 밖의 세계 여러 나라들의 경험은, 통제경제정책과 지표 계획 방법을 통해 높은 경제 발전 속도에 도달할 수 있다는 것, 그리고 그것은 구조주의 정책의 효과적인 도구로 나타난다는 것을 보여주었다.

경제 성장을 위한 정부 정책의 주요 방향은 투자에 영향을 미친다. 그 주요 도구는 정부 예산, 세금 정책, 할인율 조정 체계 등이다. 이때 중요한 것은, 사회경제 발전을 위한 최우선과제를 올바르게 규정하고, 그러한 효과에 도달하는 것이다. 이때 국가 재정은 국내 총생산의 역동성 속에 긍정적으로 구현되며, 고용의 성장을 보장하고, 소비 규모를 현저하게 확대한다.

지난 세기 초 **러시아 경제학자들**은 국가의 경제 규제 문제에 주목했는데, 이것은 소비에트의 창조와 국민 경제의 장기적인 발전 계획 입안 등과 관련하여 대단히 중요한 문제였다.

중심적인 문제의 하나는 시장 경제의 자연적 발전 경향과 국가의 객관적 합법성이었다.

콘드라티예프를 필두로 하는 학자들의 그룹은 투간-바라노프스키(1865~1919)의 초기 사상을 발전시켰다. 그것은 경제에 대한 모든 주관적인 영향은 시장 시스템의 법칙성에 일치해야 한다는 것이다. 따라서 시장시스템의 법칙성이 연구될 필요가 있는데, 그 연구가 잘 될수록 주관적 결정은 효과적이 될 것이다. 콘드라티예프는 경제학의 발전을 가속화시킬 필요성을 역설했는데, 무엇보다도 역동적인 경제 발전 법칙과, 그 경향 및 전망을 예측할 수 있는 연구를 주장했다.

역설적이게도, 중앙 계획 시스템이 오랜 세월 존재해 왔고, 전통적으로 정부가 경제에 크게 간섭해 왔던 러시아는 90년대에 걸쳐 심각한 예산상의 위기를 겪었다.

지난 세기 말 러시아에서 소위 자유 경제 개혁이라 불리는 시기 정부의 지출 비중은 국내 총생산의 약 27%까지 축소되었다. 산업이 발달된 대부분의 국가들에서는 정부 예산에서 지출의 몫이 증가하는 경향이 확고하게 보이는데, 21세기 초에는 35%에서 55%로 증가하였다. 러시아에서 거대한 국가 프로젝트의 실현은 경제 정책의 일정한 방향전환, 통제경제정책적 방법의 활용을 목격할 수 있게 한다. 따라서 프랑스의 새로운 경제 정책에서 '경쟁축'을 창조하는 현대 프랑스 통제경제정책의 기본 방향은 본의 아니게 러시아의 국가 프로젝트와 유사성을 가지고 있다.

러시아와 프랑스의 최우선적인 국가 프로젝트에는 많은 공통점이 있다. 그러나 원칙적인 차이 또한 분명히 존재한다. 결론적으로, 러시아의 최우선적인 국가 프로젝트와 프랑스의 '경쟁축'은 **정부의 주도**하에 이루어진다. **프로젝트 운영 구조도** 비슷하다. 프랑스와 러시아에서 국가 프로젝트의 현실화 좌표는 대통령이 직접 설정한다. 프랑스 대통령은 고등 학문 위원회를 설립했다. 러시아 대통령은 우선적 국가 프로젝트의 현실화 위원회를 이끌고 있다. 프로젝트 입안과 실현의 기본적인 부분은 정부의 구체적인 부처나 관청에서 처리한다. 프랑스에서처럼 러시아에서도 **국가 예산으로부터 상당한 재원**이 승인된 프로젝트의 수행에 할당되었다. 프랑스에서는 19억 유로(2006~2008)를 책정하기로 계획했다. 러시아에서는 2006년 예산에서만 1,300억 루블(약 40억 유로)을 책정할 것이다. 2007년과 2008년 러시아에서 국가 프로젝트에 대한 예산 지출은 2,000억 루블로 증가될 것이다.

이와 함께 일련의 원칙적인 차이들을 언급할 수 있다. 그것은 무엇보다도 **경제 정책의 우선 순위**이다. 프랑스에서 국가 프로젝트는 구조적인 성격을 갖고 있으며, 학문 기술과 혁신 분야 발전에 있어 세계시장에서 자국의 경쟁력을 보존하고 강화하는 방향을 지향한다. 러시아에서 국가 프로젝트는(보건, 교육, 주택정책, 농업 등과 같은) 사회적 지향의 성격을 갖는다.

러시아에 있어 사회 문제 해결의 중요성과 농업 발전의 필요성에 대해 논쟁하지는 않겠지만, 상기한 프로젝트의 우선순위에 학문, 고급 기술과 혁신의 영역을 첨가할 필요가 있다고 본다. 즉 국가 경제의 현실적인 성장점을 창조할 수 있는 분야들은 결국 국내 총생산의 성장과 국제 무대에서 자국 경쟁력을 높이는 결과를 낳게 되는 것이다.

프로젝트의 재정자원에도 차이가 존재한다. 만일 러시아에서 이것이 기본적인 예산 지출이라면, 프랑스에서는 예산, 세금 감면, 신용 자원 등이 혼합된 자금이다.

사회영역을 언급하자면, 프랑스의 2005년 11월 소요와 2007년
일련의 대중 봉기는 국가의 사회 정책에 있어 초기에 심각한 오류
가 있었다는 것을 보여주는데, 이는 특히 실업과 이주 정책 문제
해결 영역에 있어 그러하다. 따라서 러시아는 국가 프로젝트의 실
현에 있어 프랑스가 이 영역에서 겪은 부정적인 경험을 고려할 필
요가 있다.

7. 제도주의

제도주의는 기관, 조직, 관청이라는 의미의 라틴어 institutum에
서 유래한다. 학자들의 견해에 따르면, 'institute'란 단어가 사회 과
학에서 사용된 것은 이탈리아의 유명한 학자이자 철학자인 잠바티
스타 비코(Giambattista Vico, 1668~1744) 때부터이다. 그는 순환
적 사회 발전 이론의 저자로서 역사에 이름을 남겼다.

'제도주의'란 용어를 학문 분야에 도입한 사람은 영국 학자 해밀
턴(Hamilton)이다. 경제 이론의 하나로서 제도주의 개념이 등장한
것은 20세기 초였다. 제도 이론은 처음에는 정치경제학, 그 다음에
는 '이코노믹스'에 대한 대립 학설로서 대두되고 발전되었다. 제도
주의자들은 '형식주의에 반대한다'라는 표어 아래 기존의 이론에
대한 대안적 개념의 제시를 시도했다. 이러한 이론의 대표자들은
경제 이론에서 형식주의적 모델이나 엄격한 논리적 도식뿐 아니라
현실 생활의 다양성을 반영하려고 애썼다.

비록 제도주의가 미국의 토양에서 형성되었지만, 이 이론은 독일의 역사학파, 영국의 페이비언(Fabian) 협회, 프랑스의 사회학 학파, 마르크스 사상을 많이 흡수했다.

제도 이론의 **창시자**는 미국의 경제학자 **토스타인 베블렌**이다.

참고자료: 토스타인 버블렌(Torstein Beblen, 1857~1929) - 미국의 경제학자이며 사회학자, 사회 평론가, 미래학자이다. 칼튼 컬리지를 졸업한 후, 홉킨스 대학에서 잠시 수학하다가 예일 대학에 입학하였다. 1884년 박사학위 논문 『보상에 관한 교리의 윤리적 근거』를 썼다. 이후 코넬 대학(1890~1892), 시카고 대학(1892~1906), 스탠포드 대학(1906~1909), 미주리 주립 대학(1910~1917)에서 강의하였다. 주요 저작으로는 『왜 경제학은 진화의 연구가 아닌가?』(1898), 『유한계급 이론: 제도에 관한 경제 연구』(1899), 『기업업무 이론』(1904), 『현대 문명에서 학문의 위치』(1919) 등이 있다.

그 밖에 제도주의의 발전에 커다란 공헌을 한 학자로 미국 경제학자 **존 커먼스**(John Commons, 1862~1945), **웨슬리 미첼**(Wesley Mitchell, 1874~1948), 존 베이츠 클라크(John Bates Clark, 1847~1938), **조지 허드슨**, 존 케네스, P. 토니, 세실 더글라스 노스 등이 있다.

제도주의 경제학의 기본 입장은 경제 체제 발전에 있어 형식적 제도(법률)와 비형식적 제도(관습)가 미치는 결정적인 영향을 인정하는 것이다.

여기서 우리는 '제도'에 대해 공통적으로 받아들여지는 고정적인 정의가 아직까지 존재하지 않는다는 점을 짚고 넘어가야 한다. 버블렌은 '사회 구성원의 대부분을 구분하는 전형적인 사고 방식을 '제도'라고 이해한다.[2] 이러한 정의는 해밀턴의 정의와 상통하는데, 해밀턴에 따르면 제도란 '사회적 그룹의 생활 습관과 민족의 풍습

---

2) *Veblen T. The Place of Science in Modern Civilization and Other Essays. New York, Huebsch, 1919, p.231.*

에 각인되어 있는 잘 알려진 사고 혹은 행동 양식'이다. 영국의 허트포드셔 대학의 교수 조지 허드슨은 '제도'를 사회적 상호관계를 구조화하는 규정되고 고착된 사회 법칙 체계로 정의했다.

이런 맥락에서 법칙은 사회에서 순환되는 고정된 규범의 명령 혹은 내재적인 규범의 경향으로 이해된다. 언어, 돈, 측량 체계, 식탁 예절, 회사(다른 조직) 등, 이 모든 것이 제도이다.

그 초기에 제도는 인간의 본능과 단순한 욕구 충족의 기조 위에서 발생하였다. 이러한 욕구 충족 과정에서 일정한 행동 모델이 발생한다. 그것은 스스로를 유지하기 위한 성격을 갖는 것으로, 피드백의 원칙에 따라 전형적인 사고 방식과 그에 따른 행동 방식을 형성한다. 가치체계의 형성은 **복지 개념의 형식화**와 함께 시작되었다.

참고자료: 고대 철학자 플라톤은, 국가는 인간의 자연적인 욕구를 충족시키기 위해 발생했고, 그러한 욕구를 가장 잘 충족시키기 위해서는 사회 구조를 분리하고 사회의 정치 조직을 규정하는 사람들의 노동을 분리해야 한다고 말했다. 상품 생산과 관련된 두 원리로써 노동과 욕구를 처음으로 지적한 사람은 아리스토텔레스이다. 여기서 그는 정신적, 육체적, 간접적인 복지를 가정했다. 이로써 아리스토텔레스는 수 세기 전에 이미 인간의 욕구의 본질과 이와 관련된 물질적 정신적 복지의 상대성에 관한 연구의 방향을 규정했다고 볼 수 있다.

러시아 학자 중에서 인간의 욕구 충족의 중요성을 처음으로 언급한 사람 중의 한 명은 **로모노소프**이다. 그는 '생활필수품'의 풍요로움 속에서 국가의 부를 보았다. 그는 '국민의 만족', 주민들의 물질적 욕구의 충족을 경제 정책의 목적으로 간주했다.

20세기 초 **사회적 경제이론**의 주창자들은 경제 활동의 기본 목적이 욕구 충족을 향한 갈망이라고 간주했다. 20세기 초 독일 경제학자 루돌프 스톨츠만(Rudolf Stolzmann, 1852~1930)은, 상품 생산의 궁극적인 목적은 고도의 윤리적 이상에 봉사하는 것으로서, 그는 이러한 이상이야말로 **모든 사회 구성원의 '가치 있는 삶'을 보장하는** 것이라고 했다.

인간 욕구의 중요한 모습들의 보다 상세한 특징은 미국 경제학자 매슬로(A. Maslow)와 그의 제자 쉴러의 "유명한 동기 활성화 이론"에 잘 나타나 있다. 인간의 욕구 체제는 다섯 단계로 나타난다. 그 각각의 단계는 이전 단계가 만족된 후에야 중요성을 갖게 된다. 복지는 네 수준으로 나눌 수 있는데, 그것은 기쁨, 유용, 고결, 신성이다. 이때 복지를 넷으로 나누는 것은, 이상적인 네 가지 행동 유형과 관련되어 있다.

우리 생각으로, 모든 인간의 일상 생활은 지속적인 다양한 욕구 충족의 과정이다. 가장 일반적인 형태의 인간의 욕구는 기본적으로 세 범주로 나눌 수 있다.

- 우선, 기본적인 **생리적 욕구**이다(음식, 배설, 위생, 꿈, 성적 욕구, 물리적 안전, 주택, 의복 등).
- 그 다음, **사회적 욕구**이다(교육, 직업, 가족, 사교 등).
- 마지막으로, **가장 높은 단계의 인간의 욕구는 개인으로서의 자아 실현이다** (출세, 사회적 지위, 창작, 창조, 사회 활동, 정치 활동, 자선 활동 등).

물론, 이 모든 인간의 욕구는 상호 관련되어 있고, 위계적 의존 관계에 있다. 통상적으로, 일차적 욕구를 만족시키지 못하면 보다 높은 단계의 욕구를 실현하기 어렵다.

우리는 지력으로써 동물과 구별된다.
그러나 우리의 본능은 때때로 더욱 강하다.

만일 당신이 개보다 더욱 배고프고,
혹은 오랫동안 성생활을 하지 않았다면,

그렇다면 보다 고상하고 신성한
다른 것들을 생각할 수 없을 것이다.

짐승처럼 모든 사람에게 달려들 것이고,
도덕의 원칙을 잊어버릴 것이다.

무거운 죄에 빠지게 될 것이고,
육욕만 받아들일 것이다.

다양한 범주에서 자신의 욕구를 충족하고자 하는 열망, 이것은 인간 행위의 기본 동기이며 문명 발전의 원동력이다. 이 외의 **다른 동기는 예전에도 없었고, 지금도 없다.**

인류의 역사와 세계 문명의 과정은 모든 범주의 욕구를 충족시키기 위해 보다 호의적인 조건을 창조하려는 인간의 열망을 반영한다. **바로 이런 근거에 의해 시장 경제가 발생했고 역동적으로 발전하게 된 것이다.**

역으로 일정한 단계에서 시장 경제의 발전은 시장 자체가 다양한 새로운 욕구를 형성하도록 이끈다.

상기한 논의를 통해 우리는 경제를 자신의 욕구 충족을 위한 가장 호의적인 환경을 창조하는 인간의 자연적이고 목적의식적인 활동 과정으로 규정할 수 있다. 호의적인 환경은 안락한 생활이나 물질적인 복지뿐만 아니라 **관련된 사회의 제도적인 기반, 즉 앞서 언급한 욕구가 충족될 수 있는 사회 문화 조직의 창출**을 의미한다.

사회심리학 연구는 인간이 동기의미화라는 만족기제를 통해 자신의 욕구에 의미를 부여한다는 점을 보여준다.

인간의 욕구는 사회적 이성이라는 에너지의 원천으로서, 욕구 충족의 방법은 에너지의 흐름으로 간주할 수 있다. 원천과 흐름이 평형을 이룰 때 사회적 이성은 역동적으로 안정화된다. 반면 원천과 흐름의 불일치는 불안정으로 이어진다.

가장 사회적으로 적합하고 견고한 제도는 비형식적인 행위 규범인 전통 속에 있는 것이고 '명문화된 법'은 그 다음이다.

고대의 관습에 기반하여 로마법이 생겨났다면, 우리 시대에는 그것이 대륙법으로 개조되었다. 일반법은 관습에 의해 자양분을 공급받는다. 법률은 사회와 시장의 발전에 따라 변화하는 거래의 관습에서 지속적으로 생겨났다.

그런데 법률은 전환 과정을 겪는다. 법률은 관습에 적극적으로 영향을 미치는데, 특히 경제 영역에서 그러하다. 한편 새로운 법률의 그러한 영향은, 그 법률이 사회적 인식 속에 정착됨에 새로운 법률에 대한 사회에서의 성숙한 욕구, 혹은 목적지향적인 이데올로기적 작업을 요구한다.

참고자료: 위대한 러시아 희곡 작가 오스트로프스키(Aleksandr N. Octrovskii, 1823~1886)의 여러 희곡(1960년대, 『우리끼리, 계산합시다』, 『가난은 결함이 아니다』)에는 부끄러운 줄도 모르고 가차 없이 서로를 속이는 상인들이 등장한다.

그러나 20년 만에 윤리는 급격히 변했다. 특히 『눈 먼 돈』과 『지참금 없는 처녀』에서 우리는 상인 계급의 족쇄가 '정직한 상인의 말'을 옳아 매고 있다는 것을 읽을 수 있다. 시장의 법칙은 이미 확고하고 엄숙하게 준수되고 있는 것이다.

이렇듯 사업 윤리와 정서가 급격히 변한 이유의 하나는 1960년대 '러시아

제국의 민법대전'의 수용 때문이다. 이 법률들은 신생하는 시장 경제 기능의
기본 규칙을 규정한다. 러시아 사업가들은 그것들을 받아들였다. 이러한 법률
을 바탕으로 새로운 사업 윤리가 빠르게 발전하기 시작했다.

법률은 인간의 활동을 제한할 뿐 아니라, 행동 방향을 제시하고, 또한 그것을 용이하게 하고 장려한다. 비록 제도가 낡은 '옛것', '의식'의 성격을 갖고 있지만, 전체적으로 그것은 인간의 활동과 사회 기능에 필수적인 사회문화의 조직을 형성할 수 있다.

제도는 인간들 간의 관계를 형성하고, 개인적 행동의 차이들을 상쇄하는데, 이때 가장 중요한 것은 한 개인의 행동이 다른 사람에 의해 이해되고 예측 가능하다는 것이다.

현재 제도 경제의 영역에서 가장 뛰어난 전문가의 한 사람은 미국 워싱턴 대학의 교수인 **세실 더글라스 노스**이다.

역사적 참고자료: 세실 더글라스 노스(Cecil Duglas North)는 미국 경제학자로서 1920년에 태어났다. 1993년 새로운 경제사 분야에서의 업적으로 노벨상을 수상했다. 주요 학술 저서로는 『제도의 변화와 미국 경제의 성장』(1971), 『경제사의 구조와 변화』(1981), 『제도들, 제도의 변화와 경제 현상』(1990) 등이 있다.

더글라스 노스에 따르면, **'제도는 사람들의 상호관계의 흔적이 쌓인 구조로서, 자극, 선택의 경계를 규정한다. 이와 함께 역으로 제도들은 일정한 시기 동안 경제와 사회의 기능에 틀을 부여한다.'** 제도는 볼 수도, 느낄 수도, 만질 수도, 측정할 수도 없다. 제도는 인간의 상호작용을 보다 자극하는 동기의 구조를 제공한다. 이는 형식적인 법칙들과 비형식적인 제한들(일반적으로 동의하는 상

식적인 행위규범, 행동의 내적 제한), 그리고 실행을 위해 필수적인 일정한 규칙들을 모두 포함한다.

필수적인 규칙들은 다음과 같은 것들을 통해 실현된다.

- 내적인 활동 제한을 통해
- 해당 규범의 위반 시 징벌의 위협을 통해
- 국가적 강압과 사회적 승인을 통해

이렇게 해서 제도는 다음과 같은 기본적인 파라미터를 통해 특징지어진다.

- 삶의 목적
- 부가 영역
- 기능적 충전
- 변화될 때까지의 기간
- 도입 규범의 수용과 분리 정도
- 격변의 내구성(어떤 다른 형식으로의 변화에 있어 제도의 내구성의 정도)

기능적 제도의 주어진 파라미터 중 하나에 변화가 생기면 이는 거시경제 전체에 커다란 결과를 가져올 수도 있다. 이렇게 해서 제도의 존재는 장기적으로 경제 체제의 기능에 있어 중요한 요소가 된다. 제도는 사람들 간의 협력 문제를 해결해 주고, 사람들 간의 상호작용의 확고한 구조를 창조함으로써 불확실성을 축소시킨다.

자신의 저작에서 노스는 **제도와 조직**의 본질적인 차이를 언급했다. **조직**은 일정한 목적에 도달하기 위해 만들어진다. 목표로 향하는 과정에서 조직은 제도적 변화의 중심 요소로 등장한다. 조직은 또한 사람들 간의 상호 관계를 구조화한다. '조직'의 개념에 포함되는 것으로는 집행권력(행정부, 부서, 관청 등), 경제적 주체와 구조(회사, 상사, 상품 생산 연합 등), 사회 조직(정치 정당, 펀드, 노동 조합, 비행정 조직 등), 학술 단체(대학, 연구소, 컬리지 등) 등이 있다.

만일 제도가 **게임의 법칙**이라면, 인간과 인간이 창조한 조직 혹은 구조는 **게이머**가 된다. 그들은 목적지향적 활동에 매료된 개체들의 그룹이다.

제도적 구조에 남아 있는 한계는(다른 한계와 함께) 가능성의 범위를 규정하며, 또한 그 한계 위에 창조될 수 있는 상응하는 조직의 유형을 결정한다.

사회에서 행동 법칙의 총체는 '**제도적 외양**'이라 부를 수 있는데, 이는 그 발전의 방향과 결과를 규정한다.

캘리포니아 대학의 교수 존 설(John Searl)이 학문에 도입한 제도이론의 주요 개념은 '**지위의 기능**(Function of Status)'이다.

존 설은, 인간이 대상에 기능을 부여하는 능력을 소유하고 있다는 가정에서 출발하는데, 이때 그 대상은 그 자체로는 기능을 가지고 있지 않으며, 어떤 지위에 대한 집단적 부여에 의해서만 그 기능을 획득할 수 있다.

이렇게 해서 대상이나 개체는 사회에 의해 받아들여진 조건을 수용함으로써 거기에 합당한 기능을 수행하는데, 이 조건에 따라 그는 기능에 합당한 지위를 가지게 된다. 이를 우리는 지위의 기능이라 해석할 수 있는 것이다.

지위의 기능의 분명한 예로는 돈, 사유재산, 정치적 간부직 등이 있다. 지위의 기능은 실질적으로 사회의 기반이 된다.

지위의 기능과 지위의 기호는 새로운 가능성을 창조하는데, 그것은 권리, 책임, 위임, 증명서 제출 등 새로운 형태의 권한을 제도화한다. 세계 문명의 발전에 따라 경제는 진화한다. 그리고 제도도 진화한다. 이러한 진화의 분석은 경제 체제 발전의 법칙성과 전망을 보다 정확하게 규정하게 할 것이다.

8. 지속 가능한 발전 이론

60년대 말 산업 선진국들은 기존의 발전 모델의 범위 안에서는 해결할 수 없는 문제들에 봉착했다. 인간이 주요 천연자연을 사용하는 속도 및 생산과 소비의 불합리한 구조는 이미 허용의 경계를 넘어 주변 환경의 오염에까지 이르고 있었다. 그 근본적인 원인은 글로벌 체제를 구성하고 있는 중요 요소들의 급격한 성장에 있었는데, 여기에는 인구 수, 산업 생산, 식품 생산 산업, 자원 소비, 환경 오염 등이 포함된다. 게다가 이러한 성장은 수학적으로 지수 성장이라 일컬어지는 기하급수적인 성장을 보이고 있었다.

참고자료: 수학에서 지수 성장은 기존 크기에 비례하는 증가를 의미한다. 즉 지수 성장은 두 배, 두 배의 배, 다시 그 두 배의 두 배 등으로 성장하는 것을 의미한다.

지수 성장은 산업 혁명 이후 인간 활동의 가장 바람직한 목적 중의 하나이다. 이와 동시에 현재 그것은 세계 경제 발전과 더불어

지구 자원의 물리적 소진 가능성을 가져오는 원인이 되고 있다.

글로벌 경제 체제 속에서 환경오염 문제는 지상의 모든 문명 발전을 가로막을 정도로 심각한 수준에 도달하고 있다. 1970년대 에너지, 원료, 생태계의 문제는 대량 생산과 소비 이론의 근본을 훼손하기 시작했고, 인간의 종족 보존에 대한 전망마저 어둡게 하기 시작했다. 머지 않아 지구에는 자연의 황폐화와 원료와 연료의 부족에 따른 전면적인 기아와 추위가 엄습할 것이라는 등, 수없이 많은 비관적인 예언이 등장했다.

처음으로 이런 문제에 주목한 사람들 중의 하나는 **로마 클럽의 회원들**이다. 저명한 학자, 사업가, 공무원 등으로 구성된 그들은 1972년 『**성장의 한계**』라는 보고서를 준비했다. 보고서는 **센세이션**을 불러일으켰다. 연구자들이 내린 결론은, 만일 세계 인구 변화, 산업화, 주변 환경 오염, 식량 생산 산업, 자원의 소모의 성장 경향이 현 상태로 지속된다면, 앞으로 100년 이내에 우리 지구는 성장의 한계에 이를 것이라는 것이다. 이러한 문제로 인해 일어날 수 있는 가장 신빙성 있는 결과는 인구 숫자와 생산량이 통제할 수 없을 정도로 갑자기 감소하는 현상일 것이다.

그러나 인류는 이러한 경향을 변화시키고, 먼 미래까지 존속할 수 있는 경제와 생태계의 안정적 환경을 창조할 수 있다. 경제 발전을 멈출 수 없는 만큼, 인류는 지금과 같은 주변 환경 파괴를 멈추고 다른 방향을 모색해야 한다.

즉 **경제적 패러다임**의 근본적인 변화가 요구되고 있는 것이다.

참고자료: 학문적인 패러다임의 변화는 기본적인 전제 및 여러 학문에 받아

경제는 인간의 욕구를 만족시켜야 한다. 그러나 경제 성장은 지구 생태학의 가능한 경계 내에서 행해져야 한다. **혼란스러운 무한한 성장 대신 지속적이고 균형적인 문명의 발전이 필요하다.**

지구는 크기의 증가 없이 발전해 왔다. 성장이 멈춘 유한한 지구의 하위 시스템으로서의 세계 경제에는 발전 모델이 적용되어야 한다. 그 이유는 발전은 한계가 없지만 성장은 한계가 있기 때문이다.

지속 가능한 발전 가능성 개념의 창안 필요성은 1972년 환경에 대한 스톡홀름 컨퍼런스에서 제기되었다. 이는 생태계 문제에 대한 첫 번째 국제 모임이었다.

1983년 국제연합은 주변 환경과 발전에 관한 위원회를 구성했다 (국제연합환경계획 UNEP). 위원회는 『우리 모두의 미래』라는 보고서를 준비했다. 이 보고서에서는 특히 미래 세대가 자신의 욕구를 충족시킬 수 있는 능력이 위험에 처하게 하지 않으면서, 동시에 현재의 필요를 충족시킬 수 있는 인류의 지속적인 발전이 가능하다는 점을 언급하고 있다.

1989년 국제 연합은 지속 가능한 발전 원칙을 표명하기 위해 주변환경 발전에 관한 국제회의를 준비하기 시작했다.

이 국제회의는 1992년 6월 리오데자네이로에서 개최되었는데, 세계 지도자들과 고위관료들이 무려 179개국에서 참여하는 큰 행사가 되었다.

리우데자네이루 회의에 러시아 사절단도 참여했는데, 이들은 러시아의 주변 환경 상태에 대한 국가 보고서를 제출했다. 회의가 끝난 후 러시아 연방 최고 회의는 ≪주변환경과 발전에 관한 국제 연합 회의의 결정과 권고사항에 대한 러시아 연방의 이행 상황≫에 대한 청문회가 열렸다.

그 결과 사회 – 경제 문제의 복합적 해결을 위해 지속 가능한 발전 원칙에 기반을 둔 **러시아 연방의 국가적 발전 전략** – '21세기 러시아를 위한 당면 일정'이 창안되었다.

1993년 2월 리우데자네이루 회의의 결정에 따라 지속 가능한 발전에 따른 국제 연합 위원회가 창설되었는데, 위원회는 생태계의 문제를 해결하라는 요청을 받았다.

리우데자네이루 회의 이후 가장 눈에 띄는 것은, 유럽 국가들의 생태학 관련 장관들의 모임이다(1993년 4월). 이 모임에서는 유럽 정부, 유럽 조합 위원회, 국제 조직, 금융구조와 개인 투자자를 위한 입문서가 되는 생태 운영 프로그램이 채택되었다.

이 프로그램은 세 가지 원칙에 입각하고 있다:

- 지속 가능한 발전을 보장하기 위한 경제 개혁 과정에 생태적 요소 도입
- 교육과 교양을 위한 조직 기반 창출
- 인간의 건강에 대한 위협이나 환경 파괴가 일어나고 있는 지역에 대한 즉 각적인 대처 프로그램 고안.

이때부터 리우데자네이루 회의 이후 국제 포럼에서 결정된 사항을 발전시키는 데 있어 수많은 국가들이 생태학적 측면을 고려하는 경제 정책을 도입하기 시작했다. 법률적으로 주변 환경을 보호하고 지속 가능한 발전을 위한 기반을 창출하는 법률들이 채택되었다.

생태계를 고려하는 경제 정책을 가장 성공적으로 도입한 국가는 산업적 선진국과 신흥 산업 국가들이다. 가장 엄격한 환경법을 도입한 국가는 독일, 미국, 캐나다, 아일랜드, 노르웨이, 스위스, 스웨덴, 핀란드, 일본, 싱가포르의 십 개국이다.

최근 몇 년 동안 환경 보호를 위한 법률들은 세계 시장의 일정 국가들의 상황에 심대한 영향을 미쳤다. 이 영역에서 지속 가능한 발전의 원칙에 기반을 두고 세계 경제와 세계 상품 시장의 현대적인 발전 경향을 고려한 합리적인 법률들은 국제 무대에서 국가 경쟁력을 향상시킨다.

세계 상품 시장에서 자국의 경쟁력 강화와 입지 확대를 위해 환경법을 가장 적극적으로 활용한 국가들은, 싱가포르, 아일랜드, 홍콩, 뉴질랜드, 포르투갈, 노르웨이, 말레이시아, 스웨덴, 핀란드, 중

국 등이다.

러시아도 환경 보호를 위해 충분히 견고한 법적 기반을 마련하고 있다. 그러나 현대 러시아 사회에 만연해 있는 법적 니힐리즘은, 지속 가능한 발전 개념의 실현과 세계 경제에서 자국의 경쟁력 향상을 위한 법률들을 효과적으로 활용하지 못하게 한다.

지속 가능한 발전 개념은 저명한 러시아 학자 **베르나드스키**(Vladimir I. Vernadskii, 1863~1945)가 창시한 '**정신활동영역(noosfera)의 발전**' 이론과 상응한다는 점을 지적해야겠다.

자신의 저술에서 베르나드스키는, **지구의 능동적 외관 발전에 있어** 인간의 활동이 **중요한 지질 형성의 요소**가 된다고 주장했다. 이 개념은, 인류가 효과적인 메커니즘을 사용하여 합리적인 원칙하에 생활권의 기본적인 과정을 운영할 때에만 실현된다.

'정신 활동 영역'의 발전은, 인간이 자연의 일부이고 자연의 법칙을 따라야 한다는 것에 대한 분명한 이해를 바탕으로 한다. 자연 보존 없이 인간 종족은 지속될 수 없다. 우리가 자연을 파괴하면 스스로의 미래를 파괴하는 것이다.

전체주의 제도의 유산으로 얻은 일련의 심각한 생태계의 문제에도 불구하고 세계 영토 기준에 따를 때 현재 러시아는 환경오염이 아주 적게 일어난 국가이다. 생태학자들의 다양한 평가에 따르면, 러시아 전체 국토의 약 35%를 차지하는 7백만에서 8백만 제곱킬로미터가 아직까지 경제적으로 개발되지 않고 있다.

이렇게 해서, 러시아는 미래 문명의 원형적 모델을 창조할 수 있는 모든 조건을 갖고 있다는 가설을 세울 수 있는데, 그 모델은 생산, 소비, 그리고 환경에 관해 합리적인 관계를 형성할 지속 가능한 발전 원칙에 근거한다.

바로 이와 같이 생산 활동에 소요되지 않았던 러시아의 거대한 영토에서 새로운 사회가 건설될 수 있으며, 그 새로운 사회는 기본적인 생태계 시스템을 보존할 수 있을 뿐 아니라, 주민의 기본적인 욕구를 충족하고 모든 사람을 위한 높은 수준의 삶을 보장할 수 있을 것이다.

러시아의 장기적 사회 경제적 과정을 보장하는 유일한 길은 환경 보호 및 보전과 경제 발전을 하나로 결합하는 것이다.

90년대 말 러시아 공화국 정부는 **러시아가 지속 가능한 발전 모델로 이행하는 개념들**을 고안했는데, 그 기저에는 경제, 자연, 사회 발전의 역동성과 균형성 개념이 깔려 있다. 이러한 개념들의 기본적인 전제는, 2003년 **남아프리카 공화국의 요하네스버그에서 열렸던 환경과 개발에 관한 국제회의**의 국가 보고서에 서술되어 있다.

이 회의는 세계 200여 국가의 지도자와 고위 관료들이 모인 대규모 국제 회의였다. 이 회의에서는 지속 가능한 발전 모델로 이행하는 국가들의 최우선 과제를 규정했다. 국가와 정부의 수반들은 일련의 구체적인 의무를 이행하고 조치를 취할 것을 약속했다.

이 회의에서 **지속 가능한 발전 이행 계획**이 조인되었으며, 이 계획은 긴급한 방책을 정하고 그 실행을 위한 구체적인 기간을 2002~2012년으로 규정하였다. 모든 국가들은 리오 협정의 이행에 대한 연차 보고서를 제출할 의무를 진다.

이 계획은 일정 정도 세계 발전의 불균형 해소를 목적으로 하고 있고, 따라서 지속 가능한 발전을 위한 각 국가의 프로젝트는 **차별화**되어야 한다는 것을 강조한다. 어떤 나라의 과제가 빈곤 퇴치라면, 다른 나라에서는 지속적인 생산과 소비 모델로의 이행하는 것이 과제가 되는 것이다.

9. 조절 이론

처음으로 독립적인 범주로서 '**조절**' 개념을 사회과학에 도입한 경제학자 중 한 사람은 프랑스 경제학자 **제라르 데스탕 드 베르니스**(G. Destanne de Bernis)이다.

철학자 **캉길렘**(G. Canguilhem)의 정의에 따르면, 조절은 '일정한 규칙과 규범에 따라, 행위와 행동은 물론 그 결과와 결말이 혼합되는 과정으로서, 이는 자체의 다양성이나 현상의 다양한 시간성으로 인해 처음에는 서로 관련되어 있지 않은 것처럼 보인다.'[3]

드 베르니스는 마르크스적 분석의 혁신을 위해 체계 이론의 몇몇 요소들을 사용했던 것이 명백하다.[4] 체계 이론에서 차용한 개

---

3) *Canguilhem G. "Regulation", Encyclopedia Universalis, Paris, 1980, vol.14, p.45.*

4) *Bernis G. (Destanne) "Regulation ou equilibre dans I 'analyse econo- mique", Maloinne − Doin, Paris, 1977.*

념들은 정확한 정량분석을 위한 출발점이 되었다기보다는 은유적으로 표현하여 발전적 교수법의 원칙이 되었다.

이러한 사상은 또 다른 경제 학자 **미셸 아글리에타**(M. Aglietta)에 의해 처음에는 박사논문에서 그 다음에는 『자본주의의 위기와 조절』이란 책에서 발전되었다.

그는 조절 개념이 국가의 경제 간섭의 변형과 인과적으로 반드시 연관되지 않아도 된다고 생각했다. 비록 그는 일반적인 균형 이론에 대한 글로벌 대안을 찾고자 하는 면에서 드 베르니스와 생각을 같이하긴 했지만, 그와는 달리 추상적인 경제 법칙은 거부하였다.

그의 시각의 출발점이 되는 것은, 가령 축적 과정을 규정하는 소비 규범과 착취 규범 간의 상호 관계의 결과로서 성립되는 노동력 가치와 같은 **근본적으로 마르크스주의적 범주에 대한 이론 분석이다.**

사회 과학의 대상은 사회적 관계라는 가설을 발전시키면서, 아글리에타는 기본적인 사회 관계의 총체의 종합적 코드로서 '**구조 형식**' 개념을 도입했다.

이는 '구조 속에 조직되고 생산 방법을 재생산하는 새로운 경제적 및 비경제적 형식의 창안을 가져오는 사회 관계의 변형에 대한 연구'를 제안할 만큼 명백히 야망에 찬 연구목적을 추구하도록 만들었다.[5]

자본주의 조절 이론은 사회 형태의 발생, 발전, 쇠퇴의 이론이다. 몇몇 경제학자들은 조절 이론의 이러한 본질을 파악하고 이를 '**낡은 마르크스 이론에 새 옷을 입힌 것**'에 불과하다고 평가했다.

---

5) *Aglietta M. "Regulation et crises du capitalism", Calmann-Levy, Paris. (2-e adion), 1982.* *p.111*

프랑스에서 조절 이론의 발전은 90년대 초 프랑스 경제학자 **로베르 부아이에**의 저작을 통해 이루어졌다. 그는 **조절**을 '**현존하는 경제 구조와 사회 형식을 고려하여 재생산 과정을 가능하게 하는 메커니즘의 조합**'으로 이해했다.

조절 이론은 신고전주의 사상에 의해 거부되었는데, 신고전주의에 따르면, 최상의 조직은 지속적으로 역동적인 경제를 영원히 보장해야 하는 것이다.

이 이론의 지지자들은, 시장이 저절로 형성되는 것이 아니라고 주장한다. 왜냐하면 시장의 일상적인 기능은 완성된 법칙 체계와 공정한 계약을 보장하는 '세계 재판소'의 존재를 가정하기 때문이다.

심지어 극히 예외적인 완전 경쟁 시장의 경우에도 역시 권력 관계와 법규를 가진 특별히 조직화된 사회적 공간을 요구하기 때문에 이 또한 순수하게 경제적(사회 밖의) 현상으로 연구될 수는 없다. **다시 말해, 시장은 제도이며, 다른 제도와 마찬가지로, 시장에 있어 국가는 주요한 조절 요소의 하나가 된다.**

더욱이 로베르 부아이에는 '장기적 전망, 시장 관계의 전반적인 확산이 사회적 관계를 파괴할 때 이를 보호한다든지 하는 집단적 봉사는 정부만이 할 수 있다'고 주장했다.[6]

조절 이론의 신봉자들은, 그 이론이 세계를 있는 그대로 그리는 것이 아니라, 몇몇 양상들에 대한 이론적 의미부여에 불과한 것임을 지적했다.

---

6) *로베르 부아이에. 조절이론: 비판적 분석(Робер Буай е. Теория рег - уляции: К ритический анализ. Перевод с французского. - М.: Наука для обществ а, Российский государственный гуманитарный университет, 1997).*

제2장 시장경제의 자율조절 이론

1. 경제시스템의 균형 및 지속 가능성의 개념

경제 발전의 역사적 경험이 예시하듯이 시장경제 성공의 중요한 근거는 지속 가능성과 역동성이다.

경제이론에서의 지속 가능성은 경제 균형 이론에 대한 이해를 통해 가능하다. 이 이론에 따르면 균형 상태의 유지와 획득이 거시경제의 가장 중요한 요소로 간주된다. 이를 연구한 경제학자는 세계 경제 시스템을 분석하는 수단으로 경제 균형 이론을 주창한 스위스의 경제이론가 '발라스'였다.

역사적 참고자료: 발라스, 마리 에스프리 레온(Walras, Marie Esprit Leon)(1834~1910). 스위스 경제학자. 정치경제학 수리학파의 창시자이며 대표자이다. 대표적 저서 '순수 정치경제학 요소'(1874~1877)는 수학적 모델을 일

반화시켜 자본주의 경제학에 도입하는 내용이 골자이다.

이 모델은 생산, 교환, 자본의 형성과 자금의 유통을 포함하고 있다. 발라스 시스템은 경제 분석에 수학적 모델을 적용함에 있어 가장 영향력이 강한 이론으로 판명되었다.

그의 저술은 균형 파라미터에 연계된 선형 방정식 시스템을 해결하고 구축하는 토대가 되는 경제 분석과 계획을 위한 균형 방법론 발전의 근거가 되었다. 이 원칙하에서 경제-수학 모델인 소비-생산 모델이 창출되었고 이 이론으로 그는 노벨상을 수상하였다.

이후 경제 균형 이론은 수량의 법칙성과 경제 현상의 상호 관계, 그리고 다양한 경제 시스템의 수학과 통계 수치를 응용하는 과정을 중심으로 발전했다.

인과관계를 중시했던 쿠르노(Antoine Augustin Cournot,), 제본스(William Stanley Jevons), 마르셀(A. Marcel)과 같은 전 세대 학자들과 달리 발라스는 경제 균형을 단순히 수요와 공급의 균형으로 파악하지 않고, 대칭적 시장의 전반적인 경제적 균형으로 파악하였다. 일반적 경제 균형 모델은 완성품 시장과 생산요소시장 간의 상호관계를 반영한다. 완전 경쟁의 시장 경제에서 이는 다양한 시장을 동일한 균형으로 이끈다.

발라스는 직접적 관계와 이후의 피드백을 상정하는 기능적 종속 시스템으로 경제관계를 해석하였다.

일반적 경제 균형 이론에 따르면 경제 주체들은 해당 상황에서 안정적 균형상태를 최적상황으로 간주하면서 경제 시스템을 최적의 상태로 이끌기 위한 노력을 도모한다. 만약 시스템이 질서와 균형의 상태에 위치하고 있다면 균형을 깨트리는 외부 상황의 요동이 일정 시간 계속되더라도 이 시스템은 원래의 초기 상황으로 돌아가게 되어 있다. 따라서 지속 가능성은 변화하는 환경조건과 우연적이거나 필연적인 내부 요소의 전환 속에서 자신의 자질을 보존하는 시스템의 능력이라고 정의될 수 있다. 시스템의 지속 가능성은 다양한 변수에 의해 결정된다. 만일 지속 가능성을 상실하게 된다면, 그 원인이 되는 것은 다음과 같은 요소들일 것이다.

- 시스템 파라미터의 변화
- 외부작용(특히, 시스템과 과도하게 질적으로 부합되지 않는 외부의 작용)
- 시스템의 구조가 변화할 때에 시스템 속에서 상호 관계의 파괴(구조적 불안정성 또는 비지속 가능성)

   시스템 분석의 법칙에 따라 모든 시스템의 지속 가능성은 자율조절 메커니즘의 존재여부에 달려 있다. 저자의 견해로는 거시경제적 수준에서는 '기능적 경제시스템'이, 미시경제적 수준에서는 자율조절의 구조가 그러한 메커니즘으로 경제시스템에서 작동될 수 있다.

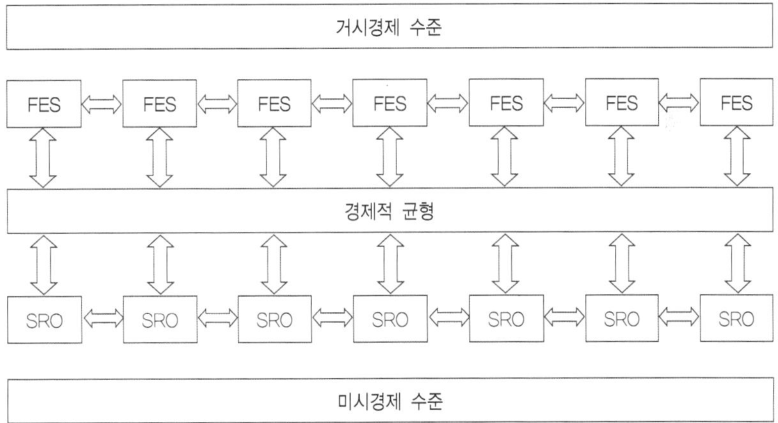

그림1 ▌ 현대 시장경제의 거시경제와 미시경제 수준에서의 자율조절 메커니즘의 구조
(FES = 기능적 경제시스템, SRO = 자율조절조직)

   미국의 저명한 경제학자인 폴 사무엘슨(Paul Anthony Samuelson)

과 러시아의 경제학자인 콘드라티예프(Nicolai Dmitrievich Kondratiev)
는 거시경제수준에서의 자율조절 메커니즘 출현 가능성을 예견한
바 있다. 유사한 이론이 독일 자유주의학파(Liberalist)와 신케인스학
파(New Keynesian) 이론에서도 등장했다.

사무엘슨 경제관의 핵심에는 경제적 균형상황에 대한 정의가 자
리잡고 있는데, 이는 모든 편차를 자율 조절하는 경향이 있는 지
속 가능한 경제상황을 의미한다.[7]

> **역사적 참고자료**: 폴 사무엘슨(Paul Anthony Samuelson). 미국경제학자.
> 1915년 5월 15일 출생, 1970년 노벨경제학상 수상.
> 주요 저작: 『경제학: 분석 입문』(1948년). 이 책은 전 세계적인 경제이론
> 교과서로 유명하다. 이 외에도 『선형 계획과 경제 분석』(1958년), 돌프만(R.
> Dorfman) 솔로우(Robert Solow)와의 공저, 『사회적 지출의 이용 혹은 불이용
> 에 있어 소비자 신용에 대한 정확한 모델』 등의 저서가 있다.

농업 및 임업 경제 발전에 대한 세계 최초의 전망에 있어서 콘
드라티예프는 계획경제정책 및 시장경제원리라는 신경제정책의 기
조하에서 두 가지 영역의 조합이 불가피하다는 이론을 제시했다.
그는 농업 및 공업의 밀접한 연대와 균형이라는 개념을 발전시켰
다. 1920년대 중반, 이 개념은 종국적으로 '공업 및 농업의 균형
발전 이론'으로 완성되었다.

콘드라티예프는 **시장 발전의 내부 법칙들은 인식 가능한 것이어
야 하며, 또한 시장관계를 통해 나타난 자율조절의 메커니즘은 정
부의 통제메커니즘 속에서 활용될 수 있고 또 활용되어야 한다**고

---

7) 사무엘슨, 『경제학 입문』, 모스크바: 1964. (*П. Самуэльсон. Экономика. Вводн
ый курс. М.: 1964 г.*)

주장하였다.[8]

신자유주의(New – liberalism)의 핵심은 일정한 목적을 가진 정부의 개입이 요구되는 '조직화된 시장' 개념이라고 할 수 있다. 신자유주의 이론의 선도자들은 경제적 행위에 있어서 시장과 국가 기능 사이의 최적의 경계를 지속적으로 추구했다. 루드비히 에르하르트(Ludwig Erhard)의 "경쟁은 가능한 모든 곳에서, 통제는 불가피한 바로 그곳에서"라는 유명한 명제는 그 이론적 근거가 되었다.

---

8) 『경제 역학의 문제들』, 모스크바: 1989. (≪Проблемы экономической динамики≫, М.: 1989 г.)

참고자료: 신자유주의는 1920년대의 경제 이론 중 하나이다. 학문적 경향으로서의 신자유주의는 케인스이론과 동시에 등장하였다. 신자유주의와 케인스이론은 자본주의의 자율조절이라는 전통적 개념을 무너뜨린 1929~1933년의 세계 경제 위기 당시의 정치경제학적 반동으로 형성되기 시작했다.

신자유주의 개념은 제2차 세계대전 이후 독일에서 광범위한 인기를 끌었다. 이러한 경향의 대표적인 이론가는 발터 오이켄(Walter Eucken)(1891~1950년)이다. 그는 저명한 독일경제학자인데, 독일에서 신자유주의 학파의 형성에 결정적 역할을 하였다. 오이켄의 공헌으로 독일 자유주의에서 '질서 자유주의'라는 유명한 용어가 탄생되었다.

신자유주의자인 루드빅 에르하르트, 빌헬름 레프케(Wilhelm Lepke), 알렉산더 류스토프(Alexander Ryustov) 등은 사회적 시장경제 모델의 이론가들이다.

1970년대 경제학에서는 경제성장에 대한 복합적 연구로 특화된 신케인스이론이 강화되었다. 이러한 환경하에서 신자유주의자들은 미시적 수준에서의 개인기업 활동은 자율조절 원칙에 의해 이루어지며, 거시경제수준에서는 '세계적 규제'가 현실화되어야 한다고 강조하였다. 이는 지속 가능한 경제 성장, 높은 수준의 취업률, 자금 순환의 견실성을 추구하는 적극적인 반순환적 정책을 포함하고 있다. 이와 같이 경제의 지속 가능하고 효과적인 자율조절을 생성해야 한다는 사고가 20세기 경제학의 독립적인 경향으로 나타났다.

그러나 거시경제론과 미시경제론 수준에서 이러한 이론이 실현되는 메커니즘은 상세히 연구되지 않았다.

2. 기능적 경제시스템의 정의와 주요 파라미터

상기에서 언급한 것처럼, 기능적 경제시스템은 시장경제의 거시

경제수준에서 자율조절의 주요 메커니즘이 되었다.

시스템 분석이론에서의 시스템은 그 자체의 일반적 형태에서 구체적 과제와 특정 목적을 성취하기 위해서 단일한 기능적 목적을 구성하는 상호관계와 상호활동의 질서 있는 총체성으로 이해된다. **필자는 기능적 경제시스템을 자율조절 메커니즘을 형성하는 제도와 조직의 총체성으로 파악하고 있다. 이러한 자율조절 메커니즘은 특정 거시경제의 파라미터와 지표상의 균형을 유지하도록 해 준다.**

기능적 경제시스템은 그것이 자율조절 구조라는 면에서 **금융, 세금, 보험 등과 같은 목적지향적 시스템**과는 변별성이 있다. 기능적 경제시스템에서는 지속 가능성을 보여주는 특정한 해당 지표가 정상치에서 편차를 보이면 상실된 균형을 복원하기 위한 즉각적인 메커니즘이 작동하게 된다.

저명한 미국 경제학자인 피터 드러커(Peter Ferdinand Drucker)는 현대 경영이론의 창시자로 불리고 있는데, 1954년에 비즈니스의 주요 영역에서 목적지향적인 지표는 일반 기업에 없어서는 아니 될 도로 표지판과 같은 역할을 하는 것이라고 강조한 바 있다.

> **역사적 참고자료:** 피터 드러커(Peter Ferdinand Drucker: 1909〜2005) ─ 미국의 경제학자이자 사회학자. 세계적인 행정 전문가. 통제고전주의와 '인간관계이론'의 통합에 근거한 경험주의 학파 및 산업 사회학파 이론가 중의 한 명이다.
> 주요 저작으로, 『경제적 인간의 종말』(1939년), 『산업 인간의 미래』, 『법인 개념』, 『실전 경영』(1954년), 『정부 및 정책, 정치, 경제, 비즈니스, 사회, 그리고 세계관에서의 새로운 현실』(2003년) 등이 있다.

정부 경제 정책의 성공적 시행을 위해서는 선택된 사회 ─ 경제

활동에 올바른 방향성을 제시해줄 수 있는 '도구적 지표'가 필수적이다. 필자의 견해로는 특정한 파라미터 속에서 유지될 필요가 있는 다음과 같은 거시경제적 지표들이 지속성 있고 균형 있는 경제발전의 '도구적 지표'가 될 수 있다.

- 국내총생산 성장률
- 인플레이션 수준
- 정부재정의 적자 규모
- 정부 부채 규모
- 환율의 변동 상황
- 금화준비금 총량
- 국내총생산에서의 저축 수준
- 경쟁환경의 발전 수준
- 실업률
- 극빈율
- 임금 분배의 불평등 수준(지니계수)
- 환경의 지속 가능성 수준 및 기타

지표의 대다수는 수량적 변수를 가지고 있는데, 지표 그 자체의 의미는 일반적으로 3가지 범주로 나눌 수 있다. 첫째, 최적 범주, 둘째, 전환적 범주, 셋째, 위험 범주이다.

특히, 지속 가능하고 빠른 경제 성장은 연중 인플레이션이 2~3%를 초과하지 않는 경우에 가능한데, 이를 **지표의 최적 상태**로 분류한다. 연중 인플레이션이 40%가 되면 경제 성장이 멈추는데 이는 **지표의 전환적 상태라** 한다. 연중 인플레이션이 100%를 초과하면서 산업 생산이 떨어지고 국내총생산량이 감소되는 수준은 **지표의 위험수위이다.**

수입 분배의 불평등의 수준을 질적으로 평가하는 통계 지표는 지니계수로 수입의 집중도를 보여주는 지수이다.

소득이 균등하게 분배되는 경우 각 사회 그룹은 자신이 속한 그룹에 해당하는 수입을 얻고 그러한 경우 지니계수는 0이 된다. 완전한 불평등 수준인 경우 지니계수는 1이 된다.

UN이 정한 방법에 따르면, 지니계수가 0.410~0.420이 되면 사회의 수입 격차가 위험한 수준에 도달한 것으로 분류된다. 지니계수 지표의 전환적 단계는 0.350~0.370, 최적 단계는 0.250~0.260이다. 지니계수는 직업의 특징이나 성별에 따른 다양한 사회적 그룹의 임금 분배의 불평등 수준을 규정하는 데 사용될 수 있다.

상기에 언급한 사회－경제 지표 중 일부는 형식적으로 제도화되고, '유로 안정화 협약', 즉 '마스트리히트 조약(Treaty of Maastricht)'에서 규정으로 자리잡았다. 이 조약은 경제적 분야에서 화폐의 단일화를 통해 EU 통합이 가능하도록 하는 주요 근거가 되었다. 특히 경제발전상황에 대한 다음과 같은 거시경제적 지표들은 EU에 가입하기 위한 필수조건이 되었다.

- 가격상승이 가장 낮은 3개 국가에서의 인플레이션보다 해당국가의 인플레이션이 1.5% 이상을 초과해서는 안 된다.
- 장기금리가 최저치를 기록하고 있는 3개 국가에서의 해당지표보다 2%를 초과해서는 안 된다.
- 국가재정 적자가 국내총생산량의 3%를 넘어서는 안 된다.
- 국가 부채가 국내총생산량의 60%를 초과하지 않아야 한다.
- 2년간 환율이 EU가 지정한 수준에 부합되어야 한다.[9]

---

9) 유럽 금융연구소, 1997년 연례보고서, 『유럽』, 룩셈부르크, 1997, p.25. (*European Monetary Institute, Annual Report 1997, "Europe", Luxe- mbourg, 1997, p. 25*)

이러한 조건은 동일한 유럽 화폐를 자국 내에서 유통해야 하는 EU 신생가입국에도 적용된다. 필자의 견해로는 1970년 유럽 단일 통화 도입 시도가 무위로 돌아간 첫 번째 원인은 기능적 경제시스 템의 부재였다. 그 당시만 하더라도 기능적 경제시스템은 형성되지 않았고, 따라서 경제시스템 상호 간의 파라미터 균형을 보장해 주지 못하였다.

주요 거시경제 지표 목록에 관한 협정을 포함, 포스트소비에트 공간에서 '단일경제공간(SES)'의 창설을 위한 금융시장의 각종 지수에 관련된 거시경제 지표도 이에 상응하는 수준으로 책정되어 있다.

2차 세계대전 이후의 대다수 선진국과 개발도상국의 경제 발전에 대한 비교 분석은 주요 사회－경제적 지표에 대한 최적의 상태가 무엇인지를 규정할 수 있도록 해 주었는데, 그중에서도 다음 사항들을 주목할 필요가 있다.

- 연중 인플레이션이 2～3%를 초과하지 않아야 한다.
- 총통화량의 증가 속도가 생산 증가 속도와 일치해야 한다(1년에 3～5%를 초과하지 않아야 한다).
- 국가재정 적자가 국내총생산량의 3～5%를 초과하지 않아야 한다.
- 국가 부채가 국내총생산량의 60%를 초과하지 않아야 한다.
- 국가 환율의 변동치가 매달 1～2%를 초과하지 않아야 한다.
- 금본위 적립금의 총량이 국내총생산의 8% 이상이 되어야 하고 최소 3개월 정도는 상품의 수입에 따른 지출을 보전할 수 있도록 충분히 보유되어야 한다.
- 확대재생산의 보장을 위해 국내총생산 중 저축에 의한 적립금 수준이 10% 이상은 유지되어야 한다.
- 한 국가 시장에서 외국 상품의 비율이 30～40%를 초과하지 않아야 한다.
- 일정한 시장에서 독점 상품의 비율이 시장의 65%를 초과하지 않아야 한다.
- 단일 국가의 대형 은행의 비중이 다른 은행들 총자본의 35%를 초과하지 않아야 한다.

- 실업률이 전체 노동가능인구의 15~20%를 초과해서는 안 된다.
- 국가인구 중 총수입 상위 20%와 하위 20%의 소득 격차가 12배를 초과
  하지 않아야 한다.
- 빈곤층이 전체 인구의 30~40%를 초과하지 않아야 한다.

상기한 지표를 근거로 필자는 다음과 같은 주요 기능적 경제시스템을 상정한다.

- 인플레이션 수준을 통제하는 시스템
- 정부의 재정 균형을 보장하는 시스템
- 국내환율의 지속성을 보장하는 시스템
- 금보유고의 형성과 사용을 보장하는 시스템
- 경쟁환경을 형성하고 지지하는 시스템
- 비선의적 경쟁이 발생할 수도 있는 시장경제 체제를 보호하는 시스템
- 자본의 유입과 이동을 보장하는 시스템
- 국민의 사회보장 시스템
- 외부환경으로부터의 방어 시스템

기능적 경제시스템은 현대의 경제 시스템하에서 경제 메커니즘의 조화와 거시경제수준에서의 균형을 보장함으로써 정부와 시장 간의 조정 기능을 해야 한다.

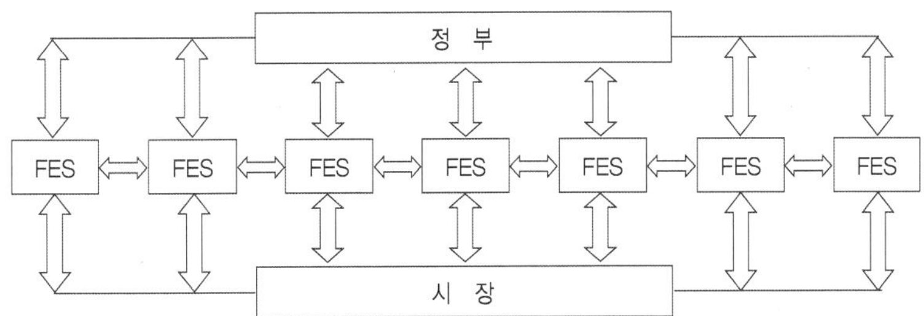

그림2 ▎ 현대 시장경제체제에서 기능적 경제시스템의 상황

현대 시장경제에서 국가는 다양한 수준의 기능적 경제시스템을 창출함으로써 시장환경형성을 통제하고 경제 발전의 역동성과 지속 가능성을 보장하는 중추적인 역할을 담당하고 있다.

3. 기능적 경제시스템의 생성 및 발전의 제도적 기반

필자의 견해로는, 기능적 경제시스템은 사람들의 목적지향적 활동 과정을 통해 시장경제에 출현하는 것이 아니라, 제도 발전 과정을 통해 생성되는 것이다. 기능적 경제시스템은 소위 '자연적 질서'의 영향으로 형성되었는데, 이 개념은 '프리드리히 폰 하이에크(Friedrich August von Hayek)' 사회철학의 핵심 개념이다.

> **역사적 참고자료**: 프리드리히 폰 하이에크(Friedrich August von Hayek)(1899 ~1992년)는 오스트리아의 경제학자로, 노벨 경제학상을 수상하였다(1974년).
>
> 주요 저작으로, 『화폐이론과 경기변동』(1929년), 『화폐 민족주의와 국제적 안정』(1933년), 『순수 자본 이론』(1941년), 『개인주의와 경제 질서』(1943년), 『노예로의 길』(1944년), 『자유 헌법』(1960년), 『철학 저작: 정치와 경제』(1967년), 『법칙과 법률』(1973년) 등이 있다.

'자연적 질서'의 본질은 그것이 어떠한 의도나 목적을 가지고 나타나는 현상이 아니라는 점에 있다. **자연질서는 사적인 목적을 추구하는 대다수의 의식적 행동이 발전 단계를 거쳐, 무의식적 결과로서 진화의 과정을 거쳐 형성된다.**[10]

---

10) F. A. 하이에크, 『규정과 질서』, 런던, 1993, p.36. F. A. Hayek, "Rules and Order", London, 1993, p.36).

사회적 제도는 인간과 관계없이 형성되는 자연계와 인간의 의지와 지성에 의해 만들어진 인위적 세계 사이의 중도적 위치를 차지하고 있다. **이러한 측면에서 '자연질서'는 인간 행동의 결과물이지, 인간 이성의 결과물은 아니다.**

기능적 경제시스템이 인간이성의 산출물이 아니라고 하더라도, 경제학에서 인간의 이성발달사는 활성화된 시장경제의 조직 속에서 그 조직의 생성과 발달을 위한 기본 전제가 되었다.

기능적 경제시스템의 적법성을 인식한 **정부는 입법 및 행정 권력을 대표하여 거시경제수준에서 자율조절의 메커니즘으로 기능적 경제시스템을 창출하고 이용할 수 있다.** 시장경제의 자율조절 이론의 특이성은 그 어떠한 이론도 – 심지어는 반대 입장을 가진 이론조차도 – 일정 정도 이 개념을 활용하지 않았던 경우가 없었으며, 기능적 경제시스템은 진화의 과정을 거쳤다는 사실이 강조되어야 할 것이다.

이미 잘 알려진 경제 이론으로는 케인스 이론, 화폐이론(Theory of Money), 제도주의(Institutional Economics), 진화론(Evolution Theory), 일반 균형이론(General equilibrium theory), 경제 성장이론(Theory of Economic Growth) 등이 있다.

기능적 경제시스템의 출현이 제도**의 발전 및 진화와** 연관되어 있는 만큼, 제도 출현의 메커니즘에 관한 더욱더 명확한 본질 파악을 위해서는 제도주의 경제 이론의 주요 입장들에 주의를 기울어야 한다.

제도주의 경제이론의 기본적 입장은 시장경제 발전에 있어 형식적 제도(법)와 비형식적 제도(관습)의 결정적인 영향력을 인정하는 것이다. **제도는 인간 행동을 제한하기만 하는 것이 아니라, 미래의 방향으로 나아가게 하며, 인간 행동의 짐을 덜어주면서 그 행동을 격려한다.** 비록 제도가 시대에 뒤떨어진 특성을 보이고 구태의연하게 된다 하더라도, 전체적으로 제도 없이는 인간의 행동과 사회적 기능은 이루어지지 못하는 바, 제도는 사회문화적 망 구축에 공헌하게 된다. 따라서 제도는 장기적 측면에서 경제시스템의 기능화를 위한 핵심적 요소이다. 제도는 사람들 사이의 상호관계의 안정적인 구조를 만들어 냄으로써 사람들 간의 협력을 할 수 있도록 만들어 준다. 이것이 제도의 진화에 대해 더 상세히 논의해야 하는 이유이다. 이제 우리는 **살아 있는 자연과 생물학적 유기체 및 경제 분야 간의 유사성에 대한 논의를 진행하고자 한다.**

역사적 참고자료: 경제 과정을 생물학적 과정과 유사하게 파악하는 이론은 오랜 역사를 가지고 있다는 점을 강조할 필요가 있다. 경제 영역과 자연계 간의 유사성은 18세기에 이미 저명한 경제학자인 토마스 말투스(Tomas Maltus)(1766~1834), 만드빌(Mandeville Bernard), 흄(David Hume) 등이 연구한 바 있다.

20세기에 소위 경제 이론의 '생물학적 메타포(biological metaphor)'가 베블렌(T. Veblen), 슘페터(Joshep Alois Schumpeter), F. 하에에크 등의 진화론자들과 제2의 '엄격한 제도학파'의 대표자들에 의해 광범위하게 연구되었다.

필자는 그러한 유사성 유추를 정당하다고 본다. 인간은 사회와 경제를 형성해 나간다. 인간은 외적 상황에서 의식적이든 무의식적이든 물질적이거나 지적인 대상, 기술 및 구조를 구상하고 창출하는데, 이러한 것들은 인간 본연의 내적인 생리적이고 정신적인 구조를 닮았거나 이와 매우 유사하다.

서구 학자들의 이러한 유사성에 대한 생각 이외에도 중국의 철학자들이 유사한 이론을 제기하였다.

> **동방의 현인들**: 저명한 중국의 철학자이며 도교학자인 후안 쉬군(Juan)은 『세 가지 전략 전서』라는 자신의 저술에서 다음과 같이 기술하고 있다. "…… **인간 개인의 육체를 공동체 조직과 대비시키는 것은** 공동체 조직에 대한 풍성한 통제 전략을 세움에 있어 가장 생산성이 높은 은유가 될 수 있다."[11]

이러한 경향의 첫 번째 결실은 경제학에서 새로운 패러다임을 만든 소위 '진화 경제학' 이론이었다. 다윈 진화론의 출현 이후 영국 철학자 스펜서(Herbert Spencer)는 자신의 일반적 진화와 선택 이론을 응용, 진화론의 원칙하에서 자연과 사회적 생활의 방향을 분석하는 보편적 철학 시스템을 발전시켰다.

20세기 경제진화론의 중요한 인식론적 원천은 현대생물학의 **자연도태이론**(Natural Selection)이었다.

그러나 진화론적 사고를 경제에 적용하려는 시도는 (자연도태에 의한) 소위 '개량품종'이 나올 때까지는 풍성한 결실을 맺지 못했다. 개량품종이란, 일정 기간 안정성을 가지고 있다가 하나의 경제주체로부터 다른 경제주체에 의해 전수되고, 이와 동시에 변화될 수 있는 능력을 가진 실체이다.

제도주의의 형성이 진화론의 탄생과 연관성이 있다는 것은 전혀 우연한 사실은 아니며, 특히 제도주의의 창시자인 베블렌은 **사회제도들은 유전자와 비교될 수 있다**는 생각을 가지고 있었다.

---

11) *라오-츠즈이. 다오 데 츠진(흐름과 힘에 관한 책). 북경 2003년. (Лао-цзы. Дао Дэ Цзин (Книга о Потоке и Силе). - Пекин 2003 г). В. 비노그라드스키,『통치자의 여정, 중국의 현인들』, 안톤 지굴스키 출판사, 모스크바, 2007, p. 520. (Б В иноградский,. Китайские мудрости На Пути Правителя, Издательс тво Антона Жигульского, М.:2007 г., стр. 520)*

자연계나 경제 시스템에 있어서 진화는 완전하지는 않더라도 상당히 유사한 법칙에 따라 진행된다는 점은 명백하다.

이러한 입장은 '생물학적 메타포'와 연결되며, 생물학적인 메타포의 본질은 경제 주체의 활동에 있어서 생물체의 행위를 규정하는 자연도태론과 생물학적 메커니즘의 원칙들을 응용하고 사용한다는 점에 있다.

다윈의 진화론에는 3개의 주요 원칙이 있다.
- 유전
- 변이성(變異性)
- 자연도태

그러므로 다윈의 원칙을 수용하는 경제학을 포함하여 모든 학문은 3개의 원칙들, 즉 유전과 변이성, 그리고 자연도태가 어떠한 메커니즘과 범주에 속하는지를 다루어야 한다.

베블렌에 따르면, 제도의 선천적 특성이 사회 현상을 스스로 체현하고 지지해 주는 만큼, 제도는 선천적으로 자신만의 '연속성'을 내포하고 있고 이것은 곧 유전적 특성이다. 생물학적 유전자는 알려진 대로 유전적 정보를 전달하는 구조를 가지고 있다.

제도라는 수단을 통한 정보의 전달은 경제 분야에 있어 모방과 학습의 경로를 통해 현실화된다. 바로 이러한 방식의 정보 전달은 넓은 의미로 보면 교육에 의해서만 이루어지는 것은 아니고, 개인의 사회화를 통해서도 이루어진다. 모든 제도주의자들이 사회문화 환경에 커다란 의미를 부여하는 것은 바로 이 때문이다.

미시경제 수준에서 응용기술과 생산 및 행정의 조직 원칙들은 일반 조직체와 회사, 공공 기관에서 정보의 전달자 역할을 하게 된다. 제도는 또한 자연과 유사하게 변이성을 가지고 있는데, 제도는 생물학적 유전자보다는 훨씬 덜 지속적이다.

생물학적 유전자는 실제적으로 외부작용에 종속되지 않고(물론 태양의 방사에너지와 같은 아주 강력한 비자연적 요소들은 예외이다) 내부 구조의 우연한 변화(부모로부터 물려받은 유전자의 우연적 조합)의 결과로 변형된다. 반면 제도들의 안정성은 그렇게 높지 않다. 제도들은 사회적, 문화적, 정치적, 자연적 환경의 변화에 반응할 수 있다. 제도들은 목적을 가진 개인의 행동을 포함하여 내적 또는 외적 요소 간의 상호작용에 의해 역시 우연적으로 변형될 수 있다. 그러나 제도는 생물학적 유전자와는 달리 **비유전적 지표를 보유하고 이를 전수한다.**

자연도태와 연관지어 볼 때, 궁극적으로 살아남는 것은 제도의 진화 과정에서 지속적으로 가장 생명력이 있는 메커니즘들인데, 이 메커니즘들은 결국 자율조절 과정의 형성과 발전, 그리고 기능적 경제시스템의 형성으로 이어지게 된다.

자연도태는 항상 효과적인 제도의 보존을 보장하지 않는다. 반면, 주지하듯 사회와 경제 구조의 비효과적인 규범은 장기간 지속될 수도 있다. 현재 세계의 몇몇 국가들, 즉 북한, 쿠바 등 전체주의 체제와 비효율적 경제 시스템을 가지고 있는 국가들이 그러한 예가 될 수 있다.

자율조절의 과정에 대해 언급하자면, 가장 완전한 자율조절 메커니즘은 자연에 의해 창조된 생물학적 유기체이다. 특별히 이에 대해서는 저명한 소련 물리학자인 표트르 아노힌(Peter Anohin)이 상세하게

언급했다. 그는 '인간 유기체의 기능적 시스템 이론'의 저자이다.[12]

역사적 참고자료: 표트르 쿠지미치 아노힌(1898~1974) − 저명한 소련의 물리학자이자 아카데미 회원었으며, I. 파블로프(Ivan Petrovich Pavlov)의 제자였다.

유기체의 기능적 시스템 이론의 주요한 입장들은 러시아의 아카데미 회원인 아노힌에 의해 1932년 정립되었고, 이로 인해 생리학적 인공두뇌학(Cybernetics) 분야에서 러시아는 독보적인 위치를 차지하게 되었다.

기능적 시스템의 개념에는 영구적 효과에 의한 조절 원칙이 기저에 깔려 있다. 이 조절 원칙은 피드백의 인공두뇌학 원칙이다. 이러한 기능적 시스템이 나온 것은 인공두뇌학의 창시자인 와이너(Weiner H.)의 저작이 세상에 나오기 15년 전의 일이었다.

아노힌은 역동적이며 자율조절을 하는 조직들을 유기체의 기능적 시스템이라고 이해하였는데, 이 조직을 구성하는 모든 요소들의 활동은 유기체가 자신에게 중요한 결과들을 받아들이도록 만든다. 기능적 시스템이란 자율조절기관이자 항상성을 유지시켜 주는 기관인 셈이다.

아노힌은 중요한 기능적 시스템으로 다음과 같은 것들을 들었다.

유기체 내에 혈액의 양을 유지시켜 주는 기능적 시스템
혈액의 구성 성분의 양을 유지시켜 주는 기능적 시스템
혈액의 반응(pH: 수소이온지수)을 유지시켜 주는 기능적 시스템
유기체에 있어서 침투압의 수준을 유지시켜 주는 기능적 시스템
유기체 내의 혈압수준을 유지시켜 주는 기능적 시스템
유기체의 가스 성분을 유지시켜 주는 기능적 시스템
혈액 온도를 유지시켜 주는 기능적 시스템
혈당 수준을 유지시켜 주는 기능적 시스템
유기체 내의 영양소의 수준을 유지시켜 주는 기능적 시스템
유기체로부터 열량의 분할을 보장하는 기능적 시스템
유기체의 방뇨를 보장하는 기능적 시스템
유기체의 성적 기능을 규정하는 기능적 시스템
유기체의 합목적적 행위를 위한 기능적 시스템

저자는 250개의 학술 저작과 6개의 전기를 남겼다. 최고의 역작은 다음과

---

12) 아노힌, 『기능적 시스템의 생리학적 기술』, 모스크바, 메디치나, 1975년. (Анохин П.К. Очерки по физиологии функциональных систем, М.: Медицина, 1975 г.)

같다. 『데카르트에서 파블로프까지』(모스크바, 메드기즈 출판사, 1945), 『기능적 시스템 이론의 철학적 양상들』(모스크바, 나우카 출판사, 1971년), 『기능적 시스템의 생리학』(모스크바, 메디치나 출판사, 1975년).

케인스(John Maynard Keynes)는 생전에 경제학은 쉬운 학문이지만, 경제학을 성공적으로 연구하는 이는 소수에 불과하다고 밝힌 바 있다. 역설적으로 경제학자들은 다양한 분야에 대해 전문적인 식견이 필요하다. 경제학자들은 수학자, 역사학자, 정부 관료, 철학자가 되어야 한다.

필자의 생각으로는 경제학자가 가져야 할 능력에는 상기의 분야 이외에도, 바로 생리학자로서의 능력도 갖추어야 한다는 것을 강조하고 싶다. 생리학으로부터 '신진대사(Metabolism)'라는 용어를 차용하면서, 필자는 이를 '경제적 신진대사'라는 학술적 용어로 도입하고자 한다. 필자는 경제학적 신진대사를 생명체의 신진대사에 비유하여 물질과 에너지와 정보의 교환으로 해석한다. 경제 시스템에서 생명체의 신진대사와 비교하여 설명할 수 있는 분야는 상품, 서비스, 기술, 과학연구, 노하우, 다양한 형태의 자본의 흐름, 노동력 등 현대 시장 경제를 구성하고 있는 중요한 요소들을 다 포함할 수 있다.

그러나 정상적으로 기능할 수 있는 주요 파라미터가 유전자에 의해 결정되는 생물학적 유기체와는 달리, 경제에서의 균형, 역동성 및 지속 가능성 등의 변수는 시장 경제 및 그 제도들의 진화와 발전 과정에서 발생하며 그 속에서 수정의 과정을 거친다.

생물학적 시스템에서 이러한 파라미터는 생명체가 살아 있는 동안 변하지 않는다. 반면, 경제 시스템에서는 생산력, 생산관계, 기술혁명의 발전 정도, 또는 세계경제 및 개별 섹터의 변화 정도에 따라 주기적으로 검토되고 수정된다.

경제적 현실에 대한 인식은 상응하는 추상적 도식의 형태로 모델화된다. 만약 현존하는 경제 개념이나 지식이나 이론에 근거한 논리적 구조의 형태로 이 도식을 제시하지 못하면 현실에 대한 이성적 추상화의 길은 대단히 어려워질 것이다. 따라서 기능적 경제 시스템을 보장하는 경제적 신진대사 과정은 다음과 같은 추상적 도식으로 표현될 수 있다.

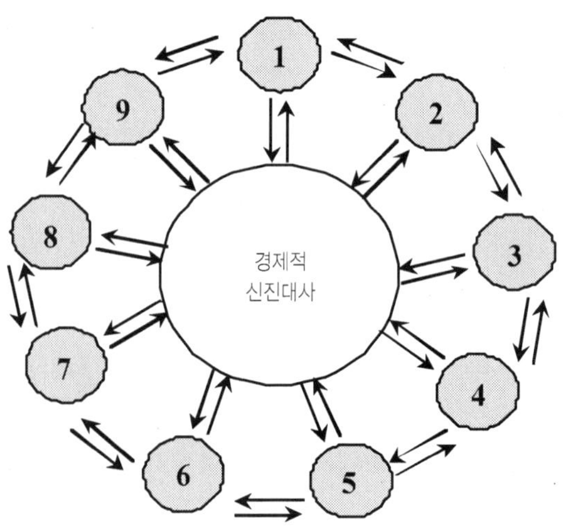

그림3 ┃ 기능적 경제시스템을 보장하는 '경제의 신진대사와 순환'의 추상적 구조도
1. 인플레이션의 수준을 조절하는 시스템
2. 정부 예산의 균형을 보장하는 시스템
3. 화폐의 안정성 유지를 보장하는 시스템
4. 금본위 준비금의 형성과 사용을 보장하는 시스템
5. 경쟁 환경의 형성과 유지를 보장하는 시스템
6. 비선의적 경쟁으로부터 국내시장을 보호하는 시스템
7. 자본의 유입과 순환을 조절하는 시스템
8. 국민의 사회 보장 시스템
9. 환경보호 시스템

만약 인간이라는 유기체 내에서 정상적인 신진대사를 유지해 주는 것이 유기체의 기능적 시스템이라면, 경제시스템의 거시경제수준에서는 물질, 에너지, 정보의 안정적 순환이, 그리고 경제시스템의 미시경제수준에서는 기능적 경제시스템이 자율조절 조직의 역할을 한다.

4. 기능적 경제시스템의 성립 원칙과 그 특성

기능적 경제시스템은 모든 경제 시스템의 효율적인 작동을 위해 **다양한 제도와 조직**을 선별적으로 결합시킨다. 따라서 기능적 경제시스템의 조직구조에는 사법부 및 행정부의 기관들, 분석센터, 전문센터 및 정보기관, 인권기관, 비정부조직 및 연맹들이 있다.

기능적 경제시스템을 구성하고 있는 하위부문들의 기능은 개별 국가의 법률 및 국제법에 근거하고 있다. 미국에서 인플레이션을 통제하는 기능시스템의 근간이 되는 기관은 '**연방준비제도**(Federal Reserve System)'이다. 이 기관에는 효율적인 자율조절 메커니즘을 가지고 있는 정부 및 사적 투자기관들이 결합되어 있다.

> **역사적 참고자료:** 미국의 연방준비제도는 독립적인 정부 기관의 신분을 가지고 있으며, 12개의 연방 준비 은행(Federal Reserve Bank)과 6천 개의 일반 상업은행 회원이 있는데, 이들이 차지하는 비율은 미국의 은행 적립 규모의 75% 이상이다.

EU에서 미국의 연방준비제도와 같은 기능을 하는 기관은 유럽중앙은행(European Central Bank)이다. 이 은행의 주요한 목적은 물가안정을 유지하는 것이다.

경쟁환경의 조성과 관련된 기능적 시스템의 주요한 기관으로는 반독점위원회가 있는데, 이 위원회는 상품생산자 협회, 연구 기관 및 중재 기관 등과 밀접하게 교류하고 있다. 이 중 연구 기관들은 상품시장의 상황, 국내외의 경기 및 기업구조, 자국시장이나 세계 시장의 회사 구조를 연구한다.

기능적 경제시스템은 중앙기관으로부터의 통제에 의해서만이 아니라, 이 시스템을 구성하고 있는 요소들 간의 상호관계의 규칙성에 의해서도 작동된다. 즉, 통제의 위계적 원칙과 함께 수평적인 그물망 식 원칙도 활용된다.

위계적 원칙은 예속과 강제의 엄격한 시스템에 기반을 둔다.

그물망 식 원칙은 형식적 법과 더불어 비형식적인 규제들에 의존하고 있다.

역사적 참고자료: '그물망 이론(Net Theory)'의 주창자 중의 한 사람인 일본의 경제학자 케니치 이마이는 자신의 저서인 『그물망 구조의 개념』에서 다음과 같은 유명한 제언을 남겼다. "조직이라는 그물망 속에서 종속과 예속은 기능적이다. 즉 많은 부분들이 상호 작용하는 요인들에 의해 미리 정해져 있다. 그물망 식 상호관계의 상황에서는 구조적 소부문 간의 경계는 그렇게 심각하지 않다. 그물 구조의 틀 속에서 상호 모순된 원칙, 즉 경쟁과 협력, 대립과 연대적 요소 간의 통합이 일어나는 것은 바로 이러한 명확하지 않은 경계 덕분이다."

기능적 경제시스템에서 지속 가능성(또는 안정성) 지표가 특정한 범위를 벗어나면, 이는 곧 상실된 균형의 복원을 보장하기 위한 메커니즘이 신속하게 작동되도록 하는 신호가 된다.

주어진 파라미터의 복구는 다음과 같은 방식으로 실현된다.

- 합의에 의해 일반적으로 인정되는 행동 규범에 따른 자발적인 행동
- 내적인 활동 제한을 통하거나, 해당 규범을 위반할 경우에 내려지는 벌에 대한 공포심을 통하거나, 또는 사회적 제재나 정부의 강제 등을 통한 강제적 수단

기능적 경제시스템의 조직은 다음과 같은 다양한 요소들을 결합하는 복합적 구조를 가지고 있다.

- 구심적 합성
- 결정의 수용
- 최종 결과의 예견 (행위 결과의 인수인)
- 복합적 요소의 행위

기능적 경제시스템의 주요한 특성은 피드백 또는 이전의 해당 지표와의 비교를 통해 현재 시스템의 파라미터를 지속적으로 평가할 수 있다는 점이다.

이러한 과제를 실현하기 위해서는 다음과 같은 사항들을 제안하는 전문가 감독 시스템을 만드는 것이 필요하다.

- 통제되는 파라미터에 대한 실시간 모니터링 조직
- 해당 변수로부터 실제적인 지표의 편차 수준을 보여주는 모니터링 데이터 제공
- 통제되는 파라미터의 데이터에 대한 근거 창출

전문가 그룹, 또는 이들의 기능을 부분적 또는 전체적으로 모방한 감시 프로그램이 외부 감독자의 기능을 맡을 수 있다. 마찬가지로 쌍방향의 자동화된 전문적 감시시스템이 활용되기도 하고, 이들 모두를 활용할 수도 있다. 이러한 전문 시스템의 기저에는 해당 파

라미터를 우선적으로 복원하는 자율조절 메커니즘이 깔려 있다.

대부분의 기능적 경제시스템들은 서로 간에 위계적이면서 동시에 구조적인 상호작용을 하고 있다. 즉 하나의 기능적 시스템을 이루고 있는 요소들은 다른 시스템의 구성요소가 되기도 한다. 예를 들면, 인플레이션 수준을 통제하는 기능적 시스템은 국내 화폐의 안정성을 보장하는 기능적 시스템이나, 정부 재정의 균형성을 보장하는 기능적 시스템과 상호작용을 한다.

시스템 분석 거장 중의 한 사람인 베르탈란피(L. Bertalanfy)는 기능적 시스템의 특징은 **특정한 최적 수준을 향한 수렴성**이라고 언급하였다. 이때 최적 수준이란 목표의 지향점과 안정성 추구에 의해 조건 지워지는데, 시스템은 정보의 축적 정도에 따라 자신의 시스템에 적응하고 이를 완성시키면서 안정성을 추구한다.[13] 이러한 입장은 기능적 경제시스템에도 그대로 적용될 수 있다.

기능적 경제시스템의 성립은 **전자 기술과 통신 기술, 네트워킹 및 통신 수단, 인터넷 시스템, 국내외 정보 시스템, 다양한 DB기반 구축 분야 등의 급속한 발전**에 의하여 가능하게 되었다.

세계적으로 정보 분야의 성장은 개별국가 및 세계경제의 거시경제적 지표 변화에 대한 정보를 능률적으로 받아 볼 수 있도록 만들어 주었다. 또한 이는 개별국가 및 개별 상품들의 국내외 시장 상황, 자본의 이동, 세계 상품 및 원자재 시장, 금융 시장, 화폐 및 재정 시장에 대한 경기 정보의 분석을 가능하게 하였다.

다양한 기능적 경제시스템의 작동여부는 단일한 정보망으로 통

---

13) 베르탈란피 L. 『일반 시스템 이론』, 모스크바, 나우카 출판사, 1970. (*Берталанфи Л. Общая теория систем, М.: Наука, 1970.*)

합된 국내 데이터에 의존한다. 케인스가 자신의 생전에 자유시장 시스템은 거시경제의 균형을 보장하는 내부의 메커니즘을 상실했다고 강조한 부분은 전적으로 옳다. 그러나 오늘날 기능적 경제시스템 망의 출현과 발전으로 인하여 현대 시장경제는 자율조절 능력을 획득하면서 열린 자기발전 시스템으로 변하고 있다.

여기서 우리는 **성장과 발전**의 차이를 강조할 필요가 있다. 무엇인가가 성장한다는 것은 양적 성장이 이루어진다는 의미이고, '발전한다'는 것은 질적으로 다른 것이 된다는 의미이다. 양적 성장과 질적 변화는 다양한 법칙에 의해 구속된다. 그러므로 오늘날 시장경제에 있어 기능적 경제시스템의 출현은 경제 활동의 조절 시스템에 있어서의 질적 변화로 간주되어야 할 것이다.

제3장 거시경제적 자율조절 메커니즘

본 장에서는 구체적인 기능적 경제시스템의 출현과 형성 과정을 정형화된 논리성을 가지고 분석하고자 한다. 특히 다음과 같은 영역이 분석될 것이다.

- 인식의 도구
- 역사적 양상들
- 법적 근거를 포함한 제도적 기반
- 조직화된 구조들
- 기능적 경제시스템의 주요 변수들과 요소들
- 기능적 경제시스템의 출현 및 형성의 특징과 러시아를 포함한 다양한 국가군에서의 기능적 경제시스템의 요소들

1. 인플레이션 수준을 조절하는 기능적 경제시스템

대부분의 국가에서 인플레이션 수준은 핵심적인 거시 경제 지표의 하나이고, 이는 금리, 환율, 소비자 및 투자자의 수요, 삶의 가치와 질을 포함한 많은 사회적 측면에 영향을 미치는 요소이다.

적절한 수준의 인플레이션을 유지하는 정부의 능력은 금융 영역을 포함한 경제정책의 효율성, 모든 경제 시스템의 역동성, 지속가능성, 그리고 자율조절 메커니즘의 발전 수준을 잘 보여준다.

⑨ 화폐와 인플레이션

'인플레이션' 개념은 **'화폐'**의 의미와 별개로 다루어져서는 안 되는 용어이다. 자연적 형태로서 화폐는 금화와 은화를 포함하여 독립적 가치를 가지고 있으며, 화폐는 선사시대부터 인간에게 알려져 왔다.

화폐는 인간의 오래된 역사로부터 지금까지 비밀, 혹은 신비스러움으로 다가온다. 화폐의 경탄할 만한 경제적 기능, 인간을 지배하는 사악한 권력적 측면, 수천 번씩 예술 작품에 표현된 화폐에 대한 묘사는 화폐가 인간의 눈에는 보이지 않는 어떤 초자연적 힘에 의해 만들어진 것이 아닌가라는 생각을 하게 만들기도 한다.

아마도 화폐는 영원하며, 다음과 같은 주요한 기능을 가지고 있다는 데 동의하지 않을 수 없을 것이다.

- 가치의 척도
- 지불 수단
- 유통 수단
- 보고(寶庫) 형성의 수단
- 국제통화

고대와 중세시기, 심지어 자유경쟁의 자본주의 경제 시기보다도 현대 시장경제에서 사람들의 삶은 더 많은 부분 화폐에 의존하게 되었다.

최근 10년 동안 화폐순환의 메커니즘과 화폐의 양태는 근본적인 변화를 겪었다. 신용카드 및 전자 화폐의 등장은 가히 혁명적이라 할 수 있다. 또한 인터넷의 보급과 더불어 화폐는 또 하나의 기능을 얻게 되었고, 이 기능은 가상 공간에서의 현실(virtual reality)로 바뀌었다.

일반적으로 화폐는 상품, 서비스 영역과 대칭적 관계를 이루는 것으로 간주된다. 그러나 화폐 영역과 상품 영역이 일치하게 되면 이는 사회적 웰빙 상태인 역동적인 거시경제적 균형상태를 가져온다.

인류는 화폐 그 자체와 더불어, 화폐 가치의 하락 과정 역시 선사시대부터 경험해 왔다.

역사적 참고자료: 경제사에 있어 인플레이션의 첫 조짐은 알렉산더 대왕의 시기에 포착되었다. 그의 위대한 정복의 시기에 그리스로 대량 유출된 페르시아 국왕들의 보물들로 인하여 금과 은의 가치가 순식간에 하락하게 되었다.

비슷한 경우가 유럽에서 16~17세기에 일어났는데, 이는 아메리카 신대륙의 발견 이후 라틴아메리카의 금이 다량으로 유입되었기 때문이다. 종이의 발견 이후에 지폐 기술이 발전됨에 따라 동전 대신에 **지폐**가 화폐 기능을 가지게 됨으로써 혁명적 변화가 일어났다.

인간 사회의 위대한 발명품의 하나인 종이의 출현으로 지폐는 11세기에 중국에서 처음으로 출현했다. 원나라 통치(1271~1368년) 시기에 화폐는 대량으로 인쇄되었고, 지폐는 중국에서 유통 수단으로 사용되었다.

저명한 이탈리아의 여행가인 **마르코 폴로**(Marco Polo)에 의해 지폐의 존재
는 13세기에 유럽인들에게 알려졌다. 마르코 폴로는 중국에서 17년간 거주하
였고, 지폐의 유통에 대해 상세하게 기술하였다. 북아메리카와 서유럽에서 지
폐는 상당히 늦게 사용되었다. 미국의 매사추세츠(Massachusetts) 주에서 지
폐는 1690년에 출현하였다. 프랑스 - 1718년, 오스트리아 - 1762년, 프러시
아 - 1765년이었다.[14]

지폐의 위대한 힘을 처음으로 포착한 사람들 중의 한 명은 영국인 존 로
(John Law)였다. 그는 14세기 프랑스 왕인 루드비히 14세에게 지폐의 발행
으로 국고 수입을 보충할 것을 제안하였다. 이 영국인의 모험적인 행동으로
프랑스는 심각한 재정 위기를 겪게 되었다. 존 로는 프랑스 혁명 전야에 프랑
스 군주에게 경제적 문제를 떠넘기고 프랑스에서 탈출했다.

프랑스 **혁명**기에 프랑스는 유례가 없는 인플레이션을 경험하게 되었다. 지롱
드당(Girondins), 자코뱅당(Jacobins), 그리고 테르미도르 반동(Thermidorian
Reaction)의 시기에도 역시 높은 인플레이션을 경험해야 했다. 혁명 기간에 2
개의 기계가 계속 가동되었는데, 하나는 지폐를 찍어내는 인쇄기였으며, 또 다
른 하나는 단두대였다.

1795년 3월 프랑스에 집정관 정부가 들어섰는데, 이 당시 지폐의 구매력은
총 액면가의 1 ~ 2%에 불과하였다. 인플레이션을 억제하기 위해 새로운 지폐
가 발행되었는데, 이 지폐로 교회의 차압된 토지나 이주자의 토지를 자유로이
매매할 수 있었다. 프랑스 집정관 정부는 이러한 방식이 국고가 황폐화되는
것보다는 더욱 희망적인 상황이라고 간주하였다.

위대한 독일 문학가인 괴테(Johann Wolfgang von Goethe)의 말을
빌리자면, 국가의 재정 문제를 해결하는 방법으로 화폐인쇄를 언급
한 이는 악마였다. 『파우스트(Faust)』 2부에서 경제학의 ABC도 모
르는 무식한 황제는 메피스토펠레스(Mephistopheles)의 농간에 속아
국가의 실제적 가치에 의해 보장되는 것이 아니라 제국의 모든 재
산에 의해 보장되는 지폐를 찍어내는 것에 동의한다.

---

14) *러시아의 지폐, 국가지폐 발행국 페름 인쇄소, 페름, 1993 년, p.7. (Бумажные ден
ьги России, Пермская типография Гознак, Пермь, 1993 г., стр. 7)*

알고자 하는 자에게 널리 알리노라.
이 지폐는 일천 크로네로 통용될 것이로다.
그 확실한 담보로서는 제국 영토에
매장되어 있는 무진장한 재물로 충당한다.
이 풍부한 보물을 곧 발굴하여
태환으로 공급할 조처를 완료했노라.

어젯밤 사이에 술사를 시켜 급히 수천 매의 지폐를
인쇄시켰습니다.
그리고 은혜가 만민에 골고루 베풀어지도록
당장에 한 장 한 장 관인을 찍어서
십, 삼십, 오십, 백 크로네의 지폐가 마련되었습니다.
그것이 얼마나 백성들을 기쁘게 했는지 폐하는 모르실 것입니다.

그러면 그것이 백성들에게 금화 대신 통용된단 말이냐?
군대와 궁중의 급여도 그것으로 전액을 치를 수 있단 말이냐?

무진장의 보화가 폐하의 영토 내 깊은 땅 속에
묻혀서 때를 기다리며 이용되지 않고 있습니다.
하지만 깊이 통찰할 수 있는 힘을 지닌 인간은
무한한 재보에 대해서 무한한 신뢰감을 갖는 거지요.
이러한 금이나 진주를 대신하는 지폐는
여간 편리한 것이 아니어서 제 주머니 속을 환히 알 수 있지요.
그래서 우선 값을 깎거나 바꿀 필요가 없고
마음껏 사랑이나 술에 취할 수가 있거든요.
경화가 소원이면 환금소라는 것이 마련되어 있고,
그곳에서도 금이 없으면 잠깐 파오면 되거든요.

I.B. 괴테 『파우스트』, 모스크바, 슬로보 출판사, 2004년(세계의 위대한 책들), .pp.201－202. B.L. 파스테르나크 번역 (*Гёте И.В., "Фауст"－М.: Слово, 2004 г. (Великие книги мира), стр. 201－202.Перевод с немецкого Б. Л.Пастернака*)

(번역자 참조: 괴테 『파우스트』 Ⅰ, Ⅱ부－해설과 주석. 서울대 출

판부: 강두식 역주, 1987년)

아주 흥미로운 일은 경제사에 있어 최고의 하이퍼인플레이션 (Hype- rinflation)을 경험한 곳이 괴테의 고향이었다는 사실이다. 괴테 사후 1백 년 이상이 지나고 나서 문학작품을 통한 괴테의 경고에도 불구하고 엄청난 화폐가치의 하락이 있었던 것이다.

2차 세계대전 시기와 그 이후에 많은 국가들이 하이퍼인플레이션의 고통을 체험했다. 특별히 1944년에 그리스에서 엄청난 인플레이션 현상이 벌어지면서 2.5백만 드라크마(Drachma)(역주: 그리스의 화폐단위)의 6제곱승에 해당하는 엄청난 양의 지폐가 발행되어 국가 환율은 그전보다 무려 500억 배로 가치가 하락하였다.

전쟁 이후에는 이러한 현상이 많은 국가에서 일어났는데, 라틴아메리카가 대표적이다. 칠레(Chile)에서는 60년대 중반 알렌데(Allende) 대통령 통치하에서 연 최고 1,000%에 달하는 인플레이션이 일어났다. 볼리비아(Bolivia)에서는 연 인플레이션이 기록적인 10,000%가 되었고(1984년), 니카라과(Nicaragua)에서는 1991년에 7,755%, 페루에서는 1990년에 7,482%, 아르헨티나(Argentina)에서는 1989년에 3,100%, 브라질(Brazil)에서는 1994년에 2,706%의 상승을 보여주었다.

아프리카 대륙에서도 이 현상은 오랫동안 진행되었는데, 콩고에서는 1990년부터 1996년까지 연 인플레이션이 256%에 이르렀으며, 1994년에는 10,000%까지 상승했다.

유럽에서는 유고슬라비아연방(Federal Republic of Yugoslavia)에서 인플레이션이 가장 가파르게 상승했는데, 이때는 서방국가로부터 경제봉쇄를 당한 시기였다. 1993년 말 유고슬라비아의 디나르(Dinar) 화는 시간당 2%의 속도로 폭락하였다.

여기서 우리는 모든 국가들이 인플레이션으로 고통을 겪지는 않았다는 사실을 주지할 필요가 있다. 무엇보다도 아시아 신흥 개발도상국들은 시장 경제의 전환 시기에 효과적인 경제 정책으로 인플레이션의 급격한 상승을 피하고 경제발전을 이룰 수 있었다.

특히 대한민국의 경우, 1960년에서 2006년까지의 기간 동안 인플레이션이 가장 높았던 시기는 1974년으로 이때는 전 세계적 석유 파동이 발생했던 시기였다. 전 세계적인 석유 가격 상승으로 대한민국의 인플레이션은 29.5%에 달했다.

1970년에서 2006년까지 세계적인 인플레이션의 동향을 분석해보면, 1990년부터 인플레이션 지수는 지속적으로 하락 추세에 있다. 그리고 1996년부터 2006년까지는 5% 이상의 수준을 보여주지 않고 있다.

⸎ 인플레이션의 정의와 본질

현대 용어인 '인플레이션'은 의학 용어에서 차용되었다(라틴어 inflation – '상처가 붓는 것, 비대해지다'라는 뜻에서 유래).

> **역사적 참고자료**: 이 용어가 화폐순환의 의미로 사용되기 시작한 것은 1864~1865년 미국의 남북전쟁이 일어났던 19세기였다. 1864년 '그린백(greenbacks)'이라고 불렸던 미국의 불환권국채는 60%의 가치 하락이 있었다.
> '인플레이션'이라는 용어가 학술적 용어로 처음 사용된 계기는 1864년 A. 델마루가 뉴욕에서 프로파간다 팸플릿인 「국민에게 경고함: 종이 거품에 대하여」를 발표하면서부터였다.

처음에 인플레이션이라는 용어는 **화폐 유통의 확대** 정도로 해석되었다. 그 이후 인플레이션은 **상품 수요보다도 화폐가 더 많이 유통되는 상황**을 의미하게 되었다.

20세기 후반기에 경제학에는 인플레이션에 대해 다양한 접근방법들이 등장하였다. 적어도 화폐 파라미터의 역동성이 사회적 재생산의 과정과 경제정책에 의해 미리 결정되는 만큼 인플레이션은 **단순히 화폐와 관련된 현상이 아니라, 범 경제적 현상으로 간주되기** 시작했다.

인플레이션을 좀 더 정연하고 체계적으로 이해하려는 시도를 했던 대표적인 학자는 1970년대 말의 크라사빈(L.N.Krasavin) 교수였다. 그의 견해에 따르면, 인플레이션의 본질은 화폐 유통 법칙의 위반을 의미하며, 그 원인은 사회적 재생산 과정에서의 불균형과 경제 정책에 있었다. 인플레이션이 발생하는 이유는 통화회전 수요 대비 총통화량의 과잉공급과 화폐가치의 하락 때문이다. **이러한 사**

실은 인플레이션을 단지 화폐 유통 법칙의 위반으로서만 정의할 수 없다는 것을 의미한다.

어떠한 원인이 일반적인 자극제가 되었는지에 상관없이, 통화량 증대의 필요성과 화폐회전율의 증가는 물가상승을 촉발한다.

사회의 경제 구조 내에서 개별적 법칙들은 개별적으로 작동하는 것이 아니라 상호 관계 속에서 작동한다. 일부 법칙만을 떼어내서 보는 것은 이론적 분석에서나 가능한 것이기 때문에, 개별적 규칙으로부터 얻을 수 있는 것은 단지 추상적인 이해일 뿐이다.

현실 속에서, 그리고 실제적 작용 속에서 일어나는 인플레이션과 같은 복잡한 현상들은 수많은 법칙과 요인들 간의 상호작용의 결과이다. 인플레이션 과정의 역동성에는 화폐적 요인뿐 아니라 비화폐적 요인도 영향을 미치는 것이다.

인플레이션의 **화폐적 요인**으로는 다음과 같은 것들이 있다.

- 총통화량의 증가 속도
- 화폐 수요의 수준
- 시차의 역동성
- 실제 경제 부문들의 성장 속도

이와 더불어 인플레이션은 **단순히 화폐적 현상도 아니고**, 완전한 경제적 현상도 아니다. 인플레이션은 모든 경제 시스템의 지속 가능성(또는 안정성)이 파괴될 때, 사회적 동요와 정치사회적 갈등의 결과로 발생한다는 사실을 역사적 경험이 대변해 주고 있다.

현대의 인플레이션은 변종이 아니라, 사회적 재생산과 발전의 특징인 모순 해결의 결과이자 동시에 그 해결의 수단이다.

이제까지 살펴본 인플레이션의 개념들은 서로 배타적인 것이 아니라 상호 보완적이다. 그 개념들은 경제생활의 과정으로서 인플레이션의 복잡한 형성과정을 반영할 뿐만 아니라, 인플레이션에 대한 이론적 분석의 다양한 수준을 반영하고 있다.

경제는 무의식적 자동체(自動體)로 존재하는 것이 아니라 인간에 의해 창출되고 통제된다는 점을 강조하고자 한다. 따라서 인플레이션에 대해 특정한 영향력을 가지고 있는 또 하나의 주요한 요인이 존재하는데, 그것은 심리적 요소이다.

국제적 경험이 보여주듯, 인플레이션은 많은 측면에서 사회 심리, 소비 유형, 사회적 분위기 등에 달려 있다. 경제학에서 '**인플레이션 기대심리**(the expectation)'라는 용어가 출현한 것도 우연은 아니다.

이와 관련하여, 사회적 시장경제 이론의 창시자이자 실천가이며, 독일『경제 기적』의 저자이고, 유명한 독일의 학자이자 정치 행동가인 루트비히 에르하르트의 관점은 상당히 흥미롭다.

저명한 세계적 저술인『만인의 복지』에서 그는 다음과 같이 기술했다. "나는 독일의 국가경제에서 모든 구매자들이 자신이 획득하고자 하는 상품 가격이 고가로 책정된 것은 아닌가 하고 진지하게 숙고하는 자세가 매우 필요하다고 생각한다. 한편 생산자나 판매자는 가격의 안정성과 전반적인 국가경제의 영속성을 유지해야 한다는 측면에서 가격이 정당하게 매겨졌는지를 고민해야 할 것이다."

전쟁 전후 독일의 경험을 통해 분명히 알 수 있는 점은 경제개발 과정에 인적 요소를 포함시키지 않고 국가의 성공적인 경제개발은 불가능하였다는 사실이다. 이러한 인적 요소는 특히 가격 지표의 역동성과 특성에 큰 영향력을 미친다.

경제에 있어 인플레이션과 상치되는 현상이 **디플레이션**(deflation)
이다. 이는 소비 물가 수준의 하락 과정을 의미한다.

자본주의의 경쟁 법칙은 새로운 기술의 도입과 노동생산성의 향
상을 지향하는데, 이는 결국 상품의 질적 가치와 가격의 하락을
가져 온다. 하지만 이러한 법칙성은 자본주의의 독점 단계 이전의
자유 경쟁의 시대에만 완벽히 구현되었다.

현대세계에서는 생산비 수준이 낮고 이에 따라 상품 가격이 더 낮
은 국가들에 의해 생산된 상품에 경사생산(傾斜生産)(priority production)
이 집중될 때, 국제경제의 세계화는 일정한 정도의 디플레이션을
가져온다.

국제적 경험이 보여주듯이, 스태그네이션 – 디플레이션의 고리에
서 벗어나는 일은 인플레이션을 극복하는 것만큼 어렵다. 특별히
디플레이션을 극복하기 위하여 일본 정부는 소위 **"양적 완화 정
책"**을 편 바 있다.

2006년에 일본 은행은 일반 상업 은행에 2,500~3,000억 달러를 예치했는데, 이는 융자 촉진 정책이었다. 시중은행에 예치된 무이자 예탁금의 총액이 점진적으로 줄어들어 500~600억 달러 수준이 될 것으로 예상된다. 바로 그 시점에 일본 은행은 가격변화를 규제하기 위해 정책금리를 변화시키는 정책을 새롭게 시행할 수 있을 것이다.

인플레이션의 주요 형태들

인플레이션 형태는 국제사회의 실물 경제에 대한 분석에 기반하여 상품 가격의 상승과 화폐 가치의 발생 원인에 따라 다음과 같이 분류할 수 있다.

- 관리 인플레이션(Management Inflation)
- 비용 인플레이션(cost-push inflation)
- 물가 및 임금 인플레이션(Wage Inflation)
- 수요 인플레이션(demand-pull inflation)

'관리 인플레이션'은 국가 기관, 다양한 협회 및 연맹, 또는 개인의 의지에 의해 촉발된다. 러시아에서는 상품 시장의 독점 수준이 상당히 높은 편이고, 이에 따라 물가를 결정하는 가장 강력한 요인은 독점가들이다. 주요한 상품 시장에서의 실질적 경쟁의 부재로 인해 선진 시장경제 국가들 대부분에서와 같이 수요자 중심의 시장이 아니라, 필수품 및 산업생산품의 독점자와 공급자가 시장을 주도하는 공급자 중심의 시장이 형성되고 있다.

'**행정 인플레이션**'은 기차 수송, 우체국 서비스, 통신 서비스, 공공 서비스 등에 대한 세금이 인상되거나 수입 관세 인상의 형태로 나타난다. '행정 인플레이션'은 국내화물 수송이나 산업용 가스에 대한 세금 인상으로 인해 '비용 인플레이션'을 야기한다.

세계 실물경제에서 '**비용 인플레이션**'은 수요 상승으로 물가가 인상되는 현상이 아니라 비용의 증가로 인해 물가 인상이 일어나는 현상을 의미한다. '비용 인플레이션'은 일반적으로 생산 비용의 모든 측면이 상승함에 따라 발생한다. 즉, 원자재 가격, 임금, 채무나 금융자산의 매수에 대한 비용의 증가 등이 이에 속한다. '비용 인플레이션'은 중앙통제 계획경제에서 자유시장 경제 체제로의 이행기에 발생되는 특별한 현상은 아니다. 생산 시스템, 금융 및 자금 시장이 많은 부분에서 자율적으로 작동하기 시작할 때, 최종소비자의 수요에 대한 경제적 민감도가 떨어지는 일련의 구조적 지각변동의 결과로 '비용 인플레이션'이 발생한다.

'**임금 인플레이션**'은 임금 수준의 상승(특히 금융부문 종사자들의 임금상승)이 통화량의 증가와 생산비의 증가로 이어진다는 면에서 '행정 인플레이션' 및 '비용 인플레이션'의 특성과 유사하다. 이 인플레이션은 대부분의 필수품과 공산품 물가의 상승을 부추긴다. 물가 상승은 임금 상승을 야기함으로써, 인플레이션 악순환이 반복된다.

'**수요 인플레이션**'은 가격 지불 수단으로 보조적 화폐의 유통이 증가하면서 공급보다 수요 초과를 야기하고 이것이 가격 상승으로 이어지는 현상이다. 이와 관련, 화폐발행의 축소를 통해 흑자재정 운영을 위해 노력하면서 정부는 지출을 삭감할 필요가 있다.

상기한 인플레이션의 주요 형태들은 상호간에 밀접하게 연관되어 있고, 서로 영향을 미친다.

러시아의 인플레이션 과정

러시아에서 화폐 유통의 발전과정은 실제적으로 신화폐의 발생과 화폐가치의 하락, 그리고 인플레이션과의 싸움 과정이었으며, 이 과정은 화폐의 유동성 측면과 밀접한 관련성을 지니고 있었다. 러시아의 화폐유통사를 상세히 기술한 사람은 러시아의 작가이자 역사가인 카람진(Nikolai Mikhailovich Karamzin)이었다. 그는 경제학자는 아니었지만, 러시아의 인플레이션 현상에 주의를 기울인 최초 연구자들 중의 한 명이었다.

> **역사적 참고자료:** "9세기부터 14세기까지 우리들의 선조들은 금속 화폐를 소유하지 못했다. 그 대신에 키예프 루시에 의해 **피혁제로 봉합된 조각천이 화폐 역할**을 하였는데, 키예프 루시 시기의 화폐를 '**쿤**'이라고 부른다. '쿤'은 동방과 서방의 무역업자들과 상업교류를 가능하게 한 최초의 화폐였다. 이 화폐로 교역을 하게 된 국가는 그리스, 페르시아, 독일의 한자동맹(Hanseatic League) 등이었다. 9세기에서 1228년까지 피혁제 화폐가치는 상대적으로 은보다 떨어지지 않았다. 그러나 이 화폐 물량이 과도하게 증대된 이후에는 최저가로 하락했다.
> 이 피혁제 화폐는 몽골 점령 시기, 즉 칸의 시대에 은화와 구리 동전으로 바뀌게 되었는데, 이 시기는 몽골의 귀족들에게 권력이 집중되던 기간이었다.
> 타타르인(Tatar)들은 최초의 화폐인 '쿤'을 수령하기 싫어했고 대신에 은화를 요구했다. 러시아인들은 은화를 제공함으로써 타타르인들로부터 고통과 압제, 죽음으로부터 자유로울 수 있었다. 결국 몽골 관리들이 '쿤'을 거부함으로써 이 최초의 화폐는 사라질 수밖에 없었다……"15)

---

15) 페르쉐프 A. P. 『러시아는 왜 미국이 될 수 없는가?』(모스크바, 크림스키 모스트 출

러시아(키예프 루시)에서 **화폐 유통**은 14세기에 새로운 단계로 접어들었다. 주조된 동전 형태로 화폐가 유통된 것은 15세기 모스크바 공국(the principality of Moscow) 시기였다. 화폐 유통에 있어서 구리와 은화, 금으로 만든 동전이 사용되었다. 이 중에서 가장 활발히 유통된 화폐는 구리 동전이었다.

최초의 지폐(은행권)는 **예카테리나 2세**(Ekaterina Ⅱ)의 **제위**(1762~1796년) 시기에 출현하였다. 예카테리나 2세의 포고에 따라 1768년 12월 29일에 발행된 최초의 은행권은 1769년에 유통되었다.

지폐의 발행은 다음의 몇 가지의 이유로 이루어졌다.

- 첫째, 엘리자베스(Elizabeth) 여왕의 치세(1741~1761년)와 그 이후 시기에 화폐는 구리로 제조되었는데, 이는 당시에 금과 은이 충분히 확보되어 있지 않았기 때문이었다.
- 둘째, 러시아의 거대 지역을 중심으로 이루어진 무역의 확대가 다량의 지폐 유통을 필요로 하였고 이러한 이유로 당시에 상업무역을 하기에는 구리 동전이 적절하지 않고 지폐가 훨씬 더 편리한 측면이 있었다.

역사적 참고자료: 다음은 역사학자인 카람진이 기술한 부분이다. "……결국, 예카테리나 2세는 지폐의 발행을 시행함으로 먼저 민중들을 놀라게 하였고, 곧 모든 지불 수단이나 교역 지불 수단으로 지폐를 사용함으로써 국민들에게 지불수단의 난제를 해결해 주었다."

역사학자들의 증언으로는, 화폐 유통에 있어서 구리 동전이 압도적으로 많았는데, 상업 교역의 수단으로 구리 동전을 사용하는 것은 매우 불편하였다. 예를 들면, 당시 100루블에 해당하는 금액을 5코페이카의 동전으로 계산해 보면, 구리 동전은 거의 100 kg에 해당하는 6푸드(1푸드＝16.38 kg)가 될 정도로 동전으로 유통하기에는 매우 불편하였다.

최초의 은행권은 현대적 의미의 화폐 용도로 사용되었다. 당시

판사, 2000년 9월, p.153. (Паршев А.П. Почему Россия не Америка. М.: Крымский мост－9, 2000 г., 153)

발행된 은행권은 무엇보다도 금전수령증의 역할을 한 은행 약정서로 활용되었다. 먼저 모든 발행된 지폐는 동전으로 보장받았다. 개인이 지폐를 은행으로 가지고 오면, 그들은 즉시 청동, 은화, 금화로 교환받았다.

그러나 지폐 유통은 국고에 매우 유용하였는데, **국가의 적자 재정이 지폐로 보충되었다.**

최초의 지폐는 질 나쁜 종이에 등사기로 찍어 발행되었기 때문에 화폐의 질 자체가 좋지 않았다. 지폐가 단순하게 제작되어 발행되었기 때문에 **위조지폐가 나타났다.**

> **역사적 참고자료:** 지폐 발행을 위한 종이는 황제의 휴가 장소이며 상트 페테르부르크 근처의 짜르스코예 셀로에서 만들어졌다. 인쇄발행은 원로원 인쇄소에서 이루어졌다. 지폐에는 번호나 직인, 간단한 텍스트만 첨가되어 있었다.
> 최초의 지폐에는 다음의 내용이 텍스트에 포함되어 있었다. "이 지폐는 25루블의 동전과 같은 가치로서 정부의 지폐 은행에서 발행한다."

위조 지폐가 확산되었기 때문에 정부는 새로운 형태의 지폐를 고안할 수밖에 없었다. 그러나 1786년에 발행된 새로운 지폐는 그 형태상 조잡하게 만들어졌다.

25, 50, 100루블 지폐 이외에 붉은색 종이로 만들어진 10루블과 청색 종이로 만들어진 5루블도 발행되었다. 이 5루블과 10루블짜리 지폐의 발행으로 소위 신조어가 만들어졌는데, 이 지폐들이 '크라스넨카야(빨간 종이)'와 '시넨카야(파란 종이)'라는 애칭으로 불리게 되었다.

1786년의 지폐는 대량으로 발행되었고, 예카테리나 2세 때의 지폐를 모방한 형태로 만들어졌다.

그러나 곧 오스만 투르크(The Ottoman Turks)와의 전쟁 비용을 마련하기 위해 과도한 지폐 발행이 이루어졌다. 이러한 이유로 재고보다 더 많은 위조 지폐가 광범위하게 퍼지게 되었다. 동전 화폐에 비해 지폐 가치도 이전보다 많이 하락하게 되었다. 예카테리나 2세의 말년에는 지폐 1루블이 동전 68 코페이카의 가치로 평가되었다.

그 결과, **파벨 1세(Pavel Ⅰ)의 재위**(1796~1801) 초기에는 예카테리나 2세(Ekaterina Ⅱ)의 말년에 이어 엄청난 인플레이션 현상이 일어났다.

역사적 참고자료: 당시 파벨 1세는 "당시까지 은화가 없었고, 대신에 주석이 있었다. 화폐 유통은 화폐의 적당한 환율이 회복되고 우리들의 루블이 화폐의 가치를 얻게 될 때까지는 금지되어야 한다."고 공포하였다.
러시아 영토 내에서 은으로 만들어진 황실의 식기가 화폐청으로 보내졌다. 전국에서 모아진 은제 식기가 은화 제조 기관으로 보내졌고, 그 이후에는 지폐로 대체되었다.
파벨 1세는 모아진 지폐를 태울 것을 명령했고, 화폐 유통에서 지폐를 제외하는 기념식에 개인자격으로 참석했다. 그 당시 역사학자들의 증거에 따르면, 지폐는 600만 루블 정도 태워졌다. 인플레이션은 진정되었다.

그러나 안정적 상황은 오랫동안 지속되지 못하였다. 러시아는 알렉산더 I세(Alexander I)의 재위 시기인 1804년부터 거의 10년 동안 다른 국가들과 전쟁을 지속해야만 했다. 이 시기에 러시아는 페르시아(1804~1813년), 오스만 투르크(1806~1812년), 스웨덴(1808~1809년), 그리고 프랑스(1812~1814년)와 전쟁을 벌였다.

전쟁을 치르는 데 필요한 막대한 군비를 보충하기 위해 지폐가 다량으로 발행되었다. 역사가들의 증언에 따르면, 1805년에서 1810년까지 3억 1천 8백만 루블(Ruble)의 지폐가 발행되었다. 1807년에 6천3백만 루블, 1808년에 9천5백만 루블, 1809년에 5천6백만 루블 등이었다. 이렇게 하여, 1810년에 유통된 총 국채규모는 5억 7천9백만 루블이었다.

프랑스에서 발행된 엄청난 양의 위조지폐가 시장에 유통되기 시작하면서 상황은 더욱 악화되었다. 저명한 장군이자 작가인 이반 페트로비치 리프란디의 전언에 따르면, 1812년 초에 폴란드의 은행가인 프렌켈레를 통해 러시아 금융 시장에 유입된 위조 지폐는 2천5백만 루블에 이르렀다.

나폴레옹 황제(Napoleon Bonaparte)가 1812년에 모스크바에 입성했을 때, 그를 맞이한 것은 모스크바의 분리파 교도들이었다. 황제는 그들에게 원정용 인쇄기를 선물했는데, 인쇄기는 프레오브라쳰스크 묘지 지역에 배치되었다.

의 대리인들이 있었다. 그들은 지폐 1루블은 보통 은화 5루블의 규모로 환전할 것을 요구하였다.

이 외에도, 나폴레옹은 프랑스 군대에서 공을 세운 장교 및 사병들에게도 위조 지폐를 하사하기도 했다. 이는 나폴레옹이 모스크바를 점령한 이후의 일상사처럼 되어버렸는데, 나폴레옹은 자신이 정복한 국가의 화폐를 위조지폐화하였던 것이다.

프랑스 위조지폐의 운명은 매우 흥미롭다. 러시아 군대가 프랑스로부터 고향으로 돌아왔을 때 군대 병참관들은 군대의 재정에 관한 아주 치밀한 감사를 실시했다. 결과는 매우 놀라운 것이었다. 1백50만 루블 정도의 지폐에서 30만 루블 이상의 위조지폐가 발견되었다. 1813년에서 1817년까지 560만 루블의 위조지폐가 있었다. 그 당시 수준으로 보면 이는 실로 엄청난 규모였다.[16]

그 시대에 국가가 국민들로부터 위조지폐를 수용하지 않는다고 한다면 이는 러시아 민중의 비참한 상황이 더 심화된다는 것을 의미하였다. 이 때문에 국책은행은 막대한 손실을 입으면서, 위조지폐를 수용할 수밖에 없었다. 그 결과로 1814년에서 1815년까지 1루블의 지폐 가치는 20코페이카까지 하락했다.

이러한 복잡한 상황에서 러시아의 재정부 장관인 D. 구리예프는 알렉산더 I세에게 보고서를 제출하면서, 지폐를 온전히 사용하기 위해 특별한 재정 정책을 입안하고 기존의 지폐 운용 정책을 전환해 줄 필요성을 역설하였다.

1818년 알렉산더 I세는 '고즈나크'라고 명명된 **지폐발행국**을 출범시켰다. 연이어 화폐 개혁이 1839~1843년 사이에 시행되었다. 이

---

16) *러시아의 위조지폐, 국가지폐 발행국, 페름 인쇄소, 페름, 1993 년. p. 9. (Бумажные деньги России, Пермская печатная фабрика Гознака, Пермь, 1993 г., с тр. 9*

개혁을 주도적으로 이끈 사람은 당시 재정부 장관인 칸크린(Egor Frantsevich Kankrin)이었다. 그 결과로 러시아에서는 최초로 **은화통화단본위제**가 도입되었다. 1840년 1월 1일부터 제국 러시아의 모든 지역에서 법적인 단일 화폐는 은화였는데, 지폐로 환전이 가능하였다.

1843년 새로운 불환지폐가 발행되었는데, 이는 과거의 지폐에 비해 질이나 모양이 우수했다. 그러나 예전과 같이 지폐 발행은 수작업으로 이루어졌다. 동판으로 발행된 지폐는 수작업으로 만들어진 지폐보다 그 질이 뒤떨어졌다. 그 결과로 화폐 유통에 위조지폐가 다시 등장했다.

그러나 상대적으로 안정적인 지폐 유통과 은화대비 지속적인 화폐 시세가 크림전쟁(Crimean War) 전까지 10년 동안이나 유지되었다. 1858년에는 불환지폐를 은화로 교환하는 일은 중단되었고, 은화 유통도 러시아사회에서 사라지게 되었다.

러시아의 위대한 개혁가인 세르게이 유리예비치 위테(S.Y. Witte, 1849~1915년)가 화폐 개혁을 단행한 이후 불환지폐는 다시 한 번 러시아 사회의 전통적 형태의 화폐가 되었다. 1897년 1월 3일자 금단일본위제 도입에 관한 짜르 정부의 법령에 따라 임시적인 화폐 역할을 했던 '체르보네쯔'라고 불리는 금화가 유통되기 시작했다. 실제적으로 5, 7.5, 10, 그리고 15루블짜리 금화가 주조되어 유통되었다. 15루블은 '임페리알'로 명명되었고, 7.5루블은 '폴루(半) 임페리알'이라고 불렸다.

금본위 화폐의 정착은 순조롭고 고통 없이 진행되었다. 개혁은 강제적인 성격을 띠지 않았고, 실제적으로 개혁이 시행되고 난 이후 어떠한 불만도 야기되지 않았다.

혁명이전 시기(1897~1914년)에 지폐는 금화로 완전한 보장을 받았다. 은화는 교환 화폐로서의 보조적 기능을 맡았다. 지폐는 대규모로 유통되고 있던 금화로 자유롭게 교환되었다.

러시아 역사에 있어서 이 시기는 재정의 안정과 경제 부흥을 이루던 시기였다. 약세였던 루블은 세계에서 가장 강력하고 안정적인 화폐의 하나가 되었다. 통화체제의 안정성이 너무나 확고하여 1905~1907년 사이의 러일전쟁 시기에도 불환지폐를 금화로 교환하는 일이 중단되지 않을 정도였다.

그러나 러시아가 **제1차 세계대전**에 참전한 첫날부터 러시아정부는 정부 재정 적자를 보존하기 위해 적극적으로 불환지폐를 발행하기 시작했다. 1914년 7월 27일, 러시아제국의 법령으로 지폐를 금으로 환전하는 행위는 금지되었다. 이는 러시아에 있어서 금단일본위제 시스템의 와해를 의미하였다.

이때부터 러시아에서 지폐가 화폐 유통의 중심역할을 하게 되었다. 화폐 유통에서 금화와 은화는 사라져버렸다.

러시아 군대가 제국의 서쪽 지역을 상실한 1915년 봄, 루블화 가치는 폭락하기 시작하였고, 러시아사회는 인플레이션 상태로 접어들었다.

1차 세계대전의 시기에 정부의 전쟁비용을 충당하기 위해 불환 지폐 발행이 공식적으로 허용되었다. 그 결과로 1917년 2월에 루블의 구매력은 3.5배가 하락했다. 1917년 **임시정부가** 집권한 8개월 동안에 루블화 가치는 더욱 하락했고, 10월 중순에는 루블당 6~7 코페이카 정도의 가치로 떨어졌다.

결정적으로 10월 혁명과 내전으로 러시아에서 화폐 유통은 큰 타격을 입었다. 볼셰비키 정부는 먼저 화폐 자체를 폐기하고자 했다. 러시아 구정권으로부터 물려받은 인플레이션은 통제되지 않는 비프롤레타리아의 축적 자본을 일소함에 있어 프롤레타리아 독재의 '동맹군'이요, 자본주의적 사유 재산과 시장과 화폐를 척결할 수 있는 수단으로 간주되었다. 국가의 재정적 상황을 호전시키기 위한 지폐 발행은 화폐의 절대적 가치 하락을 불러오고, 이는 결국은 화폐가 없는 사회주의 경제로 이행하게 만들 것이라는 생각이었다.

여기서 우리는 사회주의 이데올로기의 전지전능성에 대한 일종의 낭만적 확신을 보게 되는데, 혁명 막시스트의 대다수는 화폐와 재정 이론 분야에서 준비가 부족했던 것이다.

역사적 참고자료: 인플레이션 억제 정책의 대표적 이론가는 볼셰비키 국가 계획위원회의 임원인 유리 라린(Larin)과 볼셰비키 중앙위원회의 재정 위원회 책임자인 프레오브라젠스키(Preobrazhensky E.) 등이었다.

프레오브라젠스키는 1919년 볼셰비키 정부 프로그램의 주요 입안자였다. 이 프로그램의 주요 내용 중에는 화폐의 근절이 포함되어 있었다. 그는 "정부에는

볼셰비키는 민중들에게 화폐에 대한 극단적인 불신을 조장하려
고 했다. 미래 공산주의 사회에 있어서 화폐가 혐오스러운 것이라
고 강조한 이는 프롤레타리아 혁명가인 레닌(Vladimir Il'ich Lenin)이
었다.

1919년 5월 레닌은 전 러시아 국가회의 교육분과위에 참석, 다
음과 같이 연설했다. "화폐를 즉시 폐지하는 것이 가능한가? 아니
다. 이를 위해서는 아주 기술적인 방법을 동원해야 한다. 또한 더
노력하고 더 중요하게 간주해야 할 부분은 조직적 방법을 통해서
만 화폐를 없앨 수 있다는 점이다."

레닌의 언급과 관련해 특징적인 사건은 당시 중앙위원회의 재정
담당 대표인 프레오브라젠스키가 1921년 11월에 루블화의 평가절
하를 위해 신지폐를 발행하면서 질 나쁜 종이를 사용함으로써 화
폐의 소멸을 시도하였다는 사실이다.

화폐에 관한 이론적인 논쟁과 화폐를 소비에트 사회의 생활로부터
추방하고자 하는 시도는 1919년 3월과 1921년 7월에 러시아소비에트
공화국에 의해 발행된 **신화폐의 명칭에 잘 반영되어 있다.**

신화폐는 '임금지불 증표', '러시아소비에트연방공화국 채권' 등

---

17) *N. 부하린, E. 프레오브라젠스키, 『공산주의 입문서: 러시아 공산당 프로그램의 대중
   적 해석』 (볼셰비키), 모스크바, 1920, p.285.(Бухарин Н., Преображенский Е.
   Азбука коммунизма: популярное объяснение программы Российской
   Коммунистической партии (большевиков). М.; 1920. С.285.)*

의 명칭으로 불렸다. 발행된 지폐에는 '화폐의'라는 형용사는 존재하지 않았다. 결과적으로 이 시기의 걷잡을 수 없는 인플레이션은 점점 더 많은 화폐를 필요로 하였고, 루블화 가치는 폭락하였다.

1919년 5월에 소비에트 인민위원회는 마침내 화폐 발행에 대한 모든 제한 조건을 철폐하였다. 1918년 7월부터 1921년 1월 사이에 러시아 인민은행은 금이 아닌 공화국 내의 모든 자산에 의해 보장된 2조 5천억 루블 규모의 화폐를 발행하였다.

지폐 발행은 "화폐에 대한 국가경제의 실질적 필요성"에 의해 실행되었다. 1921년에 발행된 신화폐, 즉 '러시아연방공화국 채권'은 10만, 50만, 1백만, 5백만, 1천만 루블 액면가로 이루어졌는데, 이는 소비에트 초기의 엄청난 통화량 증가를 가져왔다. 그 결과로, 1916년의 인플레이션이 93.5%, 1917년 – 683.3%, 1918년 – 597.5%, 1919년 – 1,375.6%, 1922년에는 7,300%에 이르렀다.[18]

1922년에 지폐 액면가 10만 루블화는 전쟁 전의 1 코페이카 정도의 가치로 하락했다. 루블화의 단위는 1백만 루블화와 10억 루블화가 되었는데, 러시아 국민들은 이 단위를 각각 '리몬'과 '리마르드'로 명명했다.

역사적 참고자료: 내전 기간에 과거 제정러시아에 속한 지역 내에서 2,000여 개가 넘는 다양한 화폐가 유통되었다.

지불 수단으로서 짜르 시대에 발행된 화폐(짜르스키)뿐만 아니라 임시정부 시대에 발행된 '둠스키'와 '케렌키'를 비롯하여, 수십만 혹은 수백만 루블을 가

---

18) 아틀라스 Z. B. 『화폐와 신용(소련의 자본주의)』, 모스크바, 1930년, p.81. 『재정 백과사전』 2권, 모스크바, 1927년, p. 452.(Атлас З.В. Деньги и кредит (при капитализме и в СССР). М., 1930., стр. 81. Финансовая энциклопедия. 2 – е изд. М., 1927., стр.452.)

그러나 교환수단으로서의 화폐의 유통이 필요했기 때문에 화폐의 폐기나 화폐의 자동소멸은 일어나지 않았다. **화폐의 자동소멸에 대한 희망이 근거가 없다는 것을 확신하게 된 볼세비키 정부는 경제정책의 급격한 변화와 함께, 화폐 유통의 실제적인 건전성, 즉 지폐가 금화로 보장되는 화폐정책의 필요성을 절실히 느끼게 되었다.**

내전과 전시 공산주의 시기의 소비에트 문헌에서 인플레이션에 대한 분석은 찾아볼 수 없으며 그런 가능성도 없었다.

인플레이션 문제가 경제학 이론과 현실 속에서 다시 주목을 받게 된 것은 고스플란(Gosplan, 정부계획위원회)에 인플레이션 연구를 위한 특별 위원회가 창설된 이후이다. 이때 인플레이션 문제를 다룬 인물들은 바르가(E.Varga), 콘드라티예프(Kondratiev), 차야노프(A. Chayanov) 등과 같은 훌륭한 학자들이었다.

1922년에 화폐 개혁의 개념이 확립되고, 이 개념에 의거한 국내 화폐가 도입되어 체르보네쯔의 후속 금화가 발행되었다. 1체르보네쯔(금)는 혁명 이전의 10루블짜리 동전의 가치를 가졌다. 지폐는 금에 의해 25% 정도가 보장되었고, 나머지 부분은 쉽게 환전이 가능한 상품이나 어음으로 보장받았다.

그러나 금화와 함께 가치가 하락된 지폐도 유통되었다. 금화와 지폐의 교환율은 특별 가격위원회의 결정에 의해 결정되었다. 1924

년 1월 1일에 1체르보네츠는 1923년 가격 기준으로 3만 루블 정도로 등가처리되었다.

정부 개혁의 결정판은 1924년에 발행된 정부 국고환으로서, 1, 3, 5루블짜리 금화로 발행되었다. 이 화폐들은 소비에트 연방공화국의 문장들이 수록되었고, 러시아어로 서명되었다.

통화의 안정성을 위해 화폐 발행이 제한되었다는 사실은 매우 중요하다. 소련의 인플레이션은 1925년에 가서야 진정되었는데, 이는 화폐개혁이 시행된 해로부터 3년의 시간이 흐른 다음이었다.

1925~1938년 사이에 통화 형태는 여러 번 바뀌었으나, 이 지폐들은 2차 세계대전 이후 화폐 개혁 시기까지 지불력을 꾸준히 유지하고 있었다.

2차 세계 대전 직후인 1947년의 화폐개혁은 재무부 장관인 즈베레프(Zverev)와 스탈린(Ioseb Dzhugashvili)의 주도하에 아주 비밀리에 진행되었다. 이 개혁의 목적은 2가지였다.

- 전쟁 비용을 보충하기 위해 정부가 발행한 엄청난 통화량을 축소시킨다 (전쟁시기에 통화량은 4배 정도 증가되었다).
- 소련의 적대국인 독일 등이 발행한 위조지폐의 유통을 근절한다.

1947년의 화폐 개혁은 **명백히 강제적 성격**을 지녔다. 구권은 신권과 10:1의 비율로 교환되었다. 이 개혁으로 인해 근로수입 이외의 수입 원천을 가지고 있는 모든 소련국민이 엄청난 고통을 당했다.

소비에트(Soviet) 시기의 그 다음 화폐 개혁은 1961년에 시행되었는데, 이는 **평가절하**의 방법을 통해 이루어졌다. 구권과 신권의 교환 비율은 10:1이었는데, 그러한 상황에서도 임금과 상품가격의 액면가는 수시로 변하였다.

1920년대 말과 1930년대 초에 사회주의에서는 **인플레이션이라는 용어 자체가 받아들여질 수 없다는 관점**이 소비에트 경제학에 확고히 자리잡고 있었다. 몇몇 경제학자들은 소비에트의 사회경제적 환경의 변화, 자연경제에서 계획경제로의 체제 전환, 지불 수단으로서의 화폐 가치의 변화 등의 이유 때문에 새로운 화폐 유통의 합목적성이 성립되었다는 결론을 내렸다. **그 결과로 사회주의 경제는 인플레이션에 대한 '면역성'을 획득했다고 주장했다.**

이러한 입장은 소비에트 시기에 출판된 경제서에서 주로 강조되었던 개념이다. 즉 소비에트 경제학자들은 인플레이션을 해석함에 있어, 이를 비생산적인 자본주의 경제가 정부의 비용 지출을 충당하기 위해 특별히 마련한 금융수단이자, 지배계급에 유리하게 수입이 분배되도록 하는 자본주의만의 계급적 현상으로 해석하였다.

참고자료: 1953년에 인플레이션에 대한 소비에트 백과사전의 해석은 흥미롭다. "인플레이션은 상품 유통량보다도 과도한 양의 화폐 발행으로 인해 자본주의 국가에만 나타나는 특이한 화폐 가치의 하락현상이다. 인플레이션은 상품 가격의 상승과 노동자의 실질적 임금 하락을 가져다준다. 인플레이션 때문에 자본주의자들은 자신의 부를 축적하고, 전쟁, 손실 또는 경제적 위기로 인해 발생한 비용을 일반 노동자들에게 전가하고 있다. 자본주의의 일반적인 위기의 시기에 인플레이션은 계속적으로 일어나는 현상이다. 2차 세계 대전 이후에 인플레이션은 자본주의 국가에서 확고히 증가하고 있는데, 이는 자본주의의 기생적 특성과 부패 때문이다."

소비에트 시기에 **정부는 소비자 물가 상승을 유발하지 않으면서 재정 문제를 해결하기 위해 의도적으로 여러 번 화폐 발행을 시도하였다.** 특히 1929~1937년에 소련 군대의 유지 비용이 급증하면서 현금유통량은 8배나 증가되었다.

제2차 세계대전 이후에 화폐 발행은 국민 경제의 부흥을 위한 자본축적의 수단으로 이용되었으나, 60~70년대는 증가하는 정부 재정 적자를 보전하기 위한 수단으로 활용되었다. 그러나 경제에 대한 엄격한 행정적 통제 시스템과 물가에 대한 중앙통제로 인해 소비에트 시기에 통화량 증가는 명백한 인플레이션으로 이어지지 않았다. 인플레이션은 비밀스런 특성을 가졌다. 정부의 물가 통제는 물품의 부족과 소실로 이어졌던 것이다.

현대 러시아의 인플레이션

현대 러시아 경제는 1990년대 초반, 계획경제에서 시장경제체제로 전환하던 시기에 인플레이션 문제에 직면했다. 1990년대 소련의 붕괴 이후 충격요법 형태로 등장한 러시아의 경제 개혁은 단호한 가격 자유화 정책으로부터 시작되었다. 반(反)인플레이션 프로그램의 부재와 주로 통화주의적 경제규제에 편향된 경제정책은 빠른 속도로 진행되는 인플레이션을 가져왔다.

러시아 인플레이션은 1992년에 정점에 이르렀다. 이때 인플레이션은 평균 2,508%에 이르렀고, 1993년에 소비자 물가는 연중 844%가 상승하였고, 이 때문에 당시 러시아의 인플레이션 지수는 브라질(2,830%)에 이어 세계 2위를 차지했다.

과도한 인플레이션으로 유통시장에서의 총통화량 증가에 의한 물가 상승을 보전하기 위해 고액 화폐가 필요하게 되었다. 1993년에 5천, 1만, 5만 루블의 액면가를 가진 새로운 은행지폐가 발행되어 유통되었다. 1994년과 1995년에 소비자 물가는 지속적으로 상승하여 연중 215%와 131.3%를 기록하였다.

실제적으로 이 시기에 러시아가 경험한 것은 높은 인플레이션에 경기 침체가 겹친 **스태그플레이션**이었다.

1996년 정부는 공동변동환율제와 루블화의 강세를 위한 제반 조치를 취하였고, 이로써 정부는 인플레이션을 1996년에 21.9%, 1997년에는 11%까지 낮출 수 있었다. 계속해서 정부는 인플레이션을 1998년에는 9.1%, 1999년에는 7.2%, 2000년에는 6.6%로 낮추는 정책을 입안하였다. 그러나 이 목표는 1998년 8월의 러시아 금융위기로 무산되었고, 소비자 물가가 엄청나게 상승하면서 1998년의 인플레이션은 84.4%에 달했다.

1999년 러시아정부의 예산에서조차 소비자 물가상승률이 30% 정도로 예측되었다. 국제통화기금(IMF)의 전문가들은 1999년의 러시아 소비자물가 상승률은 최소 56%가 될 것으로 예측했었다. 실제로 1999년의 공식 통계에 따르면 인플레이션은 36.5%였다.

2000년에서 2004년까지 물가억제정책 기조의 지속으로 물가상승률은 지속적으로 하락하여 이 기간 동안에 20.2%에서 10%의 수준으로 떨어졌다. 2005년에 정부는 인플레이션을 9%로 예측하였다. 그러나 실제적으로 이 지표를 유지하기는 어려웠고, 물가상승률은 10.9%를 기록했다.

2006년 1월에 발표된 러시아 정부의 사회경제 발전 지표의 중기 전망(2006~2008년)에 따르면, 2006년에는 7~8.5%, 2007년에는 6.0~7.5%, 2008년에는 5.0~6.0%로 인플레이션을 떨어뜨리는 것이 러시아정부의 목표였다. 그러나 상기의 지표대로 성취되지는 못하였다. 2006년에는 9.0%, 2007년에는 인플레이션이 11.9%를 기록했다.

생활필수품에 대한 소비자 물가 상승률은 이 수치보다도 더 높은 수준을 보여주었다. 개별적으로 해바라기 기름은 52.3%, 버터는 40.3%, 우유와 우유 정제식품은 30.4%, 빵과 제과류는 22.4%를 기록했다.

표1 ┃ 러시아의 평균 인플레이션

연 도	인플레이션(%)
1990	5.3
1991	92.6
1992	2,508.8
1993	844.2
1994	215.0
1995	131.3
1996	21.9
1997	11.0
1998	84.4
1999	36.5
2000	20.2
2001	18.6
2002	15.1
2003	12.0
2004	10.0
2005	10.9
2006	9.0
2007	11.9

출처: 러시아 통계: 공식 발행서. 러시아통계청의 해당 연도 지표

경제 안정성을 유지하고 국내 물가수준을 조절하는 실질적 메커니즘이 만들어지지 않는다면 가까운 시기에 러시아의 인플레이션율은 다른 국가들과 비교할 때 상대적으로 높은 수준을 보여줄 것

으로 예상된다(7~9%).

연 도	인플레이션(%)
2008	8.5
2009	5.8~7.0
2010	5.0~6.0

출처: 『러시아정부의 사회-경제 발전 프로그램의 중단기 전망』(2006~2008년), 모스크바, 2006년,
p.64.

⑨ 인플레이션 수준을 통제하는 기능적 시스템

화폐 이론과 인플레이션 문제는 거시경제학의 주요한 요소이다. 저명한 미국의 경제학자이며 통화주의자인 프리드먼(Milton Friedman)이 그의 저서 『자본주의와 자유(Capitalism and Freedom)』에서 **화폐에 대한 통제가 경제 규제의 강력한 수단이 될 수 있다고** 언급한 부분은 정당하다.

세계적 경험이 보여주듯이, 인플레이션은 이를 조절하는 기능적 경제시스템에 의해 통제되고 조절될 수 있다.

이전의 경제적 경험에 대한 분석을 통해 우리는 일정수준으로 인플레이션 수준을 통제하는 다음과 같은 기능적 경제시스템의 주요 파라미터를 설정할 수 있다.

- 최적의 파라미터는 연중 인플레이션 수준이 2~3% 정도인데, 이로써 지속 가능한 경제성장을 기대할 수 있다.

- 만약에 연중 물가상승률이 40%를 초과한다면, 원칙적으로 경제 성장은 정지된다. 이 수치는 경제 성장의 **한계치이다**.
- 연중 인플레이션 지수가 100%를 초과하면, 산업 생산의 침체와 국내총생산의 하락이 나타나는데, 이는 해당지수가 **위험수위**에 올랐음을 의미한다.

인플레이션 수준의 통제를 위한 기능적 경제시스템의 구조적 요소는 중앙은행과 유사 기관의 금융 - 신용정책으로 나타난다. 이러한 기관은 금융 통제 수단을 가장 적극적으로 이용하고 있는데, 이는 다음과 같다.

- 중앙은행의 금리 수준
- 법정지불준비금 적립 정책
- 공개 시장 조작
- 상업은행의 재할인 정책
- 인플레이션 목표설정

기능적 경제시스템과 관련하여 인플레이션 통제를 위하여 다음의 추상적인 도표를 상정할 수 있다.

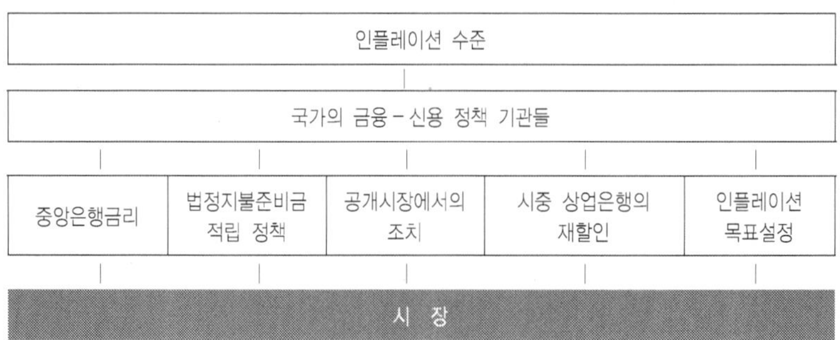

그림4 ▌ 인플레이션 수준을 통제하는 기능적 경제시스템

중앙은행의 금리 또는 재할인율 정책

현대 시장경제에 있어서 중앙은행이나 이와 유사한 금융기관이 시중 은행에 부과하는 **금리**(Interest) **또는 재할인율**(A Rediscount Rate) **정책은** 통화량과 인플레이션을 조절하는 가장 효과적이고 주요한 수단이다.

일반적으로 재할인율은 시장금리보다 낮으며, 시중은행을 위한 금리 체계이다. 금리의 변화를 통해 중앙은행은 '고금리' 또는 '저금리' 정책을 실행한다.

세계적으로 은행할인율은 시중은행의 관점에서는 초과적립금에 대한 비용으로 정의될 수 있다. 따라서 국가의 중앙은행이 **재할인율을 인하할 경우**, 시중은행은 중앙은행으로부터 자금 대출을 받고자 하며, 대출을 통해 시중은행이 제공하는 여신은 화폐 공급을 증가시킨다.

금리 인하는 기업활동을 촉진하고 투자를 활성화시키며, 무엇보다도 경제성장을 가져온다. 인플레이션이 낮을 경우 금리의 변화는 통화량 증가를 유도하여 경제를 활성화시키고 정부 투자금이 금융시장으로 유입되도록 활용될 수 있으며, 이 목적을 위해서 금리 인하가 이루어진다.

중앙은행이 재할인율을 인상하여 시중은행으로 하여금 대출에 대한 동기를 낮추면, 일반 시중은행의 여신 규모가 줄어들어 결과적으로 통화량이 줄어든다.

세계 자본 흐름의 관점에서 보면, 높은 재할인율은 소위 '핫머니' 자금의 형태로 외국자본 유치의 수단이 될 수 있는데, 이 자금들은 보통 단기 투기자금으로 활용된다.

인플레이션에 영향을 미치는 이러한 메커니즘은 단기간에 발견된 것이 아니다. 특히, 미국에서도 1960년대 인플레이션과의 전쟁을 위한 정부의 특별 프로그램이 실시되었음에도 불구하고 장기간 인플레이션을 진정시킬 수 없었다. 1974년 미국의 닉슨(Nixon) 대통령의 경제고문들은 인플레이션을 "하나의 머리를 자르면, 매일 2개의 새로운 머리가 생기는 도깨비"로 묘사하였다.[19]

대부분의 국가에서 금융 여신 및 통화정책을 주관하는 기관은 중앙은행과 이에 준하는 금융 기관이다. 미국의 경우, 이러한 기능을 맡고 있는 기관이 연방 준비은행이다.

참고자료: 연방준비은행은 미국의 중앙은행인데, 1913년 연방기금의 활동에 관한 법령에 기반하여 창설된 은행기관이다.

연방준비은행은 정부의 독립적 기관으로 기능하고 있다. 연방준비은행은 12개의 연방 기금은행과 6천 개의 상업은행을 회원으로 두고 있는 기구이다. 이는 미국의 전체금융기관의 75% 이상을 차지하는 규모이다.

연방준비제도에는 2개의 위원회가 소속되어 있다. 공개시장 기능의 연방 위원회와 연방 자문위원회이다.

연방준비제도의 일반적인 행정은 의회의 인준을 받은 미국의 대통령에 의해 임명된 7명의 이사회에 의해 이루어진다.

실제적으로 이사회는 미국의 모든 금융 및 신용 정책을 관장하는 기구이다. 미국의 모든 주를 결합하는 12개 지역에 위치하고 있는 연방예비은행을 통해 금융정책이 이루어진다.

연방준비제도 이사회가 미국 은행의 법정지불준비금 적립의 표준을 제정하고 연방기금의 금리 수준과 금융 기금의 총합적 역할을 규정할 수 있는 권한을 가진다. 연방준비은행의 금리 수준은 이사회의 공개적인 결정을 통해 이루어진다.

1987년부터 2006년까지 의회의 동의를 얻어 미국 대통령이 지명한 이사회의 대표는 알렌 그린스펀(Alaan Greenspan) 의장이었다. 그는 물가 상승을

---

19) *의회 제출 대통령 경제 리포트, 1974년 2월, 워싱턴, 1974, p.21. (OECD Economic Outlook, No. 67, June 2000, p.260.)*

통제하기 위한 정책에 대단한 공헌을 하였다.

2006년 2월 1일부터 연방준비제도이사회의 새로운 대표는 벤 버난키(Ben Bernanke) 전 미국 대통령 경제자문위원장이었다. 그는 1953년 12월 13일 미국 조지아주 에서 출생했다. 벤 버난키는 인플레이션의 적정한 수준을 유지하는 정책을 강조하는데, 이는 유럽 중앙은행, 영국은행과 세계의 23개 중앙은행이 행하고 있는 정책이다.

시장에 인플레이션 압력이 가중되면 이 복잡한 상황은 민간시장위원회에 의해 분석되고, 이 위원회는 연방준비제도에 **연방기금의 금리와 재할인율 수준을 변경할 것을 건의**한다. 20세기에 연방준비금의 최고 금리는 1981년 19% 수준이었고, 이후에 전체적으로 금리 인하 추세를 보여주었다.

경제적 유동 상황에 따라 재할인율은 연중 수 차례 변할 수 있다. 예를 들면, 1994년에 미국의 연방준비제도는 연방기금 금리를 3%에서 6%까지 5번이나 인상한 바 있다.

1998년 가을에 발생한 러시아 금융위기의 부정적인 영향을 받던 미국경제를 지원하기 위해 연방준비제도는 한 분기에 세 번이나 금리를 인하하였었다. 재할인율 인하로 미국의 인플레이션은 기록적으로 1.6%까지 떨어졌다.[20] 이는 1965년 미국에서 인플레이션 지수가 정착된 이래 가장 낮은 수치였다.

1999년 6월부터 2000년 5월까지 연방준비제도는 4번 정도 재할인율을 조정하면서 이를 5.75%까지 인상시켰다. 재할인율 인상은 미국경제의 높은 성장속도를 제어하고자 하는 의도였다.

2001년에 미국경제의 상황이 변하며, 스태그플레이션이 시작되었다. 경제성장의 활성화를 위해 연방준비제도는 2001~2003년 사

---

20) OECD 경제 현황, No.67, June 2000, p.260.

이에 13번이나 기준 금리 인하를 단행하여, 2003년 6월경에 금리
는 가장 낮은 지수인 1.0%에 이르렀다.

이러한 수준의 정책금리는 2004년 중반 무렵까지 유지되었다.
그리고 다시 금리 상황은 역전되었다. 미국 경제가 안정적 성장
단계로 들어서자, 2004년 6월 30일 재할인율은 0.25%에서 1.25%
까지 인상되었다.

금리 인상은 **연방준비제도이사회에 의해 시행된 통화금융 정책
의 시작이었다.** 연방준비제도이사회 의장은 당시 금리 인상 과정이
유연하고 지속적으로 이루어질 것이라고 천명하였다. 2004년 6월
부터 2006년 12월까지 연방준비제도이사회는 17번 정도 평균
0.25% 정도 금리 인상을 단행하였고, 2006년 말에 금리는 5.25%
이었다. 2006년 6월부터 2007년 9월까지는 금리가 고정되었다.

2007년 9월부터 미국의 모기지(Mortgage)신용시장에서 위기가
발생하면서 대출 금리는 즉시 0.5%가 인하되었다. 그리고 다시 금
리인하가 단행되어 금리수준이 4.25%가 되었다. 2008년 1월 22일
까지 금리는 4.25%로 유지되었으나, 세계금융시장과 미국경제의
성장 전망 보고서가 발표된 이후로 0.75%가 다시 인하돼 금리수
준은 3.5%에 이르게 되었다. 2008년 1월 30일 금융시장의 안정을
목적으로 금리는 다시 0.5% 인하돼 3.0%가 되었고, 2008년 중반
까지 이러한 금리 기조는 유지될 것으로 예상된다.

최근에 연방준비제도의 전문가들은 인플레이션을 조장하지 않고

경제가 최적의 속도로 성장할 수 있도록 해주는 소위 '중립적 금리'에 대해 언급하기 시작했다. 그러나 금리수준이 심하게 요동칠 수밖에 없는 외부적 경기 상황에 의존하고 있는 한 '중립적 금리'를 결정하는 것은 가능하지 않을 것이다.

여기에서 강조할 점은 미국 신용자금의 가치는 미국 내에서뿐만 아니라 미국의 달러를 통화 수단으로 사용하는 다른 국가들에도 큰 의미를 가진다는 사실이다.

세계 금융시장이 통합 체제로 재편되는 상황하에서는 미국의 통화 및 금융 정책은 세계 경제에 있어서 인플레이션의 안정이나 유동적 상황, 금융시장의 상황과 유가, 외국통화의 환율 변화에 지속적인 영향을 미칠 것으로 보인다.

재할인율 지표는 실제적으로 경제 성장과 인플레이션 수준의 중요한 조정자로서의 정책적 기능을 가지고 있다. 순수한 통화 조정자로서의 역할 이외에 재할인율 지표는 시장의 자금 이동 경향을 보여주는 지표이자, 기관이나 개인 투자자가 자금 배분 결정을 하는 데 영향을 미치는 심리적 요소가 되었다. 미국의 재할인율 변화는 많은 부분 **유럽중앙은행**과 영국 및 기타 국가들의 중앙은행이 금리를 결정하는 데 영향을 미친다.

유럽의 단일통화 창출은 EU의 경제적 재원을 증가시켰고, 동시에 시스템의 안정성과, 물가상승 통제를 포함한 시장의 자율조절 능력을 향상시켰다.

참고자료: EU 11개국에서 사용되는 **유로화(Euro)**는 EU의 중요한 경제적 성취물이다. 유로화의 탄생일은 1991년 1월 1일이다. 첫 3년간 유로화는 전

자적 형태로 미미하게 거래가 이루어졌지만, 점차 지폐와 동전이 현금 유통 수단으로 사용되기 시작했다.

오랫동안 통용되던 독일의 마르크(Mark), 프랑스의 프랑(Franc), 이탈리아의 리라(Lira), 네덜란드의 굴덴(Gulden), 벨기에와 룩셈부르크의 프랑(Franc), 스페인의 페세타(Peseta), 포르투갈의 에스쿠도(Escudo), 아일랜드의 푼트(Punt), 오스트리아의 실링(Schilling), 핀란드의 마르카(Markka)는 역사 속으로 사라져 버렸다.

미국의 연방준비제도와 유사한 역할을 하는 EU 기관은 유럽중앙은행이다. 그러나 유럽중앙은행은 연방준비제도와는 다르게 목표 **인플레이션 수준을 정하고** 이에 따라 금리를 조정한다.

유럽중앙은행의 주요 기능은 마스트리히트 조약에서 수차례 언급되었듯이, 유로화 사용지역에서 물가 안정성을 유지하는 것이다. 이때, 물가 안정성은 연 2% 내외의 인플레이션을 말한다. **유럽중앙은행의 모든 기능은 바로 이 인플레이션 수준을 유지하는 한도 내에서의 금리의 현실화에 그 초점이 맞추어져 있다.**

1998년 12월에 유럽통화제도(EBS) 중앙은행들은 처음으로 금리(재할인율)를 3.3%에서 3.0%로 동시에 인하하였다. 예외적인 나라는 이탈리아였는데, 이탈리아의 금리는 3.5%였다. EU의 금리 책정을 따라 영국도 동일하게 금리를 책정하였다.[21] EU 11개 국가에서 금리를 인하하고 영국도 이에 동참하였다는 사실은 통합된 유럽에서 인플레이션 통제를 위한 단일한 메커니즘이 형성되었다는 것을 의미한다.

국제원유가의 상승, 유로화 약세, 대출수요의 급속한 증가 등 인플레이션 상승 우려로 유럽중앙은행은 1999년 1월부터 2000년 7월

---

21) 코메르산트, No. 226, 5 12월 1998년.

까지 대출 금리를 5번이나 인상하여 금리가 4.25%에 이르렀다.[22]

　2000년 7월부터 2003년 6월 사이 금리는 2%까지 인하되었고, 2005년 12월 금리가 급격히 인상되던 시기를 제외하고는 저금리 수준을 유지하였다. 2006년 3월에 금리는 0.25% 상승하여 2.25%가 되었고, 5월에 0.25% 상승하고 8월에 0.25% 상승하여 2.75%가 되었다. 2007년 초에 재할인율은 3%까지 올랐다. 영국 은행의 금리는 2005년 8월까지 변동 없이 4.25%였는데, 2006년 말에는 4.75%가 되었다.

　전문가들에 따르면, 유럽중앙은행의 활동이 시작된 이후, 은행의 핵심 목표였던 반인플레이션 정책은 성공적이었다. 1980년부터 1990년까지 EU의 인플레이션이 평균 4.5%였다면, 2006년에 이 지표는 2.2% 정도의 수준이 되었다. 대부분의 EU국가들은 통합 환경 속에서 매우 낮은 물가 상승률을 유지하고 있는 것이다.

　2007년도 유로화 지역에서 인플레이션 수준은 3.1%를 기록하였는데, 이는 EU의 유로화 중기전망에서 예측한 지수보다 1.1%가 높은 수치이다.

　여기서 강조할 점은 소비자 물가의 하락이 발생하는 **디플레이션** 상태에서는 표준 재할인율이 인플레이션을 실질적으로 조절하는 기능을 할 수 없다는 사실이다.

---

22) 외국 및 상업 정보 연감, No. 70, 22 7월 2000년, p.16.

연 도	2000	2001	2002	2003	2005	2006	2007
EU (27개국)	1.8	11.7	11.5	11.6	11.8	22.2	33.2
유로화사용지역 (15개국):		–	–	–	–	11.9	33.1
호 주	1.8	1.8	1.5	1.7	2.3	1.6	3.5
벨기에	1.3	1.4	1.5	1.6	2.5	2.1	3.1
독 일	1.6	1.6	1.2	1.4	2.0	1.4	3.1
그리스	2.3	2.3	–	–	–	3.2	3.9
아일랜드	3.7	3.0	–	–	–	3.0	3.5
스페인	2.5	2.2	2.3	2.4	3.3	2.7	4.3
이탈리아	2.1	1.9	1.8	1.8	2.1	2.1	2.8
키프로스	–	–	–	–	–	1.5	3.7
룩셈부르크	2.0	1.8	–	–	–	2.3	4.3
몰 타	2.0	1.8	–	–	–	0.8	3.1
네덜란드	2.4	3.4	2.4	2.3	1.5	1.7	1.6
포르투갈	2.2	2.1	–	–	–	2.5	2.7
슬로베니아	2.2	2.1	–	–	–	3.0	5.7
핀란디아	2.3	2.0	–	–	–	1.2	1.9
프랑스	1.1	1.2	1.1	1.3	1.9	1.7	2.8
기타 유럽국가들							
스위스	1.6	2.0	2.0	2.0	0.8	1.6	3.5
덴마크	2.4	1.7	1.8	2.0	2.0	1.8	2.3
영 국	1.4	1.6	1.9	2.4	2.2	3.0	2.1

출처: 유럽 각국의 해당 연도 경제상황 분석(*Обзор экономического положения стран Европы за соответствующие годы*)

⚬ 러시아의 금리(재할인율)

1990년에서 2008년까지 러시아 금리의 변화를 분석해 보면, **금리 지표로는 실제적인 인플레이션의 수준이나 경제 성장의 동력**을 제대로 파악하기가 어렵다는 점을 알 수 있다. 90년대 러시아의 금리는 실제적인 국제 금리 수준과 비교해서 매우 높은 편이었다. 특히, 1993년에는 금리가 80%에서 180%까지 큰 폭의 변화를 보여주었다.

> **역사적 참고자료**: 국제 정책금리 수준과 비교하여 이 당시 러시아의 정책금리는 심각한 금융 위기를 겪던 브라질에 이어 두번째로 높았다. 브라질에서 재할인율은 1993년에 3,000%를 초과했었다.

1993년 7월에 시작해서 러시아 중앙은행의 금리는 국제 금융시장에서의 금리보다 더 낮은 수준인 7% 이하에서 변동되었다. 1994년 말에 금리 평균은 5%까지 떨어졌다.

러시아에서 최고금리는 1994년 4월의 210%였다. 같은 해 브라질이 금리를 대폭 인하하는 데 성공하면서, 러시아는 세계에서 제일 높은 재할인율을 가지게 된 나라가 되었고, 이에 따라 대출 금리, 어음 금리 및 각종 예금 금리도 국제금융시장에서 가장 높은 수준을 보여주었다.

1994년 10월 정부는 그해의 최소수준인 130% 정도로 금리를 인하하는 데 성공했다. 그러나 1994년 10월에 미국의 '검은 화요일(Black Tuesday)' 사건으로 달러에 대한 루블 환율이 급락한 이후에 금리는 다시 170%까지 상승했다. 1995년에 러시아 중앙은행의 금리는 170%에서 200% 사이에서 변동되었다.

그 결과 1996년 초에 총체적 금융안정책을 시행한 이후 러시아 정부는 금리를 120%까지 인하하는 데 성공했고, 그해 12월에는 48% 수준으로 금리를 낮출 수 있었다. 1997년에 금리는 지속적으로 인하되었는데, 러시아 경제개혁기 중 최저 금리인 21% 수준으로 금리가 안정되었다.

1998년 초, 금융위기가 심화되어 정부는 금리를 50%로 인상하였다. 그러나 이 정도의 금리수준으로는 1998년 8월의 러시아 금융위기를 막을 수 없었다. 이후 금리는 150%까지 급등했다가, 1999년 중반에 60%로 인하되었다.

1999년 중반 이후에 러시아는 금리를 지속적으로 인하하여 1999년에서 2008년까지 재할인율은 10.25%까지 인하되었다.

표4 │ 러시아 은행의 재할인율 변화

활동 기간	연금리
1991년	
91. 01. 01.~92. 04. 09.	20
1992년	
92. 04. 10.~92. 05. 22.	50
92. 05. 23.~93. 03. 29.	80
1993년	
93. 03. 30.~93. 06. 01.	100
93. 06. 02.~93. 06. 21.	110
93. 06. 22.~93. 06. 28.	120
93. 06. 29.~93. 07. 14.	140
93. 07. 15.~93. 09. 22.	170
93. 09. 23.~93. 10. 14.	180
93. 10. 15.~94. 04. 28.	210

활동 기간	연금리
1994년	
94. 04. 29.~94. 05. 16.	205
94. 05. 17.~94. 06. 01.	200
94. 06. 02.~94. 06. 21.	185
94. 06. 22.~94. 06. 29.	170
94. 06. 30.~94. 07. 31.	155
94. 08. 01.~94. 08. 22.	150
94. 08. 23.~94. 10. 11.	130
94. 10. 12.~94. 11. 16.	170
94. 11. 17.~95. 01. 05.	180
1995년	
06. 01. 06.~95. 05. 15.	200
16. 05. 16.~95. 06. 18.	195
19. 06. 19.~95. 10. 23.	180
24. 10. 24.~95. 11. 30.	170
01. 12. 01.~96. 02. 09.	160
1996년	
96. 02. 10.~96. 07. 23.	120
96. 07. 24.~96. 08. 18.	110
96. 08. 19.~96. 10. 20.	80
96. 10. 21.~96. 12. 01.	60
96. 12. 02.~97. 02. 09.	48
1997년	
97. 02. 10.~97. 04. 27.	42
97. 04. 28.~97. 06. 15.	39
97. 06. 16.~97. 10. 05.	24
97. 10. 06.~97. 11. 10.	21
97. 11. 11.~98. 02. 01.	28
1998년	
98. 02. 02.~98. 02. 16.	42
98. 02. 17.~98. 03. 01.	39

활동 기간	연금리
98. 03. 02.~98. 03. 15.	36
98. 03. 16.~98. 05. 18.	30
98. 05. 19.~98. 05. 26.	50
98. 05. 27.~98. 06. 04.	150
98. 06. 05.~98. 06. 28.	60
98. 06. 29.~98. 07. 23.	80
98. 07. 24.~99. 06. 09.	60
1999년	
99. 06. 10.~00. 01. 23.	55
2000년	
00. 01. 24.~00. 03. 06.	45
00. 03. 07.~00. 03. 20.	38
00. 03. 21.~00. 07. 09.	33
00. 07. 10.~00. 11. 03.	28
2001년	28
2002년	
00. 11. 04.~02. 04. 08.	25
02. 04. 09.~02. 08. 06.	23
2003년	
02. 08. 07.~03. 02. 16.	21
03. 02. 17.~03. 06. 20.	18
2004년	
04. 06. 21.~04. 01. 14.	16
04. 01. 15.~04. 06. 14.	14
2005년	
04. 06. 15.~05. 12. 25.	13
05. 12. 26.~06. 06. 25.	12
2006년	
06. 06. 26.~06. 10. 22.	11.5
06. 10. 26.~07. 01. 28.	11.0

활동 기간	연금리
2007년	
07. 01. 29.~07. 06. 18.	10.5
2008년	
07. 06. 19.~09. 02. 03.	10.0
08. 02. 04.	10.25

자료: 해당 연도 러시아 중앙은행의 통계

러시아의 재할인율은 최근까지 인플레이션 조정자 역할보다는 표준적인 경제지표의 역할을 해 왔다.

재할인율은 은행 간 시장에서 차입자금의 가치에 영향을 미치지 않도록 만들어진 통화 금융정책 수단이 아니다.

러시아의 재할인율은 시장경제체제에서는 자신의 고유한 특성이 아닌 재정적 기능을 가졌으며, 이러한 기능으로 말미암아 러시아의 재정분야와 세금분야의 많은 부분에 적용되고 있다.

러시아연방의 세제법령에 따라 중앙은행의 금리는 다음과 같은 사항과 직접적인 연관성을 가지고 있다.

- 세금과 징수금에 대한 체납금의 금리 계산
- 세금이나 징수금의 유예 또는 분할지급, 또는 세금 공제 시의 금리 계산
- 기납부된 세금이나 징수금의 초과납부액을 세무 기관이 기간을 경과하여 환급해 주었을 경우 이에 대한 금리 계산
- 세금이나 징수금 납부를 고객이 은행에 위임한 경우 은행이 납부 기간을 지키지 못해 발생하는 벌금에 대한 금리 계산
- 법인이 수익세 정산을 위해 생산을 목적으로 은행으로부터 대출한 대출금에 대한 이자를 수익세 정산 목적으로 경비처리 할 경우 이 경비의 산정을 위한 금리 계산
- 납세자가 취득한 소득의 과세 규모를 결정함에 있어 재할인율이 적용된 여러 경우

- 기타 정산

    현재 러시아 은행은 재할인율과 인플레이션 속도 조절 사이에서 적절한 정책을 유지하기 위해 노력하고 있다.

    만약 러시아에서 2008년부터 2010년까지 연중 인플레이션 수준이 약 8% 정도를 유지하면서 성장기조가 유지된다고 가정하면, 금리는 이론적으로 이 기간 동안에 8~9%로 낮아질 수 있다.

    2010년에 러시아의 인플레이션은 5% 정도로 떨어지고, 2015년경에는 3~4% 정도가 될 것으로 예측된다. 즉 러시아 경제의 상황이 성장 기조를 유지하고 인플레이션을 적정한 수준에서 제어할 수 있다면, 이 기간 동안 재할인율의 하락이 예측된다.

지불준비금 정책

    고인플레이션 상황에서 기능적 경제시스템의 구성요소이면서 통화금융정책의 강력한 수단이 될 수 있는 것이 바로 **'지불준비금(Deckungsfonds) 펀드'**에 대한 적립금 기준을 변화시키는 것이다.

    국제금융시장에서 지불준비금 적립을 융통성 있게 변화시키는 정책은 금융 및 여신 규제를 위한 견고한 기능적 수단이 되지는 않는다. 오늘날 경제에서 '지불준비금 펀드'는 다음과 같은 통화금융 정책의 기능을 수행한다.

- 은행 시스템의 유동성의 구조적 결함 보완
- 은행의 자금 수요 예측을 고양시키는 기능

- 총통화량 조절
- 금융 시장 금리의 급상승 억제 효과

국제적 경험이 보여주는 것처럼, 지불준비금 기준의 사소한 변화조차도 통화 공급량에는 큰 변화를 가져온다. 따라서 단순히 총통화량을 조절하기 위해 지불준비금의 기준을 변화시키지는 않으며, 극단적인 경우에만 이러한 정책을 활용한다.

지불준비금 적립과 이와 반비례하는 성격의 인플레이션 가능성 간의 상관관계에 주의를 기울일 필요가 있다. 지불준비적립금의 기준이 상승하면 할수록 화폐의 유동성은 감소되고, 이에 따라 물가 상승의 속도는 줄어든다.

그러나 적립금이 과도하게 상승될 시에는 국내 산업활동이 위축되며, 은행은 효과적인 자원마련을 할 수 없게 되어, 결과적으로는 은행 발전의 저해 요소가 되며, 금융위기 전조 중의 하나가 된다.

러시아에서는 90년대 초에 지불준비금제도가 도입되었는데, 이 제도는 높은 인플레이션을 억제하고, 시중은행의 자금 유동성을 원활히 보장해 주며, 시중은행의 활동을 통합하고 적절히 규제하기 위한 필요성이 있었기 때문에 도입되었다.

90년대 초 러시아는 세계 기준에 비추어 볼 때 꽤 높은 지불준비금 적립 규정을 갖추고 있었다. 즉 요구불 예금에 대한 적립금은 20% 수준, 정기 예금에 대한 적립금은 15%이었다. 이는 시중은행으로 하여금 통화량 증가를 억제하면서 반인플레이션 정책을 펴야 하는 필요성 때문이었다.

러시아에서는 90년대 중반까지도 지불준비금제도에 대해 검토가 이루어지지 않았으며, 단지 준비금과 이의 실행을 위한 기술적 근거들만이 마련되어 있었을 뿐이었다. 1995년 2월 중앙은행은 당좌예금계좌의 2% 수준으로 기준 지불준비금을 예치하기로 결정했다. 1996년 4월 중앙은행은 시중 상업은행의 영업활동을 완화시키고 러시아 은행 시스템을 강화하기 위해 지불 적립금을 루블 자산의 경우 20%에서 18%로, 외환 자산의 경우 1.125%로 인하했다. 중앙은행의 총 지불준비금 적립 규모는 거의 2.5배 정도 감소했다.

1998년 말 러시아 금융위기 이후에 '지불준비금 적립 펀드'의 총 자산은 개별 은행들에 대한 금융 원조와 크게는 은행의 파산 예방 조치에 사용되었다.

2000년부터 2004년 초까지 지불준비금 적립 비율은 루블자산의 경우 7%, 법인 및 외환자산의 경우 10%였다. 2004년 총 지불준비금 규모는 1,600억 루블(56억 달러)이었다.

전체적으로 21세기 초 러시아의 평균 지불준비금은 같은 기간 선진국 수준보다도 훨씬 더 높았다.

표5 ┃ 2004년 초 러시아와 다른 국가들의 지불준비금 적립의 액면치

국 가	지불준비금 적립 비율
·러시아	7 - 10
스위스	2.5
일 본	0.125 - 2.5
E U	2
독 일	2
프랑스	2
미 국	1.25
영 국	0.45

출처: 2004년 러시아은행 발간 자료집(*Материалы ассоциации россий ских банков, 2004 г.*)

유럽중앙은행과 유로화 지역의 중앙은행들은 은행 시스템에 부담이 되거나 효과적인 자산 배분에 방해가 되지 않도록 적절한 지불준비금 적립 정책을 추진하고 있다.

효율적인 발전 시스템을 가진 은행과 저인플레이션을 보이는 일부 국가에서는 아예 지불준비금 적립제도를 금융통화정책의 수단으로 사용하지 않고 있다. 호주, 캐나다, 스웨덴, 스위스, 멕시코 등이 이에 속한다.

러시아에서는 21세기 초에 지불준비금 적립 수준이 너무 높았다. 이는 특별히 외환의 자유화 상황에서 외국은행들과 비교하여 러시아은행들의 경쟁력을 약화시키는 결과를 초래하였다.

러시아 중앙은행은 유로화 지역과는 다르게 지불적립금펀드에 입금된 자금에 대한 이자를 자국의 시중 상업은행들에 지불하지 않고 있기 때문에 이 제도는 통화금융 정책의 수단으로 매우 매력적이다. 따라서 러시아 중앙은행은 이 정책을 적극적으로 활용하고 있는데, 특히 정부에 수익을 가져다주는 국채 매입과 신용여신에 이를 적극 활용하고 있다.

이후 시중 상업은행들의 지속적인 요구에 따라 러시아 은행 위원회는 2004년 4월 1일 법인과 외환자금에 대한 지불준비금 적립률을 이전의 9%에서 1%로 낮추었다. 이후 몇 년간 이러한 경향은 지속되었다.

그러나 2008년 2월에 중앙은행은 다시 인플레이션과의 전쟁을 위해 지불준비금 적립률을 다시 상향 조정했다.

ⓧ 공개시장 조작

세계금융시장에서 반(反)인플레이션 메커니즘의 주요 정책 중의 하나가 바로 공개시장조작(Open Market Operation)이다. 공개시장조작은 통화정책을 통해 총 통화량에 영향을 미친다. 국채의 매수 또는 매도를 통해 중앙은행은 은행으로 적립금을 유인하거나 유출하는 방식을 채택한다.

만약에 중앙은행이 총통화량을 제한할 필요성을 느끼게 되면, 중앙은행은 시중상업은행이나 고객에게 유가증권이나 외환을 판다. 반대로 유통화폐량을 늘리고자 할 경우 중앙은행은 유가증권이나 외환을 사들이게 된다. 중앙은행이 유가증권을 사들이는 이유는 일반 은행의 이자부(利子附)자산이 이자가 부과되지 않는 중앙은행의 유동 채권으로 전환되기 때문이다.

이러한 형태로, 잉여자금이 발생하는데, 이 자금은 시중 상업은행에 의해 대출금이나 유가증권 등의 이자부자산으로 전환된다. 그리고 이 과정은 결국 금리의 인하와 승수 메커니즘을 통한 통화공급의 확대를 가능하게 만든다.

원칙적으로 공개시장조작은 직접적인 유가증권의 구입과 판매, 또는 환매합의(buyback agreement)에 의해 이루어진다.

국제적으로 공개시장조작은 방어적 방식과 적극적 방식의 두 가지로 나누어진다. **방어적 방식**은 은행들의 적립금 구조에 원치 않는 변화가 발생하였을 시에 이를 배상하는 방식인데, 특히 공식적인 적립금의 총액에서 실제적 금보유량과 그 비율이 감소하는 경우에 이 방식이 채택된다. **적극적 방식**은 경제 안정성의 보장과 경제 성장 촉진을 위해 활용된다.

러시아 중앙은행의 경우, 중앙에서 총통화량을 효과적으로 통제하기 때문에 결과적으로 물가상승에 영향을 미치는 공개시장조작은 큰 역할을 하고 있지 못하다. 발전된 형태의 금융시장을 가지고 있는 선진국과는 달리 러시아는 사실상 지금까지 통화량을 효과적으로 조절하는 적절한 경제적 수단을 가지고 있지 못하다.

⁝ 상업은행의 재할인

인플레이션 수준을 통제하는 기능적 경제시스템의 중요한 구성요소 중 하나가 은행의 유동성을 유지해 주는 상업은행들의 재할인정책이다.

세계적 경험이 보여주는 것처럼, 가장 안정성 있는 경제적 조건하에서도 상업은행들은 일시적 어려움과 유동성 문제에 봉착할 수 있다. 따라서 중앙은행들은 시중 상업은행의 일시적 지불불능 상황을 해결하기 위해 특별금융제도(보조금융, 롬바르드(Lombard) 대출 등)를 활용한다.

역사적 참고자료: 1960년에서 2002년까지 미국에서 재할인 수단의 하나로 사용되었던 조정대출(adjustment credit)의 금리는 시장금리보다 낮은 수준에 있었다. 규정된 조건들을 준수하면서 시장 주체들은 필요할 경우 시장가보다 낮은 금리로 재원을 공급받았다(이러한 대출은 호경기일 때뿐 아니라, 인플레이션이 높은 시기에도 이루어졌다).

2002년부터 여러 가지 원인으로 인해 이러한 제도가 더 이상 시행되지 않게 되었다. 그러나 세계에서 가장 강력한 은행 및 금융시스템에서 이러한 시중 상업은행의 후원을 위한 수단으로 이 제도는 40년간이나 지속되었다!

많은 전문가들은 현대 시중 상업은행들의 재할인 체계는 시중은행의 총 대출규모를 통제하고 있는 러시아 은행 구조에서 가장 취약한 요소 중의 하나로 보고 있다.

> **참고자료:** 연구자료에 의하면, 미국과 일본의 평균 총 재할인 규모는 러시아의 40~50배 정도이다. 러시아 국내총생산 대비 대출금의 총 규모는 30% 정도인데, 미국과 일본은 각각 40%와 65%를 차지한다. 재할인 체계의 발전은 이들 국가의 시중 상업은행들로 하여금 필요할 경우 중앙은행으로부터 자금 대출을 받을 가능성을 유지하면서 보다 효율적으로 경제활동에 참여할 수 있도록 해 주고 있다.

러시아 시중 상업은행들의 재할인은 아주 제한된 규모로 진행되고 있다. 특히 2005년 중앙은행이 상업은행에 제공한 롬바르드 대출 총 규모는 14억 루블이었는데, 이는 중앙은행 자산의 10% 규모였다.

재할인은 유가증권을 담보로 이루어진다. 담보는 중앙은행의 채권, 국가환채권, 연방채권, 법인채권, 어음, 고신용 채무자의 손실준비금 및 보증금 등이 있다.

대출은 다양한 기간과 다양한 금리의 형태로 부과된다. 반일물(무이자), 1일물인 오버 나이트(12%), 7일물과 14일물의 롬바르드(7.1%), 담보나 보증이 있는 90~180일물(7.2~10%) 등이 있다. 러시아은행은 최근에 재할인율을 인플레이션 수준과 연동하는 정책을 추진하고 있어 인플레이션이 높게 형성되면, 대출 금리도 높아진다.

중앙은행의 대출은 시중 상업은행에게는 주요한 금융 재원이 아니다. 따라서 시중은행들은 유동성을 유지하기 위해 은행 간 거래를 선호한다.

그러나 외국은행들로부터의 차입이 크게 늘어 2008년 총 외자부채가 1,300억 달러에 이르렀다. 재할인 문제는 단지 은행의 문제만이 아니라는 사실을 강조할 필요가 있다. 대출 회사의 대표들은 채무자들이 점점 더 많이 **외국의 경쟁회사들로부터** 채무를 지고 있다고 언급한다. 특히 이러한 현상은 러시아 거대 기업과 은행들에서 두드러지게 나타나고 있다.

중앙은행의 통계로는 1999년에서 2005년까지 러시아 기업과 은행의 대외 차관은 70배 이상이 증가했는데, 이는 차관이 12억 달러에서 733억 달러로 증가되었다는 것을 의미한다.

표6 │ 러시아 기업과 은행의 대외 차관

연 도	단위: 10억 달러
1999	1.2
2000	3.2
2001	6.4
2002	17.9
2003	33.4
2004	38.8
2005	73.3

자료: 중앙은행의 해당 연도 통계자료

이 외에 국영회사들은 외국은행으로부터 신디케이트(Syndicate) 차관의 형태로 차관을 도입해 왔다. 2005년에 러시아 정부가 지분을 가지고 있는 대기업 가운데에서 상당한 차관을 들여온 업체는 '가 즈프롬', '로스네프티', '소브콤플로트''RAO 르쥐드', '트란스네프 티', '알로사' 등인데, 이 회사들이 들여온 총 차관규모는 280억 달 러에 이르렀다.

저축은행(스베르방크), 대외무역은행(브네쉬토르그방크), 대외경제 은행(브네쉬에코놈방크), 러시아농업은행(로스셀호즈방크) 등은 2005 년에 64억 5,000만 달러의 차관을 도입했는데, 이는 러시아 은행들 의 총 차관 규모의 36%에 해당하는 규모였다.

러시아 법인들의 총 대외부채는 2005년에 980억 달러(이 중 은행 부채는 320달러), 2006년에는 1,630억 달러(이 중 은행부채는 500억 달러), 2007년에는 3,140억 달러(이 중 은행채무는 1,300억 달러)에 이르렀다.

이 기간 동안 발행된 채권 총액의 75%가 외국차관으로부터 온 것이었다. 러시아 유로화채권 분야에서 지배적이었던 금융 재원은 국영기업의 유로화 채권으로, 그 규모가 전체 법인 유로화채권 시 장의 58%에 달했다.

이렇게 복잡한 문제의 발단은 러시아 내에서 장기적 융자가 제 한되어 있다는 데 있다. 게다가 루블화가 강세인 상황에서 외국환 으로 융자를 받는 것은 이익을 안겨다 준다. 결과적으로 이는 통 화량의 증가와 인플레이션 압력으로 나타나게 된다.

재할인은 일반적인 경제적 목적을 성취하는 것과 동시에 시장의 구조적이고 지역적인 우월성을 지지해 주는 방향으로 이루어져야 한다.

중앙은행이 이러한 목적을 달성하기 위해서는 해당 분야와 지역의 증권을 포함시킴으로써 중앙은행과 연관된 증권의 수를 증가시킬 필요가 있다. 이는 특정한 산업분야와 특정지역에 목적이 뚜렷한 유동성을 제공해 줄 뿐만 아니라, 전체적으로 자금의 유동성과 안정성을 끌어올림으로로써, 금융시장 자체의 다양성과 능력을 키워 줄 것이다.

만약 재할인정책이 제대로 기능을 하게 되면, 부정적인 위기현상들을 극복하기 위해 필요할 경우 재원을 싼 가격으로 공급할 수 있고, 이는 금융시장과 실물경제 간의 상호작용 가능성을 크게 키워 줄 것이다.

⁸ 인플레이션 목표설정 정책

인플레이션의 목표설정은 특정기간 동안의 인플레이션 목표치를 공표하는 것이다. 물가안정은 금융통화정책의 장기적 목표이다. 만약 정부가 세워진 목표를 철저하게 관리하여 목표치를 달성하면, 이는 인플레이션 기대심리를 낮추고 물가를 안정시키게 된다.

물가안정 목표설정정책은 대단히 신축성 있고 상대적으로 새로운 금융통화 정책인데, 최근에 여러 나라에서 이 정책을 활용하고 있다.

참고자료: 최초로 인플레이션 목표설정 정책을 공표한 나라는 1990년 뉴질랜드에서였다. 이후에 캐나다, 영국, 스웨덴, 핀란드, 호주, 스페인, 이스라엘, 체코, 칠레 등이 이 정책을 시행했다.

인플레이션 목표설정 정책은 산업 선진국에서 예외적으로 시행된 반면, 개발도상국들은 이 정책을 고정환율정책과 연동하여 활용하였다.

그러나 1990년대 말부터 개발도상국과 경제 이행기에 있는 국가들이 이 정책을 활용하기 시작했다. 현재는 세계 23개국이 이 정책을 수용하고 있으며, 이 국가 중에서 선진국은 7개국뿐이다.

당분간 인플레이션 목표설정 정책을 채택할 국가는 증가할 것으로 예측된다. 국제통화기금의 조사에 따르면 88개국에 달하는 개발도상국과 최근 체제전환 국가의 금융 분야 지도자들은 이 국가들의 반 이상이 곧 인플레이션 목표설정 정책으로 전환할 것이라고 천명하였다. 이 중의 다수 국가가 2010년경에 이 정책을 채택할 것으로 보인다.

다른 통화정책 수단과 비교해 볼 때, 인플레이션 목표설정 정책은 경제의 성숙과 제도의 구조라는 측면에서 까다로운 점이 많다. 제도주의의 성숙이라는 관점에서 이 정책의 원활한 운용을 위한 몇 가지의 전제 사항이 있다. 특히 인플레이션 목표설정 정책으로 전환하기 위해서는 아래와 같은 조건들이 갖추어져야 한다.

- 중앙은행은 법적 자치권을 획득하여 정부권력으로부터의 압력을 받지 않아야 한다. 정부의 압력은 인플레이션 목표치로 인해 갈등을 유발할 수 있다.
- 물가형성이 자유로워야 한다.
- 경제가 수출원자재 가격에 절대적으로 의존해서는 안 된다.
- 환율 변동이 예측 가능한 수준이어야 한다.
- 금융분야의 달러화 의존도가 최소수준이어야 한다.
- 안정적인 은행시스템과 발전된 금융시장의 확보가 필요하다.
- 긍정적인 통계적 기반과 높은 수준의 금융분석가가 확보되어야 한다.
- 중앙은행은 인플레이션의 기저와 다양한 형태를 규정하고, 현재 소비자 물가의 변동을 효과적으로 분석할 수 있는 방법을 가지고 있어야 하며, 이를 신뢰성 있게 분석할 수 있는 능력이 있어야 한다.

인플레이션 목표설정 정책을 적용하는 국가들의 경험을 통해 우리는 해당 경제적 지표를 잘 준수하면 할수록, 거시경제적 목표가 더욱 잘 달성된다는 것을 알 수 있다. 물론 러시아에 인플레이션 목표설정 정책을 도입하기 위해 필요한 모든 조건을 만족시킬 수는 없다. 특히 러시아연방의 중앙은행은 법적 자치권을 소유하고 있기는 하나, 행정부나 입법부로부터의 정치적 압력을 받고 있다.

러시아경제의 특징은 원자재 수출 중심이라는 점이다. 그 결과로 러시아 경제는 국제 원자재 가격, 특히 유가에 지나치게 의존하고 있다. 러시아의 달러화 의존도는 비록 최근에 현저히 감소하였다고 하더라도, 매우 높은 편이다.

다른 국가들과 비교할 때, 러시아의 금융 시스템은 매우 빠른 속도로 발전하고 있기는 하지만, 자본화 수준, 금융서비스 분야의 다양성, 유동성 조절 가능성 등에서 선진국들에 비해 많이 뒤떨어져 있다.

동시에 인플레이션 목표설정 정책을 채택하는 국가들에 있어 금융제도 환경의 개선은 새로운 금융통화 정책으로 전환하기 이전이 아니라, 그 이후에 나타났다는 점에 주목할 필요가 있다. 인플레이션 목표설정 정책은 중앙은행에서 공표한 금융 목표와 시행 과제가 엄격히 준수되고 유지된다는 조건하에서만 적극적으로 시행될 수 있을 것이다.

인플레이션 목표설정 정책은 신축성 있는 통화금융정책 수단이기는 하나, 이 정책의 성공적인 적용을 위해서는 시행되는 중앙은행 고위 지도자들의 정책 입안에 대한 금융시장 주체들의 완전한 신뢰를 확보하는 것이 중요하다.

러시아 경제의 이러한 특수성을 고려할 때, 러시아 중앙은행은 가까운 시일 내에는 완전한 형태의 인플레이션 목표설정정책 체제로 전환하지는 않을 것이다. 그러나 환율 목표설정 정책에서 인플레이션 목표설정 정책으로의 점진적인 전환은 확실시되고 있다.

1992년 러시아에서는 환율을 통한 인플레이션 억제정책이 시행되었는데, 이 정책은 러시아의 역사적, 경제적, 사회적 불안정성을 보여주었다. 루블의 평가절하는 러시아 경제와 절대다수의 국민들에게 재앙을 가져다주었다.

1990년대 초와 1998년에 러시아의 대부분의 사람들은 인플레이션과 루블화의 평가절하로 경제적, 사회적, 도덕적, 심리적으로 큰 타격을 입었다.

국제적 경험이 보여주듯이, 특정시기에 서서히 진행되는 평가절하(환율 인상)와 화폐의 가치 하락은 러시아 상품생산자들의 수출 경쟁력을 향상시켜 경제성장을 가져올 수 있다. 그러나 평가절하는 초단기적 효과만을 가진다. 점진적으로 진행되는 평가절하의 영향으로 인해 수입 상품의 가격 상승, 물가 상승 및 생산비 증가가 일어나고, 수출업체들은 화폐의 평가절하로 인해 수익을 얻지 못하게 된다. 왜냐하면 평가절하로 인해 높아진 인플레이션이 평가절하 수준까지 도달해 버리기 때문이다. 고인플레이션 상황에서 자국 화폐의 급격한 평가절하는 필연적으로 물가상승을 가져온다. 이런 식으로 한 국가의 경제는 평가절하를 통한 인플레이션 억제정책의 함정에 빠지게 되는데, 이런 상황이 되면 발전된 시장 시스템과 효율적인 정부규제 수단을 가진 선진국조차도 헤어나기가 힘들어진다.

평가절하와 높은 인플레이션의 지속적인 순환이 일어나면 급속한 성장세의 국가 경제조차도 심각한 타격을 받게 된다. 자유경제 개혁의 시기에 러시아 경제가 루블화의 지속적인 평가절하라는 악순환 사이클 속에 발목이 잡혔던 것이다.

루드비히 에르하르트는 환율을 통한 인플레이션 억제정책을 신랄하게 비판하였다. 특히, 그는 "인플레이션은 우리들에게 저주나 비극적이고 운명적인 사건으로 다가오는 것이 아니다. **인플레이션은 경솔하거나 심지어는 범죄로 간주되는 경제 정책으로 인해 발생하기 때문이다.** 모든 인플레이션 정책은 사회에서 철저한 검증을 거쳐야 하며, 철저한 검증을 통해 정책적 오류가 방지돼야 한다."[23]라고 강조하였다.

인플레이션에 대한 이러한 관점은 저명한 프랑스 경제학자이자 노벨 경제학상 수상자(1988년)인 '모리스 알레(Maurice Felix Charles Allais)도 지지하였는데, 그는 저서의 상당부분을 '화폐의 역동성' 연구에 할애하였다.

그는 통화정책이 불안정한 경제에는 수익배분의 효율성이나 정당성이 있을 수 없다고 보았다. 그 주요 저작 중의 하나인 『자본에 대한 세금과 통화 개혁』을 통해 인플레이션과 금융 메커니즘을 분석하면서 다음과 같이 기술하고 있다. "이 시스템(인플레이션)은 사람들에 의해 자행되는 엄청난 강도 행위로서, 기본적으로 그 근저에는 기만과 속임수가 존재한다. 과거에 인플레이션이 급상승한 시대에는 불건전한 자본주의가 형성됐다. 이러한 체제에서는 종종 금권정치나 관료정치 간의 협잡에 의해 불건전한 문제들이 발생했다."[24]

---

23) *상세한 내용은 A. 바비체바, 『은행들의 인플레 대책 업무: 지속적 과제들』, 모스크바, 에코노미카 출판사, 2005, p.272.(Подробнее см. Ю.А. Бабичева Инфляционн ая составляющая операций банков: проблемы регулирования. М.: Эк ономика, 2005 г., С.272.)*

높은 인플레이션은 사회의 경제적 기반을 허문다. 높은 **인플레이션 기조가 오랫동안 지속되면 인플레이션 기대심리가 발생하고 이는 높은 소비지향성으로 이어지면서 경제의 무기력증을 불러온다.**

최근 러시아 경제는 미국 달러화와 기타 국가들의 자유태환화폐에 대한 루블화의 안정성과 강세에도 불구하고 **매우 높은 인플레이션** 압력을 보여주고 있다. 러시아의 인플레이션은 경제성장을 보장하지 못한 실패한 비효율적 경제정책의 결과이며, 총통화량의 원시적인 통제는 단지 단기간의 인플레이션 감소만을 가져왔을 뿐이다.

인플레이션과의 전쟁을 위해서는 통화금융 정책, 경제성장을 촉진하는 정부시책, 구조조정 정책, 사회 정책 등을 결합하는 종합적인 정책이 연구되고 실행되어야 한다. 그리고 무엇보다도 정부 부처 간의 이견을 극복하고, 물가상승률을 정하는 방법론을 결정할 필요가 있다.

러시아 경제발전통상부는 기산일을 전년도 12월로 하면서 월별 인플레이션 지수는 역년(曆年) 1년 단위로 합산하는 기존의 방식을 고수하고 있다. 러시아 재정부는 인플레이션 지수계산방식을 슬라이딩 방식으로 변경하고자 하는데, 이는 물가의 월별 지수를 선행 연도의 해당지표와 비교하여 계산하는 방법이다.

러시아에서 공식적인 인플레이션 지수는 실물경제와는 상당한 차이가 난다. 이는 소비자 물가지수가 400개의 다양한 상품 및 서비스에 기초하여 산정되기 때문이다. 실질적 물가상승을 정확히 알기 위해서는 ≪**사회적 인플레이션**≫을 고려해야 할 것이다.

제언하건대, 시민들이 많이 사용하는 30여 개의 상품 및 서비스

---

24) *M. Allais. L'import et le capital et la reforme monetaire, Paris, 1976, p.15.*

에 대한 소비자 물가 지수를 산정해 보도록 하자. 이렇게 좁은 범위의 선택을 할 경우, 2005년에 공식 인플레이션은 10.9% 정도였으나, 다양한 상품 및 서비스 평가에 의한 물가 상승률은 20~25%로 상승하게 된다.

이 외에도 보다 객관적인 물가상승 상황을 도출하기 위해서 **소비자 물가 지수뿐만 아니라 도매물가지수도 산정할 필요가 있다.** 또한 **직접적인 인플레이션 목표설정 정책**으로 전환하는 것도 필요하다. 러시아연방 중앙은행은 유럽중앙은행처럼 인플레이션 지수의 목표설정 정책을 펴야 한다. 이는 기능적으로 완전히 이룰 수 있는 수준의 인플레이션 목표를 설정한다는 측면이고, 달리 말해 중앙은행이 기관으로서의 책임을 가지고 목표 수행을 위해 노력한다는 차원으로 해석될 수 있는 것이다.

러시아 헌법의 **제3장 연방의 구성**(제75조 제2항)에는 다음과 같이 기술돼 있다. "**러시아연방 중앙은행의 주요한 기능은 루블화 가치의 안정성 보호와 보장이며, 중앙은행은 정부 기타 기관으로부터 독립적으로 이를 실현시킨다.**" '안정성'이라는 용어는 균형을 유지하는 능력으로 해석된다. 화폐의 균형을 유지하는 것은 지불능력, 즉 상품 및 서비스에 대한 가격을 일정하게 유지할 수 있는 그런 능력이다.

이러한 문구는 러시아 은행의 주요한 기능이 '물가 안정성의 유지'임을 보여준다. 이때 물가안정성은 연 2%를 초과하지 않는 인플레이션 수준으로 이해된다. 또한 적당한 통화량을 유지하면서 인플레이션 목표치를 달성하기 위한 엄격한 통제가 이루어져야 한다. 따라서 러시아은행의 통화금융정책은 통화공급과 환율을 통제하는 기계적 메커니즘이 되어서는 안 된다. 러시아은행의 다른 모든 기능은 물가 안정성의 유지를 위해서 사용되어야 한다. 또한 이러한 입장은 법적으로 확보되어야 한다. 즉 **러시아연방 중앙은행법을** 바꿔야 할 필요가 있다.

정부의 통화금융정책의 기본 방향과 파라미터는 러시아연방 정부에 의해 시행되어야 하며, 최소한 3년 정도는 법적으로 보장되어야 한다.

통화금융정책의 역점이 인플레이션과의 전쟁 및 경제성장 환경의 창출을 위한 모든 수단의 활용 쪽으로 전환될 필요가 있다. 특히 재할인율이 효율적인 정책 수단이 되어야 하며, 은행 간 금융시장에서 대출금 가치에 직접적인 영향력을 가질 수 있어야 한다.

시장경제에서 재할인율은 그것의 고유한 기능이 아닌 재정 기능으로부터 자유로워져야 한다. 이를 위해서 러시아연방의 세제 법령의 개정이 불가피하다. 앞으로 **재할인율 지표는** 미국, EU와 다른 많은 국가들처럼 **재정시장의 조정자이며 통제자이자 지표가 되어야 한다.**

러시아 은행의 지불준비금 정책은 전 세계 규범 및 기준에 부합하는 방향으로 정립되어야 한다. 여기서 중요한 사실은 지불준비금 규모와 이의 조성 절차는 **상업은행들의 대출능력을 제한하는 중요한 수단이 아니었다는 사실이다.** 그러나 만기성 예금에 대한 책임준비금의 축소는 장기 대출 분야에서의 시중 은행의 영업활동이 확대되고, 은행 대출 리스크가 줄어들 때 가능해질 것이다. **상업은행들의 재할인율 시스템을** 완성하여, 상업은행의 대출규모를 억제하는 것이 아니라, 반대로 실물경제의 대출능력을 촉진시켜야 한다.

외국으로부터의 차입이 국내은행으로부터의 차입을 넘어서는 부정적인 경향 또한 극복해야 한다. 유동성이 넘치는 상황에서 국내 시장으로의 추가적인 자본 유입은 인플레이션을 야기한다.

정부는 공기업 또는 정부가 많은 지분을 가지고 있는 기업들이 외국으로부터 자금을 차입해 오는 문제에 대한 법적 규제 가능성을 검토해야 하고, 또한 이를 국내 자금의 차입으로 전환시키는 문제를 검토해야 한다.

중심 부처가 총통화량을 효율적으로 통제함으로써 물가에 영향을 미치도록 해 주는 **공개시장 조작**은 러시아 중앙은행의 반인플레이션 메커니즘에서 궁극적으로 중요한 위치를 차지해야 한다.

러시아의 주요 교역국 통화에 대한 루블화의 명목환율을 올리는 정책은 인플레이션 상승 속도를 통제하는 정책이 될 수 있다. 그러나 과도한 루블화 강세는 수출품의 경쟁력을 약화시킬 수도 있다.

인플레이션 가능성의 절반정도는 물가에 달려있기 때문에 물가 정책에 대한 연구의 필요성은 갈수록 강조되고 있다. 물가에 큰 영향을 미치는 것은 자연적 독점서비스에 대한 세율이다. 따라서 자연적 독점 서비스에 대한 정부 차원의 모니터링 메커니즘과 세율 제한에 대한 연구가 필요하다. 또한 사회적 요인 및 상품과 용역 수요의 가격 탄력성을 고려할 때 상품 가격 인상에 대한 법적 규제가 요구된다.

개별 상품 및 용역 시장의 독점화는 허용되어서는 안 되며, 중소기업의 적극적인 육성과 국내 기업 간의 경쟁을 촉진할 필요가 있다. 또한 상품 중개상의 수를 많이 줄일 필요가 있다.

소비시장에서의 수요 공급 균형과 자유로운 자본의 유동성을 확보하기 위해서는 (국내경제의 발전과 투자를 위한 자산의 축적기인) 금융시장과 은행시스템의 발전이 이루어져야 한다. 국민의 저축을 장려하고, 국채 및 주식회사의 유가증권을 포함한 금융 상품에 대한 개인 투자를 늘릴 수 있는 환경을 조성하는 것이 바람직하다.

세계화에는 인플레이션이 큰 영향을 미치고 있다. 국제통화기금(IMF)의 연구에 따르면 선진국에서는 신흥 공업국과 개발도상국으로부터의 값싼 소비재 수입 덕분에 매년 인플레이션 수준이 0.25%씩 낮아지고 있다고 한다. 미국의 경우 이 지수는 0.5%에 이른다.

러시아에서는 최근까지 값싼 제품의 유입은 주로 보따리 장사에 의해 이루어졌었다. 그러나 보따리 장사에 대한 규제가 도입된 이후 이러한 교역량은 점차적으로 줄어들어 소비시장의 전반적인 물가수준에 영향을 미치고 있다. 인플레이션으로부터 러시아를 보호하는 수단 중의 하나는 소비자 물가지수와 자동적으로 연동하는 지수연동정부채권, 지수연동이자채권 등이 될 수 있을 것이다.

장기적으로 러시아는 인플레이션 수준을 통제하면서 경제발전의 역동성을 보장할 수 있는 기능적 시스템을 창출할 필요가 있다. 그러한 시스템이 존재하면 러시아 경제는 지속 가능하면서 역동적인 발전을 자율적으로 이룰 수 있을 것이다.

2. 정부예산의 균형을 보장하는 기능적 경제 시스템

국가 예산이란 정부와 지방자치단체의 업무와 기능을 수행하는 데 있어 필요한 재정의 확보를 목적으로 하는 재원의 조성과 소비의 형태를 일컫는다. 국가 예산은 곧 정부의 수입과 지출을 고려한 재정 계획이다.

예산을 통해 정부는 소비 및 투자의 개인 부문과 공공 부문 사이에서 **국민 생산을 분배한다**. 수입과 지출의 수준이 일치할 경우 예산 **수지가 맞는 균형 상태로 간주**된다. 지출이 수입을 능가할 경우는 **재정 적자**가 된다.

국가 예산의 적자 수준은 곧 경제 시스템의 안정성을 가늠하는 **중요한 거시경제적 지표**이다.

전 세계적인 실례들이 증명하고 있듯이, **국가 재정 적자의 수준은 그것의 해결에 적합한 기능적 경제 시스템을 고안함으로써 충분히 조정 및 통제될 수 있다.**

여러 경제 상황들에 대한 분석을 바탕으로 국가 예산 수지 균형을 보장하는 기능적 경제 시스템의 **기본적 지표가 되는 파라미터**를 추출할 수 있으며, 이때 이를 적정선에서 유지하는 것은 필수적이다:

- 수입의 규모와 지출의 규모가 일치하는 예산 수지의 균형 상태는 적정 파라미터로 간주될 수 있다.
- 국내 총생산의 3~5% 규모에 이르는 국가 재정 적자는 **과도적 파라미터**로 간주될 수 있다.
- 국내 총생산의 6~8% 규모에 달하는 재정 적자는 국가 경제의 위기를 알

리는 임계적 파라미터로 간주될 수 있다.

국가 예산의 균형 확보를 위한 기능 경제 시스템의 근간이 되는 요소들로는 **정부의 예산 정책과 정부 예산에 관한 법령**을 들 수 있는바, 그 속에서는 다음과 같은 조정 장치들이 적극적으로 이용된다:

- 과세의 규모와 구조의 변경
- 재정 지출의 규모와 구조 변경
- 정부 국채(내국채 및 외국채)의 메커니즘
- 안정화 기금 및 기타 기금의 메커니즘

위의 내용을 바탕으로 할 때, 국가 예산의 균형 유지를 위한 기능적 경제 시스템은 대략 다음과 같이 도식화될 수 있을 것이다:

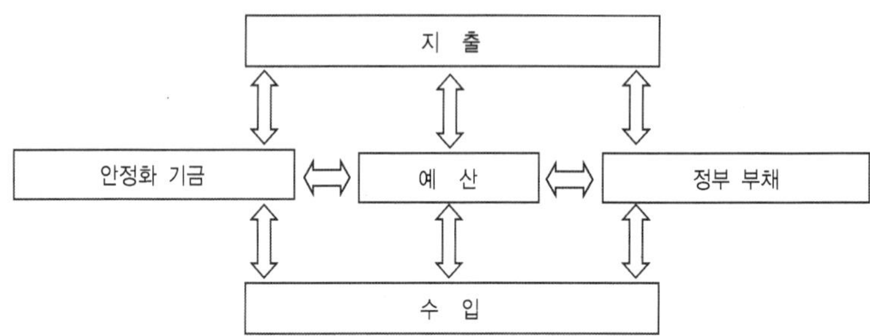

그림5 ▎ 국가 예산의 균형 확보를 위한 기능 경제 시스템 도식

재정 정책을 규제하는 두 번째 중요한 지표가 되는 것은 **국내 총생산 대비 국가 부채의 비율**이다. 국가 부채는 국내 총생산의 60%를 넘어서는 안 된다.

세계에서 **국가 부채의 절대규모가 가장 큰 국가는 미국**이다.

미국의 국내 총생산 대비 재정 적자 비율은 1983년에 6%를 기록하였다. 당시는 로널드 레이건 정부가 소련과 전례 없는 군비 경쟁을 펼치던 때였다. 지난 세기 동안 미국의 재정 적자의 절대 규모가 최고를 기록한 것은 1992년으로, 재정 적자는 2900억 달러에 달했으며 이는 국내 총생산의 4.8%에 해당한다.

이 결과 1995년 말에서 1996년 초 미국은 **국가적 재정위기**에 직면하게 되었으며, 이는 연방 예산의 각 부문에 대한 재정 조달을 유예하는 결과를 초래했다.

이러한 위기 이후 국가 재정이 흑자로 전환될 수 있도록 하는 메커니즘에 대한 적극적인 탐색이 이루어졌다. 지난 2000년 미국 행정부는 2010년도까지 연방 예산의 흑자가 7,000~8,000억 달러에 이르게 될 것이라 전망했다.

이 액수의 3분의 2는 2000년 현재 5조 7,000억 달러에 이르는 국내 부채의 탕감에 할당될 계획이었으며, 이러한 시나리오에 따라 예산을 편성할 경우 2013년경에는 국내 부채가 완전히 청산될 수 있을 것이었다.

그러나 미국이 재정 정책에 있어 이러한 흑자 원칙을 실제로 실현할 수 있을지 여부는 여전히 미지수로 남아 있다. 또한 미국이 국가 재정의 균형을 유지해야 할 필요성에 관해서도 미국 경제학자들 사이에 공통된 의견이 존재하지 않는다는 점 역시 강조할 필요가 있다.

참고자료: 예를 들어 1987년 노벨 경제학상 수상자이자 MIT 교수인 로버트

미국의 2003년 연방 예산안은 그 적자의 규모가 3,040억 달러에 달했다. 또한 2004년에는 예산안에서 계획되었던 적자 규모인 3,070억 달러를 넘어서는 4,130억 달러의 기록적인 적자를 낳았다.

2006년에는 미국의 국가 예산 편성에 있어 처음으로 4,000억 달러를 상회하는 적자가 예상되었으나 미국 정부는 2006년 국가 예산안의 적자 규모를 2,960억 달러로 낮추어 진단하였고, 2007년 예산안에서 역시 예산 적자의 규모를 2,440억 달러 수준으로 예상하였다.

미국의 2008년 예산안에서는 2,390억 달러 수준으로 예산 적자를 조정하였다. 2012년까지 국가 예산 적자를 완전히 청산하려는 미 정부의 정책의 영향이다.

2009년 미국의 예산 계획안에서 국가 예산의 적자 규모는 4,070억 달러에 이를 것으로 전망된다(이는 국내 총생산의 3%에 달한다). 2012년까지 예산 적자를 완전히 없애려는 계획은 마치 마법의 주문과도 같이 들린다.

뿐만 아니라 미국의 총 국가 부채 규모는 2000년의 5조 7,000억 달러에서 2008년 9조로 증가하였다. 이는 미국의 국가 부채 규모가 **국내 총생산의 30%에** 이르는 위험한 수준에 이르렀음을 보여주는 것으로서, 미국의 재정 시스템의 실패 가능성을 높이는 것이다.

전 세계적인 경험이 시사하듯이 애초부터 적자 예산이 편성된 경우는 **인플레이션의 진행을 촉진할 수 있으며**, 이는 경제와 정부의 사회적 기능의 실현에 있어 부정적인 결과를 초래하기도 한다.

그 결과 예산의 수입과 지출은 평가절하된다. 물가가 상승하는 상황에서 재정 수요를 실제로 만족시키기 위한 재원은 부족할 수밖에 없게 된다.

그러나 세계 경제의 경우를 통해 볼 때 일부 국가들에서는 **적정선의 적자 예산 편성이 경제 성장을 촉진하는 등의 긍정적인 결과를 가져오기도 한다.**

특히 이러한 정책은 다음과 같은 것들을 가능하게 한다:

- 예산의 지출을 늘리게 하고, 늘어난 지출을 커버하기 위해 유동자금을(화폐 자산 포함) 임시적으로 동원할 수 있게 된다.
- 정부의 예산으로 운영되는 기관들의 서비스 및 업무 수행에 대한 요구를 자극할 수 있다.
- 정부 출자의 새로운 일자리 창출에 대한 요구 및 제안을 활성화할 수 있다.

이러한 이유로 일부 국가들의 정부는 적정선의 적자예산을 용인하고 있다.

그렇지만 대개의 나라에서 **수입이 지출을 지나치게 상회하는 예산을 편성하는 것은 불가능한 것으로 받아들여지고 있는바, 예산안의 입법과정에는 이를 위한 법률이 존재한다.**

심지어 **유럽통화동맹**(EMU)의 국가들은 1997년 독일의 주도로 재정 안정화를 위한 조약(**마스트리히트 조약** Maastricht Treaty)을 체결하였으며, 이로써 각국의 재정 적자 수준을 엄격히 규제하고 있다.

유럽 연합의 회원국 및 가입 후보국들의 경우 **국가 예산의 적자 규모가 국민총생산의 3%를 넘을 수 없다**는 규정이 수립되었다.

위의 규범에서 명시한 기준을 위배할 시에는 국민 총생산의 0.5%에 달하는 벌금을 지불하도록 되어 있으며, 또한 이러한 제재가 가해진 후 상기의 규정을 위반한 국가가 향후 2년간 예산 적자의 수준을 규정에서 정해진 적정 수준으로 낮추어 재정건전화 요구를 충족할 경우, 기납부 벌금은 다시 반환될 수 있다.

그러나 유감스럽게도 아직까지 전 유럽적 수준의 벌금 징수에 관한 법제는 완전하게 처리되지 않은 상태다.

참고자료: 2003~2005년에는 EU의 25개국 중 12개국이 예산 적자를 기록하였다. 각국이 예산 균형을 확보하기 위한 조치를 취하지 않을 때 유럽의회는 이들에게 경고를 주게 된다. 독일, 프랑스, 네덜란드, 그리스, 몰타, 폴란드, 슬로바키아, 체코, 헝가리가 이러한 경고를 받았다.

독일과 프랑스에서 예산 적자의 수준이 거의 국민 총생산의 3%에 육박하게 되자, 이들 국가에 대한 EU 재정부 장관으로부터의 경고 조치가 뒤따랐다. 그러나 상황은 전혀 달라지지 않았다. 결국 이들 국가들에 대한 벌금형이 결정되었다. 독일과 프랑스에게는 EU의 예산에 관한 법규를 위반한 데 대한 120억 달러의 벌금이 과징되었다.

이어 2003년 11월 EU 장관 회의는 프랑스와 독일의 압력하에서 이 두 나라에 대해 벌금 징수를 하지 않기로 결의하였다. 그러나 유럽 사법 재판부는 이러한 결정에 대해 그것의 비적법성을 이유로 기각하게 된다. 장관 회의는 그러한 벌금형을 중지할 수 있는 권한을 갖지 못하며 단지 벌금의 액수를 조정할 수 있을 뿐이라는 것이다.

유럽 사법 재판부의 이러한 결정 이후 벌금 징수의 메커니즘은 보다 합리적으로 정비된다. 이탈리아 정부는 스스로 국민 총생산의 3.6%에 달하던 예산 적자 수준을 낮추어야 했다. 유럽 의회는 일련의 나라들이 안정화 협약에 명시된 기준에 따라 이를 이행할 것을 종용하였다. 가령 몰타의 경우는 2006년에, 폴란드와 슬로바키아는 2007년까지, 그리고 체코와 헝가리는 2008년까지 이를 이행하도록 강제하였다. 독일에서는 2001~2005년의 기간 동안 예산 적자가 3%선을 넘었지만 2006년에는 이를 1.7%까지 낮추는 데 성공하였다.

그간의 전 세계적인 실례들을 통해 볼 때 **국가 재정 흑자가** 발생하는 원인은 원칙적으로 전 세계적인 경기 상황의 요인들과 밀접한 연관을 맺고 있는 예산 수입의 변동을 미리 예측하는 것이 어렵기 때문이다. 이것은 에너지 자원을 비롯한 국가의 가장 주된 수출품들의 국제적인 가격 변화와도 관련된다.

전 세계적으로 예산 편성의 계획 단계에서는 **대개 흑자를 고려하지 않는다.** 예외적인 경우는 거의 드물다.

> **참고자료:** 정부 재정 흑자의 최고 기록은 1980년대 쿠웨이트의 경우로 이 때의 흑자 규모는 국민 총생산의 60%를 상회했다.
> 1990년대에는 싱가포르, 태국, 홍콩, 호주, 멕시코, 아르헨티나, 칠레 등의 신흥 개발 도상국들에서 재정 수입이 지출의 규모보다 큰 경우가 발견되었다. 특히 싱가포르의 경우는 국가 재정의 흑자가 1990년대 국민 총생산의 9.3%에 이르렀다.
> 유럽의 국가들 가운데에서는 1990년대 말 아일랜드(1999년 국민 총생산의 1.9%), 덴마크(1.7%), 스웨덴(0.9%), 핀란드(0.6%), 룩셈부르크(0.6%) 등의 북구 국가들이 국가 재정의 흑자를 기록하였다.

예산 수입의 성장이 지출의 성장 속도를 능가하여 예산 집행의 과정에서 재정 흑자가 발생하는 경우 이는 기존의 예산에 관련된 법규를 변경하거나 보충하게 하는 근거가 된다.

예산 집행 과정에서 추가 예산 수입이 발생하게 되는 경우에는, 예산에 관련된 입법 단계에서 이미 추가 예산 수입의 사용에 관한 조항이 고려될 수 있다.

만일 예산 수입이 예산안에서 책정된 수입 규모보다 클 경우라면 **투자 부분, 특히 정부 부문의 투자를 활성화할 수 있는 가능성이 존재하게 된다.**

뿐만 아니라 예산 부문에 있어서 수요가 상당 부분 만족된 경우라 하더라도 수입의 증가는 보다 의미 있는 지출 증가의 가능성을 열어준다.

무엇보다도 이 경우 잉여의 예산 수입은 우선적으로 학문과 교육 부문의 투자, 기술의 비약적인 발전을 가능하게 해줄 수 있는 하이테크 분야에 대한 재정 지원, 국내 제조업의 경쟁력 강화 등에 할당된다.

또한 초과 예산 수입은 AIDS를 비롯한 전염병과 마약 및 약물 중독의 퇴치, 아동 학대 방지 및 사망률을 낮추고 출산율을 높이는 등의 인구 정책 문제 등과 같은 첨예한 사회적 문제들의 해결을 위해 지출되기도 한다.

§ 러시아의 국가 재정

돈을 모으고 그것을 지출하는 현재와 같은 형태의 국가 재정 시스템이 그 기틀을 마련한 시기는 15세기였다.

처음에 이것은 ① 대공후의 재력(일종의 국가 재정), ② 공후에게 바치는, 즉 일종의 국가에 상납하는 조세 및 각 지역에서 거두어들인 세금으로 조달된 지방 재정, 이렇게 두 부분으로 이루어진 통합 정부의 이원적 재정 시스템의 성격을 띠고 있었다.

16세기 들어 조세 징수를 위한 특별 지역 기구인 '체찌(cheti)'가 생겨나게 되었으며, 이때 처음으로 '체찌'라는 기관이 생겨난 곳은 블라디미르, 갈리치, 코스트롬 공국에서였다.

직접세뿐 아니라 간접세가 이미 존재하고 있었으며, 16세기 들어 국가 재정에 포함된 **주류세가**[25) 바로 그러한 간접세에 해당하는 것이었다.

러시아에서 최초의 예산안, 즉 국가 수입과 지출을 위해 수립한 계획안이 나타난 것은 1645년이었다.

역사적 참고자료: 루시에서 공후의 재정 충당을 위한 최초의 수단은 공납이었다. 공후는 자신에게 속한 영지로부터 가축이나 모피, 꿀, 밀랍 등의 형태로 공물을 거두어 들였다. 그 외에도 조세 및 벌금 등이 공후에게 바쳐졌다. 재판에는 속죄금이 있었고 길에는 통행세가[26) 있었다. 또한 결혼할 때에는 혼인세가[27) 부과되었다.

공후의 세력이 강화됨에 따라 공납을 관할하는 특정 장소와 그것을 담당하는 책임자가 나타나게 되었고 공납은 점차 세금의 형태를 띠게 되었다.

13세기부터는 땅의 넓이에 비례하여 과세하는 제도가 형성되기 시작했다. 이때 세금은 '소하'(과세의 기준이 되는 토지 측량의 단위 – 역주)를 기준으로 하거나 농장을 단위로, 또는 '짜글로'(노동력을 기준으로 환산한 경작지의 지적 단위 – 역주)별로 부과되었다.

몽고 지배 시기에는 러시아를 점령한 몽고인들의 지역집단이자 일종의 행정구역이었던 오르다(orda)의 수장인 칸에게 바치는 공납, 즉 '오르다 공납'이 존재하기도 하였다.

15세기에는 러시아가 중앙집권화되어 감에 따라 기존의 토지에 부과되는 조세는 모스크바의 공후에게 바쳐졌다. 또한 조세 외에도 관세, 소금에 부과되는 세금, 선술집을 비롯한 음식과 술에 부과되는 세금 등이 공후의 재정 수입에 더해졌다.

인구조사가 행하여진 이후 도시에서는 각 도시의 수입과 지출 계획을 기록한 예산안들이 만들어졌다. 이때 가장 주된 세금 중 하나였던 것이 바로 **가족 단위로 부과되는 세금**이었다.

1722년부터는 기존의 가족 단위로 부과되던 세금이 귀족과 성직자 및 관료

---

25) 일정 금액을 지불한 이들에게만 술을 제조해 팔 수 있는 권한을 부여하는 제도로서 16세기 시행되기 시작하여 17세기 시베리아를 제외한 러시아 전역으로 확대되었다 (역주).

26) 영지를 지나가는 사람 및 상품에 대해서 부과한 세금(역주).

27) 신부가 다른 지방이나 영지의 사람에게 시집을 가는 경우 내는 세금(역주).

를 제외한 각각의 남성에게 부과되는 **인두세**로 대체된다. 이러한 인두세는 당시 국가 세수의 가장 큰 부분을 차지했다. 1796년 그것이 전체 세수에서 차지하는 비중은 거의 35%에 이르렀다.

이후 조세 제도의 전면적인 변화가 일어난 것은 1860년대 짜르의 개혁에 의해서였다. 1861년에는 일정 금액을 지불한 이들에게 술을 만들어 팔 수 있도록 했던 기존의 주류세를 폐기하고 새롭게 주류 제조업자들에게 부과하는 간접세 형태의 **주류소비세**를 도입했다.

1863년부터는 중산층에게서 거두어들이던 인두세를 **부동산세**로 대체하였다. 1865년에는 상공업에 종사하는 이들의 면허에 대해서 과세하는 **상공업세**가 도입되었다. 1875년에는 농민으로부터 징수하는 인두세가 폐지되고 **토지세**가 도입되었다.

세금 징수 및 집행을 관할하는 기관 역시 변화해 왔다. 1802년 재정부, 재무부, 혹은 내무부 등의 기능적 부처들이 생겨남과 동시에 그러한 부처들의 관할하에 있는 다양한 정부 기관들이 만들어졌다.

이렇게 해서 국가 행정 기관들의 수직적 체계가 정비되었으며, 재정부 산하의 세무국과 국고국 역시 설립되었다.

세무국은 국민들에게 세금을 징수하고 징수한 세금과 지출에 대한 회계를 관장하는 부서이다.

국고국은 세금의 형태로 거두어들인 국고 자금의 징집 및 관리 업무를 담당하였고 현행의 국가 사업의 재원이 되는 자금을 조달하였다. 1817년부터는 주류를 판매하는 국고 상점을 운영하기도 하였고 주류 생산 공장을 관리하기도 하였다.

1864년에는 '현(gubern)과 군(uezd)의 지방 자치 기관에 관한 법령'이 발효되었고, 이에 의거하여 러시아에서는 **지방 자치회인 젬스트보(zemstvo)가 만들어지게 되었다.**

젬스트보는 지방의 경제 업무 및 지방 도로 업무, 학교 업무와 주민들의 의료 서비스를 담당하였다.

이처럼 러시아에서는 혁명 전까지 단일정부의 이원적인 예산 시스템이 유지되었다.

20세기 초 러시아 제국의 국가 예산의 규모에 대해서는 다음과 같은 역사적 사실들이 입증하고 있다.

거시경제 정책이 완성되었으며, 이제 이러한 정책하에서 러시아 경제가 해외
투자자들에 의해 그들의 돈을 바탕으로 발전할 수 있게 되었다."
　　1904년과 1907년 러시아의 국가 예산은 적자였으며, 1910년에서 1912년
까지는 흑자를 기록하였다.

소비에트 연방의 예산 제도

　　1918년 헌법은 러시아 사회주의 연방 공화국의 연방조직을 정비
하였고 국가 재정 제도의 기틀을 마련하였다.

　　모든 형태의 국가 재정을 중앙집권화하는 원칙은 러시아 연방
전체의 재정 시스템을 단일화하고 국가의 수입과 지출을 모두 통
합하여 하나의 전 국가적 통합 예산에 포함시키는 재정 정책 개혁
의 과정 속에 분명히 드러나 있다.

　　이와 함께 연방 헌법에서는 국가 예산과 지방(자치 공화국과 지
방의 주) 예산의 분리 역시 고려하고 있다. 즉 국가의 수입과 지출
을 지방의 수입 지출과 분리하는 것이다. 우크라이나와 벨로루시
사회주의 공화국의 국가 재정이 독립되었던 것은 바로 그 예이다.

　　소비에트 연방이 성립된 후 1923년에는 이미 예산 제도가 쇄신
되었다. 그것은 다음의 두 층위를 포함한다.

- 연방 예산과 국가 예산
- 연방 공화국들의 국가 예산

　　예산 형성에 있어서는 관할권 원칙이 적용되었다. 소연방에 속한
기업들이 내는 돈이 연방예산에 포함되는 등의 것이 바로 그것이다.

자금 조달 역시 동일한 원칙에 의거하였다. '통합 예산'이라는 개념은 부재했으며 각각의 예산들은 각기 독립되어 있었다.

1927년부터 각 지방들의 자치적인 지역 예산이 형성되기 시작했다(이때까지 각각의 지역 경제를 위한 자금 지원은 연방 공화국들의 예산으로부터 조달되었다).

1930년에 이르러 비로소 소연방의 예산 체계는 연방 정부의 예산 체계 형식을 띠게 되었다. 이것은 세 층위로 구성되어 있었으며 다음과 같은 독립적 예산들을 포함하고 있었다.

- 연방 예산
- 연방 공화국들의 예산
- 지역 예산

1936년에는 새로운 헌법에 의거하여 예산 정책의 개혁이 이루어졌다. 모든 종류의 예산들과 예산을 구성하는 각 부분들의 통합을 바탕으로 새로운 예산 체계가 정비되었다.

1937년에는 처음으로 소연방의 단일한 통합 국가 예산이 만들어졌다.

소련에서는 예산 집행에 있어서 수입과 지출의 균형 원칙이 고수되었다. 예산 적자의 방지는 소연방의 예산 편성에 있어 가장 중요한 것이었다.

처음 5개년부터 지출은 완전히 수입으로 충당되었다. 각 연도별로 예산 집행 과정에서 수입은 예상 지출을 상회하였다. **애초부터 상당 수준의 예산 흑자를 계획한 것은 결코 아니었다.**

1928∼1933년 사이 소련의 예산 수입은 913억 루블이었고 지출

은 902억 루블이었다. 수입이 지출보다 11억 루블 많았으며 이는 전체 지출의 1.21%에 불과한 것이었다.

1933~1937년에는 수입이 3,835억 루블에 이르렀고 지출은 3,698억 루블로 예산 흑자는 총 지출의 3.7%에 이르게 되었다.

전후의 경제 회복기(1946~1950년)에는 흑자가 총 지출의 6.2%에 이르렀으며, 이때 수입은 1조 9819억 루블, 지출은 1조 8,654루블이었다.

소위 페레스트로이카가 시작된 1985년 경제 성장이 막바지에 이르렀을 때 연방 예산 수입은 3,906억 루블, 지출은 3,865억 루블로, 실제 예산 흑자는 총 41억(총 지출의 1.06%)으로 아주 미미한 정도였다.

현대 러시아의 예산

소연방이 붕괴된 이후 시장 경제로의 전환이 시작됨에 따라 국가 예산은 오랜 기간 동안(1992~1999년) 상당한 적자를 기록하였다.

표7 │ 러시아 연방 예산의 수입과 지출 및 적자 규모(단위: 10억 달러)

	수 입	지 출	적자(-)
1992	15.8	18.9	- 3.2
1993	14.9	20.6	- 5.8
1994	13.4	23.4	- 10.5
1995	15.1	17.9	- 2.8
1996	14.9	18.6	- 3.7
1997	13.9	17.6	- 3.8
1998	11.9	17.2	- 5.3
1999	12.9	14.0	- 1.1

출처: 이코노미스트 2003년 No. 10, p.20.

이 시기 러시아 연방 예산이 상당한 적자를 기록한 것은 다음과
같은 이유에서이다.

- 산업 생산력의 심각한 저하
- 조세기반의 위축
- 예산 각 부문들의 붕괴
- 산업 이익의 급격한 감소
- 높은 이자의 예산 지출
- 예산의 전 층위에서 나타나는 낮은 수익성
- 저조한 세금 납부
- 예산 적자를 충당할 만한 적합한 재원의 부재

1992~1999년 러연방에서는 적자 예산이 편성되었는데 이는 러시
아 행정부가 과거 소련으로부터 물려받은 외채를 상환해야 했기 때
문이다. 이로인해 러시아의 외채규모는 전례없는 속도로 불어났다.

러시아는 주로 **국내외채를 통해 국가 예산 적자를 충당했다**. 특히
단기국채와 재정증권채(ГКО－ОФЗ)[28]의 이자율을 높임으로써 국
가 채무의 관리와 상환에 지출되는 금액이 증가될 수밖에 없게 되
었고, 또한 경상지출 및 자본지출과 같은 소위 비용자 지출의 삭감
을 초래했으며, 이는 결국 급격한 인플레이션으로 이어지게 되었다.

---

28) 단기국채(ГКО: Государственные Краткосрочные Обязательства)는 당시
러시아 채권 중에서 가장 비중이 높았던 채권으로 1993년 5월부터 발행되었다. 이는
3, 6, 12개월 만기의 1년 이하의 단기채권(만기 3개월 이내가 60%를 차지함)으로 액
면은 1백만 루블, zero coupon채로서 할인 발행(만기에 액면가 상환)된다. 96년 6월
말 총 발행규모는 150억 달러 수준에 이르렀다.
재정증권채(ОФЗ: Облигации Федерального Займа)는 보통 재정증권이라 불
리며 단기국채와 발행조건 및 유통 형태가 대부분 유사하나 만기가 단기국채보다 길
고 루블에 따른 변동 금리채이나, 96년경에는 고정금리채로 2가지 형태가 발행되기
도 하였다. 만기는 최소 1년 이상 2년 미만(1995년 5월에 최초 발행한 신종채권)이며
발행규모는 단기국채의 50% 수준으로 외국투자가에게 Euro－GKO와 같은 형태로
취득 유통되었다.(역주)

이처럼 90년대 정부 예산 적자는 그것의 충당을 위한 외부 재원 사용에 있어 다분히 **비효율적이고 비경제적인 방법을 사용함으로써 발생하였다.** 특히 이는 무엇보다 국제통화기금(IMF)이나 세계은행(IBRD)과 같은 국제적인 금융 기관에서 도입한 외채로부터 기인하였다.

1997년 8월 러시아 정부는 1998~2000년 향후 3년간의 연방 예산 적자 축소 프로그램을 수립하였다.

이 프로그램에 따르면 러시아의 연방 예산 적자는 2000년까지 국민 총생산의 3.5% 수준으로(1998년 4.6%, 1999년 4.4%) 축소될 계획이었던바, 이는 대부분의 유럽 국가들의 평균 예산 적자 규모에 해당하는 수치였다.

그러나 **1998년의 경제 위기 이후** 이 예상 수치는 1999년에 수정되었다.

이때 강조되어야 하는 것은 1998년의 러시아 경제 및 재정 위기의 많은 부분이 예산 위기로 인한 것이라는 점이다. 예산 위기를 촉발한 원인으로는 무엇보다 다음과 같은 것들을 들 수 있을 것이다.

- 사유화 과정이 성공적이지 못하였으며, 이로 인해 애초에 기획된 예산의 수입액을 달성하지 못했다.
- 높은 경제 범죄율과 지하 경제 부문의 성장으로 인해 다양한 방법으로 수입의 축소가 가능했고 이는 곧 총세수의 감소를 가져왔다.
- 외환 규제의 자율화로 인해 상당한 규모의 자본이 별 어려움 없이 해외로 반출되었다.
- 각 경제 부문들에서 체납이나 물물교환이 성행하는 등, 자연경제로의 회귀 현상이 나타나게 되었다.

이로 인해 국내외 부채 규모가 급격히 커지게 되었다.

　1999년의 예산 정책에는 **연방 예산뿐 아니라 러시아 연방의 모든 예산 단위들을 포함하는 통합예산의 경우에 있어서의 흑자 창출 방침까지 포함되어 있을** 정도였다.

　러시아 정부는 2000～2004년 동안 예산 기획에 있어 지속적인 정책들을 펼쳤고 그 결과 어느 정도 상황을 개선할 수 있었다.

　2000년부터 6년간 매해 러시아는 1차 예산 흑자(primary budget surplus)[29]를 보여주었다. 2000년 국민 총생산의 −1.5%였던 예산 적자는 2001년 −2.9%, 2002년 −1.6%를 거쳐 2003년에는 −0.5%에 이르렀으며, 2006년에는 국민총생산의 7.5%에 이르는 기록적인 예산 흑자를 달성하였다.

　새로운 2008～2010년도의 새로운 연방 예산에서 역시 1차 예산 흑자 상태는 그대로 유지될 계획으로, 예측에 따르면 2008년에는 국민 총생산의 0.5%, 2009년에는 −0.6%, 그리고 2010년에는 −1.0% 수준에 이를 것으로 보인다. 또한 연방 예산 흑자는 2011년경까지 모두 처분될 계획이다.

　그러나 사실 계속적으로 예산 흑자가 발생하는 것은 예산계획이 충분히 전문적이지 못했음을 증명하는 것으로, 그러한 오류들로는 다음과 같은 것들이 있다. 오류들은 다음과 같다

- 국민총생산의 실질 규모 및 성장 속도를 잘못 예측하고 이로 인해 총 수입의 규모를 예측하는 데에 실패한 경우
- 예산의 분배 및 사회적 기능과 관련된 경제, 사회적으로 의미 있는 지출의 규모를 축소한 경우
- 재무성이 상당한 규모의 정부 재량의 재원을 비축하고, 이때 그러한 재원의 사용이 예산에 관한 법에 반영되지 않은 경우

---

29) 총 수입에서 부채 비용을 제외한 지출을 빼고 남은 차액.

이처럼 흑자 예산의 경우 그것은 실제로 예산 시스템이 가지는 고유한 기능적 원칙에 배치되며 따라서 다음과 같은 부정적인 결과를 가져오기도 한다:

- 수십억 달러의 자금이 동결된다.
- 예산으로 책정된 자원이 비효율적으로 사용되는 결과를 낳는다.
- 상당한 규모의 자원에 대한 통제가 어려워진다.

이처럼 매우 많은 사항들이 연방 예산이 어떻게 편성되었는 가에 달려 있는바, 연방예산은 어떤 식으로든 구체적인 각각의 예산 부문들이 차지하는 비중과 그들 간의 균형에 영향을 미치게 된다.

가장 바람직한 것은 예산이 긴장된 균형을 이루면서 지출에 의해 수입이 주도되는 것이다. 경제 성장을 위해서는 지출을 줄이기 보다는 새로운 수입원을 모색하는 것이 더 효과적이다. 또한 다음과 같은 경제적 기반이 확충되어야 한다.

- 지하 경제의 합법화
- 기업의 이윤 수준을 높이며 특히 재원을 산업의 현대화를 위해 우선적으로 투자하는 것
- 공식적인 예산 정책에 상치되는 목적을 위해 거액의 자금을 사용하지 않도록 하면서 할당된 예산을 효과적으로 집행하는 것

전 세계적인 예산 기획의 실례들을 볼 때 예산이 **사회적, 경제적 안정화 기능**을 수행하도록 하기 위해서라면 **국민 후생 부문의** 지출이 국민 총생산의 5% 이하로 내려가서는 안 되며(이는 (WHO)가 권장하는 최소 기준이다), **학문**에 대한 지출은 최소 1.5%~3%,

교육을 위한 예산은 5%~7%를 차지해야 한다.

러시아의 2007년도 예산에서 후생을 목적으로 하는 예산 지출은 2.8%, 교육 부문의 지출은 4%를 차지하였다.

3. 국가의 통화 안정성을 보장하는 기능적 경제 시스템

환율은 금융정책에 있어서 중요한 역할을 한다. 특히 환율은 어떠한 금융정책을 선택하느냐에 따라 그것의 목적이 될 수도, 수단 혹은 단순한 지표가 될 수도 있다.

한 국가의 통화 안정성은 바로 그 국가의 금융재정 상황의 안정성을 증명해 준다. 특히 유럽경제통화동맹의 기저를 이루는 '유로화 안정에 관한 협약'(소위 마스트리히트 조약)에서는 유럽 연합에 가입하기 위한 필수 조건 중 하나로 심지어 이와 관련된 조항을 두고 있는바, 그것에 따르면 자국 통화의 환율이 2년간 유럽통화연맹(EMU)에서 규정하고 있는 환율 변동폭의 범위를 벗어나지 않아야 한다.[30]

통화 안정성을 유지하기 위해서는 환율의 변동폭이 월간 1~2%를 넘지 않아야 한다.

국가의 통화 안정성을 유지하기 위한 실질적, 기능적 시스템의 **기저에 존재하는 구조적 중심**은 현대의 대다수 국가들의 중앙은행

---

30) European Monetary Institute, Annual Report 1997, "Europe", Luxembourg, 1997, p.25.(원주)

과 그 은행에 의해 행하여지는 금융 정책이다.

특히 러시아 연방 헌법(제2장75조)에는 다음과 같이 명시되어 있다. **"루블화의 안정성을 보장하고 지키는 것은 러시아 연방 중앙은행의 주된 기능이며, 이때 중앙은행은 자신의 기능을 수행함에 있어 국가의 다른 어떤 기관으로부터도 독립적이어야 한다."**

여기서 '안정성'이라는 용어는 곧 균형을 유지할 수 있는 능력을 의미한다. 통화에 있어서 균형의 척도가 되는 것은 그것의 지불능력, 즉 그 화폐에 책정된 재화와 서비스에 대한 교환 가치의 수준이다.

대개의 경우 환율정책은 다음의 두 가지 경우 중 하나가 채택된다.

- 고정환율제
- 변동환율제.

고정환율제는 금융정책의 유연성을 위축시키지만 대신 환율 안정에 대한 더 큰 신뢰를 얻을 수 있다.

역사적 참고자료: 1960~1972년에 이르는 13년간 세계 경제는 주로 고정환율제를 채택하였다.

현대 통화주의의 기틀을 마련한 프리드만(M. Friedman)은 변동 환율에 대한 열렬한 지지자로서 자신의 사상을 실제 경제에 적극적으로 도입하였다.

사실상 프리드만의 노력으로 금본위제와 고정환율제를 바탕으로 하는 브레튼우즈 체제에 대한 수정이 가능할 수 있었다.

그럼에도 불구하고 실제에 있어 프리드만의 예측은 그리 지지를 받지 못하였다.

특히 이는 **변동환율제**를 도입한 이후 세계 경제의 변화와도 관련된다. 변동환율이 점차 국제 경제의 위기를 해결해 줄 수 있는 만병통치약이 될 수 없을 뿐 아니라 자유 시장 경제에 대한 구원이 될 수 없음이 분명해졌다.

변동환율제는 각국이 대내외적 상황에 적응하면서 자율적이고 독자적인 통화정책을 펼 수 있도록 해 준다.

변동환율제하에서는 대외 무역 조건의 변화가 즉각적으로 재화의 상대 가격 및 국내 기업의 경쟁력의 급격한 변화로 이어질 수 있으며, 때로는 이러한 변화가 환율의 균형을 위해 필요한 수준을 넘어설 정도에 이르기도 한다.

또한 자국 화폐의 환율이 갑작스럽게 균형 상태를 이루게 되는 경우에 고성능 첨단 원자재 산업 등의 부분을 제외한 국내의 기타 산업의 경우는 경쟁력을 갖지 못하게 된다.

명목환율(nominal exchange rate)의 변화는 중앙은행의 통화 개입(currency intervention)을 통해 억제될 수 있으며, 이는 실제 환율의 균형 상태로의 이행 속도를 늦추고 그 과정을 점진적인 것으로 만들 수 있다.

경제의 상당 부분을 석유나 원자재 등의 수출에 의존하고 있는 국가들에서는 자국 화폐의 환율을 유지하기 위한 경제 정책을 도입하는 것이 원론적인 문제들과 결합하여 더 복잡해지게 된다.

우선 첫째로 러시아를 포함한 이러한 국가들에서는 '네덜란드 병'이라 불리는 현상이 발생한다.[31] 국제 수지의 흑자가 계속됨에 따라 자국 화폐의 가치가 상승하게 되고(명목환율의 상승) 그 결과 국가 경제의 경쟁력이 떨어지게 된다.

이와 같은 화폐 가치의 상승 속도를 늦추기 위해 정부는 금을 비롯한 외환 보유고를 늘리게 되며 따라서 이를 위해 실제 수요를 훨씬 넘어서는 보충적인 통화 공급량 창출을 초래하게 된다.

그 결과 통화 금융 시스템의 불균형이 발생하게 되고 인플레이션이 가속화되며 **자국 화폐의 실질실효환율이**[32] **강화된다.**

이러한 국가들의 경제에는 현행 예산 정책, 더 나아가 경제 정책 전체가 악화될 심각한 위험이 존재할 수 있으며, 국민 총생산의 성장 속도 역시 둔화된다.

---

31) 1960년대 그로닝겐 가스유전 발굴로 수십억 달러가 네덜란드로 유입된 것이 국민경제에 부정적 영향을 미친 것에서 나온 말. 달러 유입으로 굴덴화는 평가절상이 됐고 수출이 부진하게 되었으며 네덜란드 산업은 퇴보했다. 가스로 벌어들인 돈은 생산적인 곳보다는 재분배에 쓰여 임금과 물가가 상승했다. 결국 실업률은 높아지고 재정적자도 늘어나는 등 네덜란드는 위기에 빠지게 되었다. 이러한 네덜란드 병은 나이지리아(원유), 러시아(원유), 볼리비아(은), 앙골라(다이아몬드) 등 자원부국의 경우에서 나타날 수 있다(역주).

32) 실질실효환율(real effective exchange rate)이란 교역국 간의 물가변동을 반영한 실효환율로서 교역상대국과의 상대물가지수를 이용하여 산출한다. 즉 물가변동에 따른 실질구매력의 변동을 실효환율에 반영하기 위하여 명목실효환율을 교역상대국의 가중상대물가지수로 나누면 실질실효환율(REER)이 산출된다. 반면 이미 앞서 나온 명목환율(nominal exchange rate)이란 인플레이션을 고려하지 않은 상태의 환율로서 우리의 경우 흔히 은행에서 고시하는 환율을 가리킨다(역주).

두 번째로 예산 수입은 대개의 경우 예측 불허의 전 세계 원자재 시장의 가격에 따라 상당한 변동을 보이게 된다. 국외의 경기가 좋지 않을 경우 자연히 어쩔 수 없이 예산 지출을 축소할 수밖에 없게 되며 이는 결국 심각한 정치적, 사회경제적 결과를 초래하게 된다.

1970~1980년대 국제 원유 시장에서의 유가 쇼크 이후 국제 원자재 가격이 하락하였으며 이는 일련의 에너지 자원 생산국들의 지불능력에 대한 의심을 불러일으키게 되었고, 이는 자연히 심각한 긴축정책으로 이어지게 되었다.

국제 원자재 상품 가격이 높은 시기에 거대한 자금이 예산으로 유입되는 것은 오히려 비효율적인 지출의 성장을 자극하는 결과를 가져오기도 한다.

세 번째로 수입 금액의 변동성과 잉여 자금의 공급의 문제 외에도 원자재 수출국은 천연자원 매장량의 한계 및 자원 고갈의 문제를 안고 있다. 이는 장기적인 안목에서 수입을 합리적으로 사용할 것을 요구한다.

그러나 **자국 통화의 강세가 단지 부정적인 결과만 가져오는 것은 아님을 염두에 두어야 한다.** 자국 통화 가치의 상승은 수입품의 가격을 낮추고 이는 국민들의 구매력을 신장시킨다. 한편 수요의 성장이 상품과 서비스 생산의 발전을 자극한다.

'네덜란드 병'의 부정적인 결과를 피하기 위해서, 그리고 자원 외 부문 산업의 발전을 촉진하기 위해서는 **세금 정책이** 지닌 가능성을 적절하게 활용하여야 한다.

안정화 기금과 같은 경제 정책적 장치들은 환율 변동을 최소화시킬 수 있다. 이때 안정화 기금의 투자와 지출에 있어 합리적 모델을 상정한다면 원자재 가격이 높을 때에 자본을 방출하고 가격이 낮을 때 그것을 유입하는 것이 가능하게 된다.

이러한 자금의 움직임은 경상수지 변동에서 기인하는 환율 압박을 완화할 수 있으며, 이를 통해 환율의 급격한 변동과 같은 잠재적 위험으로부터 경제를 지켜낼 수 있게 된다.

통화 정책의 가장 중요한 수단 중 하나이자 자국 화폐의 안정성을 보장할 수 있게 하는 장치로 **외환준비**(Gold and Foreign Exchange Reserve) 제도를 들 수 있는바, 그것은 자국 통화에 대해 의도적으로 가해지는 공격을 저지하고 시장의 영향력하에서 환율 변화의 유동성을 지탱해 준다.

2007년 중반 국제통화기금 이사회는 회원국들의 환율 정책 감독을 위한 새로운 기틀을 확립하였다.

국제통화기금(IMF)은 회원국들에게 경제 불안정을 초래하는 환율 정책을 피할 것을 제안하였다. 즉 이는 국제 무역 수지 조정과 수출 경쟁력 제고를 위해 환율을 조정할 수 있는 정책적 가능성을 시사한다.

개별 국가의 환율 정책은 전 세계적 경제 위기를 초래할 수 있는 요인들 중 하나이자 글로벌 경제 균형을 깨뜨리는 원인이 되기도 한다.

4. 외환준비(外換準備)금 조성과 사용을 보장하는
기능적 경제 시스템

외환준비(Золотовалютный резерв, Gold and Foreign Exchange Reserve, 외환준비금)란 중앙은행을 비롯한 국가의 재정 기구가 보유하고 있는 금과 외환의 총합으로 여기에는 국제 경제 및 통화 기구에 예치된 준비금 역시 포함된다.

외환준비의 존재여부와 그것의 규모는 곧 한 국가의 경제적 안정성을 증명해 준다.

외환준비는 **정부 자산의 여러 범주들 중 하나로서 대개의 경우 그것은 예산의 영역에 포함되지 않는다.**

간접적으로 이러한 외환준비는 대외 부채 탕감의 재원이 될 수 있으며 위기 상황에서는 무역수지 및 경상수지 적자를 메울 수 있는 방법이 되기도 한다.

전 세계적 경험을 통해 볼 때 대개 상품과 서비스 수출 및 관광 사업, 해외 투자 사업 등을 통해 상당한 수입을 거두고 있거나, 혹은 자국에 유입되는 통화를 축적하고 합리적으로 사용하는 효과적인 메커니즘을 확립하고 있는 국가들의 경우 **태환성이 좋은 통화를 다량 보유하고 있음을** 알 수 있다.

1990년대 초반부터의 외환준비 증감 과정을 분석함으로써 전 세계적 외환준비금 총량에 있어서의 현저한 변화뿐 아니라 그것이 각국에 분포되어 있는 상황 역시 볼 수 있을 것이다(표 8~11 참조).

표8 | 1993년 현재 외환준비보유 규모에 따른 국가별 공식 순위

(단위: 10억 달러)

순위	국가	금액	순위	국가	금액
1.	독일	103.9	21.	벨기에 / 룩셈부르크	12.2
2.	일본	98.4	22.	오스트레일리아	11.2
3.	타이완	82.8	23.	인도네시아	11.1
4.	미국	64.2	24.	캐나다	10.5
5.	스페인	45.2	25.	칠레	10.3
6.	싱가포르	43.7	26.	덴마크	10.0
7.	영국	37.1	27.	베네수엘라	8.9
8.	네덜란드	32.2	28.	아르헨티나	8.0
9.	프랑스	32.1	29.	콜롬비아	7.9
10.	스위스	31.2	30.	그리스	7.7
11.	이탈리아	25.7	31.	인도	7.6
12.	브라질	22.6	32.	터키	6.9
13.	멕시코	22.6	33.	아일랜드	6.8
14.	스웨덴	21.9	34.	헝가리	5.3
15.	중국	20.1	35.	핀란드	5.1
16.	노르웨이	19.8	36.	필리핀	4.3
17.	대한민국	18.9	37.	폴란드	3.5
18.	포르투갈	17.4	38.	뉴질랜드	3.3
19.	말레이시아	15.4	39.	러시아	3.3
20.	오스트리아	12.9	40.	태국	0.1

출처: The Global Competitiveness Report 1995, World Economic Forum, *Geneva, Switzerland, 1996.*

(단위: 10억 달러)

순위	국가	값	순위	국가	값
1.	일본	218.3	21.	스웨덴	20.1
2.	중국	105.5	22.	멕시코	19.4
3.	타이완	88.4	23.	아르헨티나	18.1
4.	미국	83.2	24.	폴란드	17.7
5.	스페인	75.2	25.	그리스	17.5
6.	싱가포르	64.0	26.	벨기에	17.0
7.	영국	62.1	27.	터키	16.4
8.	네덜란드	58.2	28.	포르투갈	15.5
9.	프랑스	57.9	29.	인도네시아	15.5
10.	스위스	45.9	30.	칠레	14.8
11.	이탈리아	40.7	31.	오스트레일리아	14.5
12.	브라질	38.4	32.	덴마크	14.1
13.	멕시코	37.7	33.	체코	12.3
14.	스웨덴	33.1	34.	러시아	11.7
15.	중국	26.8	35.	베네수엘라	11.6
16.	노르웨이	26.8	36.	이스라엘	11.4
17.	대한민국	26.8	37.	헝가리	10.2
18.	포르투갈	22.4	38.	필리핀	9.6
19.	말레이시아	20.4	39.	콜롬비아	7.8
20.	오스트리아	20.2	40.	남아프리카공화국	0.9

출처: The Global Competitiveness Report 1997, World Economic Forum, *Geneva, Switzerland, 1998.*

(단위: 10억 달러)

순위	국가	규모	순위	국가	규모
1.	일본	330	21.	그리스	18
2.	중국	158	22.	벨기에	17
3.	대만	110	23.	터키	16
4.	홍콩	99	24.	인도네시아	16
5.	대한민국	83	25.	필리핀	15
6.	싱가포르	78	26.	사우디아라비아	15
7.	독일	50	27.	칠레	15
8.	인도	35	28.	포르투갈	15
9.	프랑스	35	29.	덴마크	14
10.	말레이시아	34	30.	오스트레일리아	14
11.	멕시코	33	31.	체코	13
12.	영국	32	32.	베네수엘라	12
13.	캐나다	31	33.	헝가리	12
14.	스위스	31	34.	이스라엘	11
15.	미국	30	35.	콜롬비아	8
16.	브라질	27	36.	쿠웨이트	6
17.	노르웨이	25	37.	루마니아	3
18.	폴란드	24	38.	라트비아	1
19.	이탈리아	22	39.	니카라과	1
20.	러시아	22			

출처: The Global Competitiveness Report 1997, World Economic Forum, Geneva, Switzerland, 1998.
БИКИ. 2000. 19 октября, №.123.

표11 ▮ 2004년 외한준비 보유고에 따른 국가별 공식 순위

순위	국가	규모
1.	일본	838
2.	중국	514
3.	대만	239
4.	대한민국	186
5.	인도	124
6.	홍콩	120
7.	러시아	117
8.	싱가포르	106
9.	멕시코	58
10.	말레이시아	55

출처: The Global Competitiveness Report 2004, World Economic Forum, *Geneva, Switzerland.*

정보분석 기관인 블룸버그의 2007년 자료에 따르면 **전 세계 경제의 공식 보유 자산 총액은 4조 8,000억 달러**에 이르는 것으로 추정된다.

최근에는 전 세계 외환보유액의 상당 부분이 동남아시아 지역 국가들에 집중되는 것을 볼 수 있다.

특히 2007년에는 2조 8,000억 달러, 즉 전 세계 달러 보유고의 80%가 아시아 국가들의 중앙 은행에 집중되어 있는바, 중국은 1조 6,600억 달러, 일본은 8,840억 달러, 대한민국이 1,860억 달러, 인도가 1,240억 달러의 외환보유고를 기록하였다. 2008년 초에는 일본의 외환준비금이 1조 달러를 넘어섰다.

유동적이고 다변적인 금융시장을 가지고 있는 선진국들의 일반적 국제 준비금 규모는 5,000달러 수준에 머물러 있으며, 이는 90년대 초반과 비교했을 때 크게 변하지 않았다.

산업이 발달한 국가들 중에서는 독일과 스페인, 이탈리아, 영국, 스위스 등이 상당량의 통화준비금을 가지고 있었다.

전통적으로 이처럼 산업이 발달한 대개의 선진국들이 상대적으로 큰 규모의 외환보유고를 가지고 있었다고 할 때, 아시아의 새로운 산업 국가들, 이를테면 중국과 대만, 대한민국, 홍콩 등의 경우는 수출지향적인 산업의 성공적 발전을 통해 상당한 통화보유고를 확보할 수 있었다.

2000년대 들어와서는 바로 이 지역에서 가장 빠른 속도로 미국 달러화 보유액이 증가하고 있다.

이를 가능하게 한 것은 바로 자국 통화에 대한 환율 보호정책이었다. 이런 식으로 사실상 미국의 계속되는 예산 및 대외무역 적자에 대한 비공개적 재정지원이 이루어졌다.

⁞ 외환준비의 기본 요소들

외환준비는 곧 국가의 통화 금융 조정기관이 가지고 있는 고(高)유동성 자산을 의미한다. 대개의 경우 국제 준비 자산은 금과 국제통화기금 특별인출권(SDR), 국제통화기금 보유 포지션, 그리고 외화 표시 자산을 비롯한 기타 준비 자산으로 이루어져 있다.

또한 **외화 표시 자산**의 범주에는 현금 및 A(Fitch IBCA社와 Standard and Poor's社의 신용등급을 따를 때) 혹은 A2(Moody's 신용등급을 따를 때) 등급 이상의 국가 내에 소재하지 않는 은행 예치금, 그리고 위와 유사한 신용등급 판정을 받은 국가 내에 소재하지 않는 금융기관에서 발행된 정부유가증권 등이 포함된다.

기타 준비 자산에는 자국 경내 외부 기관과의 거래에 사용되는 환매조건부채권매입 자금이 포함된다.

⁞ 외화 표시 자산

준비통화(통화준비금): 대부분의 나라들에서 사용되는 대표적인 준비통화는 여전히 기축통화(基軸通貨)인 미국 달러화이다. 미국 달러화를 제외한 나머지 경우는 대부분 **유로화와 영국의 파운드 스털링, 일본의 엔화와 스위스 프랑** 등이다.

유럽국가들이 단일 통화인 유로로 전환함에 따라 외환준비의 구조 역시 변하게 되었다. 이미 2003년에는 유럽 각국의 준비통화의 25%가량이 유로화였다.

세계의 여러 경우들을 볼 때 중앙은행들이 어떤 특정 화폐를 선택하여 준비금에 포함시키게 되는 데에는 다양한 이유가 존재한다. **국제 준비금을 구성하는 각 통화 간의 상호 관계를 고려하면서 다양한 최적화된 모델을 활발히 활용**하는 것은 몇몇 국가에 불과하다.

참고자료: 국제준비금을 구성하는 통화들이 이루는 비율의 최적의 구조를 규정하기 위한 시도로 1987년에는 M. 둘리(M. Dooley)에 의해 거래 비용 모델이 제시되었으며 이는 1989년 S. 리존도(S. Lizondo)와 D. 메티슨(D. Mathison)에 의해 발전되었다.

이러한 모델의 핵심 개념은 총보유자금의 통화 구조와 (외화 표시 채무를 제외한) 순보유자금의 통화 구조가 분리되어야 한다는 것이다.

순보유자금을 구성하는 통화들의 비율이 수익성과 위험도라는 요인에 의해 결정되어야 하는 것이라면, 총보유자금을 구성하는 통화들 간의 비율은 자국의 현행 환율제도와 더 나아가 대외 무역 및 국제 금융 채무를 구성하는 통화들 간의 비율에 따라 움직이게 된다.

이와 같은 이익 창출이라는 현실적 기능은 역으로 예상되는 거래 비용에 의존적이 되기도 한다.

순보유자금을 구성하는 통화들의 비율은 특정 통화로부터 기대되는 실질 수익성과 그것의 위험지수들에 의해 결정된다. 총보유자금의 경우 특정 통화가 차지하는 비중은 이러한 변수들에 좌우되지 않으며 오히려 그것은 거래 비용의 기능을 하게 된다. 즉 그것은 대외 무역 및 대외 부채 운영에 있어 특정 통화가 차지하는 비중과 동일한 것이 된다.

이러한 방법을 통해 각국은 국제준비금을 구성하는 각 통화들의 비율을 최적화하고 그것을 사용하는 데 있어 효율성을 높일 수 있다.

참고자료: 예를 들어 **브라질**의 경우 국제준비금은 세 종류의 주요 통화, 즉 달러, 유로, 그리고 일본 엔화로 이루어져 있다. 이는 브라질의 국가 부채가 바로 이 세 가지 통화로 이루어져 있기 때문이다.

자산의 통화구조를 대외 부채의 통화구조와 동일하게 하는 전략은 **대한민국**에서도 사용되었다. 준비통화의 실거래 부문을 구성하는 유동성이 높은 자산, 특히 현금 시장과 밀접한 관련을 맺고 있는 유동자산은 모두 달러화하였다. 투자 부문의 통화구조는 대외 부채가 어떤 통화의 형태를 띠는지, 또는 경상 수지가 어떤 통화의 형태로 발생하는지에 의해 결정된다. 또한 그것은 세계 시장의 통화 구조의 영향을 받기도 한다.

체코의 경우 공식 외환 준비금은 달러와 유로로 되어 있다. 이때 이 두 통화의 비중을 어떻게 책정할 것인가 하는 문제는 미국과 유럽연합 시장에서의 투자 수익률을 관찰한 후에 결정된다. 또한 환율 변동과 자국 통화 시장의 상황이 고려된다.

칠레의 중앙은행은 외환 준비금의 최적의 통화 간 균형을 위해 자국의 대외 부채 구조를 이용한다. 이 경우 다가오는 해에 상환해야 하는 부채 및 대외무역수지의 적자(혹은 흑자)를 고려할 뿐 아니라, 또한 수학적 최적화 모델을 사용하기도 한다.

콜롬비아 은행의 준비통화는 3년간의 무역수지 적자와 흑자의 통화구조를 평균 내어 결정한다. 또한 최적화 모델 구축의 경험이 활용되기도 한다.

홍콩의 통화 관리는 자산의 균형을 위한 최적화 모델 구축 사례를 이용할 뿐 아니라 여기에 동시에 전통적인 방법들을 더한다. 예를 들어 화폐 발행을 보장하는 현행 메커니즘에 있어 충분한 수준으로 달러 자산을 유지할 목적으로 특정 통화의 장기 수익률 및 위험 지수를 분석하는 것은 바로 그러한 전통적인 방법론의 하나라 할 것이다.

표12 ┃ 국제준비금에서 준비통화가 차지하는 비율(%)

	1996	1997	1998	1999	2000	2001	2002	2003	2004	2005
미 달러화	62.1	65.2	69.4	71.0	71.0	71.4	67.0	65.9	65.8	66.5
일본 엔화	6.7	5.8	6.2	6.4	6.1	5.1	4.4	3.9	3.8	3.6
영국 파운드 스털링	2.7	2.6	2.7	2.9	2.8	2.7	2.8	2.8	3.4	3.7
스위스 프랑	0.3	0.3	0.3	0.2	0.3	0.3	0.4	0.2	0.2	0.1
유로				17.9	18.4	19.3	23.9	25.3	25.0	24.4
기타 통화	4.3	3.8	4.5	1.6	1.5	1.2	1.5	1.9	1.8	1.6

출처: *Annual Report of the Executive Board for the Financial Year Ended 30.04.2006. Appendixes*. p.130.

국제준비금의 통화 구조를 보여주는 위 표를 분석해 본다면, 국제준비금의 통화 구조를 다각화할 계획이라는 수 차례에 걸친 중앙 은행의 발표에도 불구하고 사실상 **최근 10년간 전체 기금에서 미국 달러가 차지하는 비중이 상당히 안정적으로 유지되었음**을 알게 된다.

그 원인은 다음과 같다.

- 전반적인 미국 경제 시장, 특히 채권 시장이 보여주는 고(高)유동성과 안정성
- 중재 통화로서의 달러의 주도적 역할
- 달러화로 기타 해외 통화 시장에서 이루어지는 거래에 간접적으로, 통화스왑33) 등과 같은 수단을 통해 참여할 수 있는 가능성

§ 정부 발행 유가 증권

최근 10년간은 세계 금융시장이 급속도로 발전한 시기였다. 복잡한 구조를 지닌 새로운 금융 수단들이 생겨났고, 위기 관리 과정이 보다 성숙되었으며, 자산관리 전문가들의 자질이 매우 높아졌다.

이러한 경향은 전 세계 대부분의 국가가 채택하고 있는 **국제 준비금 운용에 있어서의 투자다각화 현상**에도 반영되었다.

---

33) 통화스왑(currency swaps)이란 두 차입자가 서로에게 필요한 통화로 차입한 다음, 자금의 원리금 상환을 상호 교환하여 이행하기로 약정하는 거래를 의미한다. 개방화된 경제환경하에서 다른 나라의 통화가 필요할 경우 해당 기업은 외환시장에서 차입하는 방법으로 다른 나라의 통화를 사용하는데, 다른 통화에 대한 거래빈도가 낮아 조달비용이 높을 경우 어려움을 겪게 되는바, 통화스왑은 이종 통화를 사용하는 기업 가운데 우리나라 통화가 필요하여 같은 어려움에 직면한 기업과 통화를 맞바꿈으로써 서로 이익을 보는 거래인데, 거래를 통해 발생하는 이익은 각 기업이 유리한 조건으로 차입할 수 있는 통화와 실제로 필요한 통화를 조달했을 때 발생하는 조달비용의 차이가 된다.(역주)

투자 수단의 다각화 과정, 즉 투자의 분산화 과정은 몇 단계로 나누어 볼 수 있다. 그 첫 **단계는** 70년대 중반 중앙 은행들이 수익률 향상을 위해 단기 자산을 미국 국고채로부터 금융 시장의 개인 어음이나 국제 결제 은행(BIS) 채권으로 옮겨간 단계였다. 그러나 이것은 동시에 신용 리스크가 높아지는 것을 의미했다.

자산의 평균 상환기간(duration)이 늘어났으며, 이는 시장 리스크를 가중시켰다. 물론 세계 각국의 공식 정부 투자 기관들의 자산에 포함된 미국 부채의 상환기관별 구조가 어떠한지 직접 발표된 자료는 없지만, 그럼에도 불구하고 국제부흥개발은행이나 국제통화기금의 분석자료들은 이미 위의 사실을 뒷받침해 주고 있었다.

현재와 같은 구조의 국제준비금을 형성해 가는 과정에서 **그 다음 단계의 변화**가 나타난 것은 1990년대 말에 이르러서였다. 당시 많은 중앙 은행들은 수익률을 높이기 위해 점차 미국 재무부 채권으로부터 신용 리스크가 큰 유가증권들로 옮겨가고 있었다.

특히 그러한 유가증권에는 정부의 비호를 받는 전국 규모의 민간금융기관인 미국 연방 정부 기관들의 채권이 포함된다.

그러한 유가증권을 발행하는 기관은 다음과 같다.

- 미국 연방주택대부은행(Federal Home Loan Bank)
- 미국 연방주택저당공사(Federal Home Loan Mortgage Corporation)
- 미국 연방저당금고(Federal National Mortgage Association)

위 기관들은 **공식적인 정부의 보증을 받는 기관들이 아니다.** 그러나 위의 기관들은 미국 경제의 주축이 되는 핵심주체들이며, 따라서 그들이 파산할 가능성은 거의 없는 것으로 간주된다.

2008년의 세계적인 경제 위기 및 미국 담보대출 시장의 위기는 준비통화 형성에 있어 이들 금융기관에 대한 신뢰도 하락을 초래했다.

국고채의 또 다른 대안이 된 것은 국제금융기구의 채권으로서, 이들 중 가장 유동성이 높은 것은 다음의 기관들이 발행한 유가증권들이다.

- 국제부흥개발은행(International Bank for Reconstruction and Development, IBRD)
- 국제금융공사(International Finance Corporation, IFC)
- 아시아개발은행(Asian Development Bank, ADB)
- 미주개발은행(The Inter-American Development Bank, IDB),
- 유럽투자은행(European Investment Bank, EIB)

참고자료: 대부분의 국가들의 준비자산에는 위의 유가증권들이 포함되어 있다. 2003년 국제통화기금의 조사에 따르면, 오스트레일리아를 제외한 모든 나라들의 중앙은행 국제준비금에는 위에서 열거한 기관들에 의해 발행된 채권이 포함되어 있다.

금융 수단의 다각화는 국제준비금의 통화 구조와도 관련된다.

즉 국제준비금에 유로화를 포함하고 있는 나라의 경우 일정 정도 이상의 유동성을 지닌 유로화 표시 채권을 보유하는 것이 중요하다. 오스트레일리아, 캐나다, 체코, 헝가리, 라트비아, 노르웨이, 영국은 독일의 토지 저당 은행들이 발행한 채권을 보유하고 있다.

중앙 은행들은 장기부채상환능력(long-term solvency)의 투자등급을 유지하면서 동시에 국채에 비해 높은 수익성을 갖는 채권을 선호한다.

이러한 채권의 신뢰도는 국가 보증의 유무에 의해 설명될 수 있다. 유럽연합 회원국들에서는 새로운 법률이 도입됨에 따라 이러한 국가 보증은 대부분 사라졌다. 그러나 이들 채권은 여전히 높은 신뢰도를 자랑하는바, 이는 유럽연합의 경우 채권의 신뢰도를 보장하는 자산 풀의 투자 방향을 철저히 선별하기 때문이다.

현재 유럽 채권 시장은 충분히 다양화된 분산투자 양상을 보여

주고 있을 뿐 아니라, 신용등급이 높은 다양한 금융 상품들이 존
재하고 있다는 점에서 매우 흥미롭다.

최근 들어 국제 준비금이 그 다음 단계로 진화해 가고 있는 듯
한 징후들이 관찰된다. 전에는 신용 리스크가 크거나 채권 만기
기간이 길어지는 경우에도 중앙은행은 어떤 식으로든 정부보증채
를 취득하려 했다.

이때 문제가 되는 것은 '분명한' 보증과 '불분명한' 보증이라는
일반적인 개념이다. 우선 첫 번째의 경우는 직접적으로 정부 혹은
정부 예산이 보증하는 것이다. 독일 토지 저당 은행의 채권과 프
랑스 사회보장기금 채권(이에 관한 새로운 법률이 도입되기 이전
까지)이 바로 그 예이다.

두 번째는 유가증권의 발행 주체가 지역경제의 중요한 부분을

차지하고 있으며, 따라서 문제가 생겼을 때 정부 지원이 불가피한 경우이다.

최근에는 **장기부채상환능력에 있어 높은 신용등급을 보유하지만 정부의 보증 대상은 아닌 채권들**을 국제준비금에 포함시키려 하는 움직임이 나타나고 있다.

자산과 저당권을 통해 담보된 채권과 주요 기업들의 채권이 바로 그것이다.

참고자료: 국제준비금에 포함된 유가증권에 관한 국제통화기금의 연례보고에 따르면 2005년 6월 중앙 은행들의 자산에 포함되어 있던 미국 총 유가증권의 44%가 미국 연방 기관이 발행한 자산 보증 채권에 투자되었으며 1.2%는 주요 기업의 자산 보증채권에 투자되었다.

국제통화기금의 보고는 투자 수단의 선택에 있어 나타난 중요한 경향을 시사해 준다. 그러나 이 보고는 공식 기관의 관리를 받는 유가 증권의 75%만을 조사 대상에 포함하고 있다. 위의 국제통화기금의 조사에 중국은 한 번도 포함되지 않았다.

2000년대 초 현재 세계 금융시장에 유통되는 채권의 상위 80%는 장기부채상환능력에 있어 AAA등급을 보유하고 있다. 이는 이러한 종류의 채권들의 보증 형성 구조가 보여주는 특수성을 보여주는 것이다.

자산보장형 채권은 증권화 과정을 통해 형성된다. 이는 법인이 소유한 자산 및 채권을 통해 발생하는 캐시 플로(cash flow, 감가상각을 제외한 순이익으로의 현금 자금)를 복합적 변형을 통해 장기 유가 증권으로 전환함으로써, 그 법인이 국제 자본 시장에서 재정 지원을 받는 것을 가능하게 해 준다.

자산보장형 채권 발행의 고전적 모델에서는 특정 법인에 속한 자산으로부터 발생하는 캐시 플로에 대한 소유권을 특정 기관에 양도한다. 이러한 조건은 투자자로 하여금 자산 소유 법인의 지급 불능 위험을 피할 수 있도록 해 준다.

위에서 살펴본 채권 종류 중 가장 많이 통용되는 것으로는 다음과 같은 것들이 있다.

- 보증채
- 자산담보부증권
- 주택저당증권

기관 투자자들은 대개의 경우 후자의 것들을 선호한다. 이때 **이들 채권의 특징은 고정된 쿠폰(이자표) 수입이 없다는 것이다.**

이러한 식으로 해서 구조화된 담보저당증권은 저당풀(모기지 풀, mortgage pool)에 의해 보증되며, 이때 그 수익은 담보대출금에 대한 이자를 통해 얻어진다. 담보저당채권을 발행하는 주요 기관으로는 위에서 이미 언급된 바 있는 미국 연방주택저당공사(Federal Home Loan Mortgage Corporation)와 미국 연방저당금고(Federal National Mortgage Association)가 있다.

그러나 2007년 미국을 비롯한 몇몇 국가에서 발생한 모기지론 사태는 결국 일련의 모기지 회사들의 부도를 초래하게 되었고, 자연히 장기담보저당증권의 신뢰도와 유동성에 영향을 미치게 되었다.

준비 자산 형성에 있어 기관 투자자들이 취할 수 있는 상대적으로 새로운 시도로는 **주요 기업의 채권(회사채)을 취득하는 방법**이 있다.

그러나 전체 시장 중에 위와 같은 채권 시장이 차지하는 부분은 중앙 은행의 전통적인 관심 대상인, **국고채 및 국가가 보증하는 다양한 형태의 유가증권들**이 차지하는 부분과 비교할 때 여전히 그 비중이 떨어진다.

그러나 이는 국제 준비금 – 즉 금융 정책의 궁극적인 목적 실현을 비롯하여 자국 통화의 환율 안정과 금융 위기 확산의 방지, 그리고 국제 투자자들에게 긍정적인 국가 이미지를 창조하는 등의 여러 목표를 위해 자유롭게 이용할 수 있는 자산 – 의 경우만 보았을 때 그러하다.

국제준비금으로부터 분리된 기금을 운용하는 이들이나 투자 다각화 정도에 따른 다양한 포트폴리오를 가지고 있는 중앙 은행들(홍콩, 노르웨이)의 경우에는 위에서 열거한 투자 수단들에 한정되지 않고 보다 구조화된 금융상품이나 주식들을 취득하기도 한다.

국제 준비금의 다각화 문제는 특정 국가들로 자본이 고도로 집중되는 현상이나 자본의 지역적 분배 양상이 보여주는 특성 등을 고려해 볼 때 현 시점에서 매우 중요한 의미를 지닌다.

국고채, 특히 미국 국고채의 상당 부분이 가장 보수적인 투자자라 할 수 있는 중앙 은행들의 자산에 집중되어 있다는 사실은 바로 위와 같은 결론을 뒷받침해 준다.

준비자산의 주요 소유자들에 의한 채권 매입 및 매각 등의 운용 과정은 세계 채권 시장에서의 수익률 변화를 초래한다.

국제결제은행의 조사에 따르면 통화중재(currency intervention) 시기 일본의 국고채 매입으로 인해 미국의 3년 만기 국고채 수익률은 약 0.65% 저하되었다.

이와 동일한 상황은 2008년 초 세계 경제 위기 때에도 반복되었다. 미국 정부는 자국 채권의 매력을 높이기 위해 2008년 3월 유가증권의 최소 액면가를 1000달러에서 100달러로 낮추었다.

금준비(金準備)

공적외환준비금(official reserve of gold and foreign exchange)의 중요한 부분을 차지하는 것이 **금준비**(gold reserve, monetary gold) **형태의 금 보유고**이다. 이때 금 보유고란 통화발행을 담당하는 중앙 은행이나 국고에 보관된 금지금(金地金, 금괴) 및 금화 형태의 지급준비금을 의미한다.

역사적 참고자료: 금은 사실상 인류가 발견한 최초의 금속으로서 기원전 12000년 전부터 이미 알려져 있었다. 아마도 그 먼 옛날 사냥이나 목축에 종사하던 원시인이 돌더미나 해안의 자갈밭, 말라버린 강바닥 가운데서 유독 선명하게 태양빛을 받아 반짝이는 ≪돌≫을 발견하였을 터, 이후 그 ≪돌≫은 모든 척도들의 기준이 되었고, 권력과 전지전능한 힘의 근원이 되었다.

러시아의 뛰어난 학자였던 미하일 로모노소프(M. V. Lomonosov)는 자신의 저작 『금속 및 그와 함께 지상에 존재하는 광물들에 관하여』에서 다음과 같이 쓰고 있다: ≪가장 최고의 금속은 금이다. 그것은 자신의 독특한 노란색과 반짝이는 광택으로 인해 다른 금속들과 구별된다. 강한 불길에도 굴하지 않는 불변성은 그것을 모든 금속 중 으뜸의 자리에 있게 한다.≫

전문가들의 견해에 의하면, 금세기 시작에 이르기까지 인류의 전 역사 동안 총 14만 3000톤의 금이 채취되었다(그중 86%가 지난 100년간 채취되었다). 그중

- 4만 8,000톤이 귀금속을 만드는 데 사용되었다.
- 4만 톤은 전 세계 각국의 공식 금 보유고에 사용되었다.
- 2만 6,000톤은 개인 금고에 저장되어 있다.
- 만 9,000톤은 공업 용도로 사용되었다.
- 만 톤 정도는 유실되었다.

세계 경제 발전 과정에서 수 세기 동안 금 보유고는 각국의 금융 상황의 견고함을 평가하는 척도가 되어 왔다.

지난 세기 초 금 유통이 자유롭던 시기 금 보유고는 다음과 같은 용도로 사용되었다.

- 국제 거래를 위한 지급 준비금(국제지불수단, 즉 세계 화폐의 준비 기금)
- 국내 금속화폐 유통을 위한 준비 기금
- 투자에 대한 이자 지불 및 은행권 지폐의 태환을 위한 기금

금속화폐가 지폐로 전환되고 은행권을 금으로 교환해 주는 것이 중단됨에 따라 금의 기능은 축소되었으며, 이로 인해 중앙 집중화된 기금에 재원이 보다 더 집중될 수 있는 가능성이 생겨났다.

금은 대외경제적 차원의 거래에만 사용되기 시작했다. 즉 기존의 금의 화폐로써의 기능 중에서 국제 거래를 위한 지급 준비금으로서의 의미는 여전히 보존되었던 것이다.

2차 대전 이후 통화위기가 첨예화됨에 따라 금의 역할은 상당히 증가하게 되었던바, 이는 국제수지의 불균형과 인플레이션 및 통화 가치의 하락 등으로 인해 금에 대한 수요가 늘었기 때문이었다. 또한 군비 재정 준비금으로서의 금 보유고의 역할 역시 증대되었다.

1944년 7월 1일 미국의 주도로 브레튼우즈(뉴햄프셔 주)에서는 국제회의가 개최되었다. 전 세계 44개국이 이 회의에 참석하였으며 이곳에서 중요한 협약이 체결되었다. **국제통화기금(IMF)과 국제부흥개발은행**(IBRD)이 탄생한 것이다.

위의 신생 기관들의 정관에는 다음과 같은 중요한 규정이 명시되어 있었다. "각 회원국들의 통화 가치는 공통된 척도인 금(1944년 7월 1일 현재 무게 및 순도로, 1달러는 순금 0.888671그램이다) 혹은 미국 달러로 표기될 것이다(금환본위제도 - *역자).*"

이 외에도 협약에 참여한 국가들은 국제수지 적자에 대비하여 각국의 중앙 은행에 금 혹은 미국 달러 형태의 준비금을 가지고 있어야 할 의무를 지게 되었다. 이처럼 미국 달러는 전후 독일 마르크나 이탈리아 리라, 일본 엔화 등의 가치 추락을 바탕으로 전 세계적인 준비 통화가 될 수 있었다.

이때부터 달러는 금과 마찬가지로 부와 권력, 무한한 가능성의 상징이 되었다. 1,000년에 걸친 '금에 대한 열망'이 '달러에 대한 열망'으로 교체되었다.

1960년대 말 미국 금 보유고는 화폐 대비 55%에 이르렀으나,

70년대에는 22% 수준에 불과하게 되었다.

그런데도 '금속의 제왕'을 완전히 왕좌에서 끌어내리려는 시도는 중단되지 않았다. 마침내 1971년 8월에는 달러의 금 태환이 금지 되었으며, 결국 변동환율제가 도입되었다. 1978년 1월부터 발효된 국제통화기금의 자메이카(킹스턴) 통화 협정에 따라 금은 국제 통화에서 폐화되었다.

점차 모든 선진국들에서는 중앙 은행과 국고 자산의 상당 부분을 금으로 대체함으로써 금 보유고의 국유화를 진행해 나갔다.

금은 과거 유일한 비축 통화로서의 위상은 상실하였지만 선진국들은 여전히 평균 전체 외환준비의 절반가량에 달하는 상당한 양의 금을 보유하고 있다.

역사적 참고자료: 1913년에는 강대국들이 보유하고 있는 국가 준비금에 전 세계 금준비의 59%가 집중되어 있었으며, 그 밖의 금은 유통되고 있었다.

전 세계의 금 자산은 각국에 매우 불균등하게 분배되어 있다. 1914~1918년 1차 세계 대전이 있기 전 유럽 국가들의 금 보유고는 미국의 금 보유고의 거의 두 배에 달했다.

그러나 1939~1945년 2차 세계 대전의 시작 즈음에는 전 세계 금 보유고에서 미국이 차지하는 비중은 이미 56%에 이르렀다. 1949년경에는 이 수치가 70%까지 높아졌다. 유럽 자본주의 국가들의 금 보유고는 자연히 37%에서 15%로 낮아졌다.

1967년 11월 세계 통화 시장을 패닉으로 몰아넣었던 영국 파운드 스털링의 평가절하 이후 미국 정부가 보유하고 있는 금의 많은 부분이 개인들에게 판매되었고 그 결과 전 세계 금 보유고에서 미국의 금이 차지하는 비율은 급감하였다. 이러한 경향은 1968년 3월의 ≪금 풀(pool)≫ 청산 및 금 시장의 이원화(공공 부문과 자유 부문으로 이원화) 이후 더욱 심화되었다. 1969년경에는 미국의 금 보유고 비중이 29%에 불과하게 되었으며, 반면 유럽 국가들의 보유고는 54% 수준으로 성장하였다.

표13 ▎ 산업 선진국들의 국가 금 보유고(단위: 1,000톤, 연말 기준)

	1913	1929	1938	1949	1965	1969	1971
총 합	7.3	15.6	23.1	31.1	38.4	36.4	36.6
전체 총합 중							
미 국	1.9	5.9	13.0	21.8	12.5	10.5	9.1
영 국	0.2	1.1	2.6	1.2	2.0	1.3	0.7
프랑스	1.0	2.5	2.5	0.5	4.2	3.2	3.1
독일(1949년부터 FRG)	0.4	0.8	–	–	3.9	3.6	3.6
기타 국가 및 국제 기구	3.8	5.3	5.0	7.6	15.8	17.8	20.1

1971년 미국 경제의 위기로 인해 전 세계 금 보유고에서 미국이 차지하는 비중은 이후 25%까지 축소되었다(1971년 9월). 반면 유럽 자본주의 국가들의 금 보유고가 이 시기 57%로 성장하였다.

2000년대 들어와서 전 세계 금 보유고는 3만 6,000톤에 이르는 것으로 평가된다. **국제통화기금**이 보유하고 있는 금의 양은 2007년 3월 3,200톤으로 그것의 시장 가격은 684억 달러에 이른다.

가장 많은 금을 보유하고 있는 것은 여전히 미국으로 미국의 금 보유고는 2000년 초 8,138톤이었다. 독일의 금 보유고는 3,469톤으로 추정되었으며, 프랑스가 3,025톤, 스위스 2,590톤, 이탈리아 2,452톤, 네덜란드 1,012톤, 일본 754톤, 영국 715톤, 포르투갈 622톤, 스페인 523톤 순이었다.

2005년경에도 금 보유 현황은 크게 변하지 않아서, 미국이 8,136톤의 금을 보유하고 있었으며, 독일 3,433톤, 프랑스 2,961톤, 스위스 1,289톤, 이탈리아 2,415톤, 일본 765톤, 네덜란드 721톤, 영국 715톤, 유럽중앙은행 720톤, 포르투갈 622톤, 중국 600톤, 스페인 523톤 등의 금 보유고를 기록하였다.

2007년 6월 미국의 금 보유고는 8,135톤이었고 이는 러시아가 보유한 금의 20배에 달하는 것이었다. 독일은 3,422톤, 프랑스 2,680톤, 이탈리아 2,452톤, 스위스 1,290톤, 일본 765톤, 영국 715톤, 유럽중앙은행 642톤, 네덜란드 641톤, 포르투갈 622톤, 중국 600톤, 스페인 523톤의 금을 보유하고 있었다.

이처럼 미국은 세계에서 가장 많은 금을 보유하고 있는 국가임에도 불구하고 가장 적극적으로 금이 준비 자산에 포함되는 것을 반대하며, 금의 기능을 달러로 대체하고자 시도하면서 동시에 지속적으로 금에 대한 전쟁을 행하고 있다.

참고자료: 40년이 넘는 기간 동안(1933~1976) 금의 공식 가격은 고정되어 있었다. 그것의 가격은 미국 국고에 의해 결정되었다. 1944년부터 1971년 사이 금 가격은 1온스에 35달러였다. 1971년 달러의 평가절하 이후 금 가격은 1온스에 38달러, 1973년에는 42.2달러로 오르게 되었다.

금환본위제와 고정환율을 근간으로 한 브레튼-우즈 체제의 해체 이후 금의 가격은 급격히 상승하였고 1980년경에는 1온스에 600달러를 기록하기도 하였다.

미국은 지속적으로 선진국들의 중앙 은행과 함께 전 세계 금융 시장에서 금 가격을 낮추기 위한 조치를 취하고 있다.

특히 1990년대 중반 미국은 금에 대한 결정적인 공격을 감행하였다. 미국의 지휘하에 선진 산업 국가들의 금융정책기관들은 국제 금융 시장에 금 공급량을 늘릴 수 있었다.

직접 금을 판매하는 방법 외에도 중앙 은행들은 기꺼이 그들이 소유하고 있는 금을 차관으로 지급하기도 했다.

1997년부터 2001년 사이 전 세계 중앙 은행들의 총 금 판매량은 2,100톤으로, 이는 5년 동안의 전 세계 금 수요의 15%에 해당하는 양이었다.

이처럼 금 공급을 늘리기 위한 연합 정책을 폄으로써 금의 국제 가격을 낮출 수 있는 조건이 형성되었다. 은행들은 금을 팔거나 차관으로 주었으며, 그 결과 국제 금융 시장에서는 금 값이 하락하였다.

이 시기 금 값은 1온스에 450달러에서 250달러로 거의 두 배가량 떨어졌다. 사실 국제 금 값의 하락은 일군의 중앙 은행들과 국제 투자 은행들 및 금 채굴 회사들의 "공모"에 의한 것이었다.

더욱이 이때 정작 금값 하락에 중요한 역할을 한 미국은 여전히 세계에서 가장 많은 금을 보유하고 있으며, 심지어 미국의 공식 외환 보유고가 금 보유고에 비해 훨씬 규모가 작다는 사실이 지적되어야 한다.

그러나 하락한 금 가격을 그 수준으로 계속해서 유지시키는 것은 가장 견실한 금융기관에게 있어서조차 결코 쉬운 일이 아니었다.

금값은 2001년부터 다시 오르기 시작하여, 2003년 중반에는 1온스에 350달러, 2004년 말에는 거의 450달러에 이르렀으며, 마침내 2007년에는 800달러를 넘어섰다. 급기야 2008년 3월 중순에는 1온스에 1,000달러를 넘어 역사상 최고 가격을 기록했다.

전문가들의 분석에 따르면 금 값은 조만간 심리적 저지선인 1온스에 1,000달러를 넘어 계속해서 상승할 것으로 보인다.

국제통화기금은 금 값 상승을 막기 위해 전략적 준비금인 금의 일부를 자유 시장에서 판매할 것을 제안하였고, 미국은 2008년 2월 이에 대한 지지의사를 밝혔다.

⸂ 러시아의 외환 준비

역사적 참고자료: 러시아에서 외환준비가 형성되기 시작한 것은 19세기 후반으로 추정된다. 1861년 러시아에는 국영 은행이 세워졌으며, 이때 국영 은행의 임무는 다름 아닌 금 보유고의 확충이었다.

러시아의 금 준비금 구축을 위해서는 다음의 세 가지 중요한 재정 경제적 문제가 해결되어야 했다.

- 국제 무역 기금의 구축

- 주기적인 국내 금속화폐 통화량 증가에 대비한 기금 확보
- 개인 및 법인의 투자에 대한 지불을 위한 기금 조성

1861년 국영 은행이 세워질 당시 러시아의 금 보유고는 81,000루블 정도인 것으로 평가된다. 1870년대 중반에 이르러 국영 은행은 금고 및 해외 거래처에 총 3억 1,000만 루블에 달하는 금 보유고를 갖게 되었다.

1877~1878년 터키와의 전쟁 기간 러시아는 금 보유고의 반 이상을 소비하였다. 이후 정부는 금 보유고를 증가시키기 위해 외화로 관세를 징수하기로 결의하였고 이후 10년이 지나 러시아의 금 보유고는 3억 8,100만 루블에 이르게 되었다.

화폐 개혁을 준비하던 시기 러시아 제국의 재상이었던 비테(S. Ju. Vitte)는 외국의 차관을 적극적으로 도입하여 국영 은행의 외환 준비금을 확충하는 데 성공하였다. 그 결과 1897년경 러시아의 외환 준비금은 10억 9,500만 루블에 이르게 되었다.

러일 전쟁이 발발하기 전에는 적립된 준비금의 상당 부분이 국영 은행의 창구를 통해 시중에 유통되기도 했다. 1902년에는 러시아 제국의 금 보유고가 17억 900만 루블로 늘어났다.

국영 은행의 금과 외환 보유고는 제1차 세계대전 전 몇 년 동안 러시아 국내에서 채취한 금과 해외로부터, 특히 영국으로부터 사들인 금으로 인해 증가했다. 뿐만 아니라 정부는 당시 시중에 유통되는 금화와 태환이 가능한 수표를 발행하기도 하였다.

러시아 국내의 금 보유고와 해외 외환 준비금은 1914년 1월 1일 21억 6,300만 루블로까지 성장하였다.

표14 ┃ 1909~1913년 러시아 국내의 금 보유고와 해외 외환준비금(단위: 100만 루블)

연도 (1월 1일 기준)	국영 은행의 금 보유고	해외에 있는 통화 준비금	총 계
1909	1,081.0	305.3	1,386.3
1910	1,173.6	551.8	1,725.4
1911	1,231.6	638.9	1,870.5
1912	1,260.1	627.7	1,887.8
1913	1,328.0	634.1	1,962.1
1914	1,527.8	635.3	2,163.1

화폐 발행을 맡고 있는 유럽 국가들의 중앙 은행 중 어느 한 곳에서도 이 시기 이렇게 많은 금 준비금을 지하에 쌓아놓고 있던 경우는 없었다.

이 액수가 얼마나 큰 것인지는 유럽 최대의 3개 은행의 금 준비금의 액수와 비교해 보면 알 수 있다. **영국 은행**은 1914년 1월 2일 현재 2억 6,850만 루블 정도의 금을, **독일 은행** 역시 1914년 12월 27일 통계에 의할 때 5억 5,740만 루블의 금을 보유하고 있었다. 또한 프랑스 은행은 13억 960만 루블에 달하는 금을 보유하고 있었다.

국영 은행 금고에 보관된 금 보유고 외에도 상당량의 외화가 해외 은행에 예치되어 있었다.

해외 자산을 관리하기 위해서 정부는 두 개의 통화 기금을 만들었는데, 이 두 기금 모두 재무부의 금융 부분 특별 사무부처에 속해 있었다.

이 특별 금융 사무처의 모든 활동은 매우 소수의 인원에 의해 통제되었으며 이들의 활동은 비밀에 붙혀졌다. 통화 매매와 같은 거래는 전권을 부여받은 해외 파견인력들에 의해 이루어졌다.

이처럼 상당량의 준비금이 존재함으로 해서 자국 통화에 대한 대규모 투기를 미연에 방지할 수 있었다.

정부 보증의 모든 공채 및 공장 도시들의 대부금 역시 상기한 금융에 관한 특별 사무처에서 관리하였다.

금 및 외환 준비금을 포함한 현대 러시아의 **국제 준비금이 형성되기 시작한 것은** 1992년 해외 법인 등으로 하여금 수출을 통해 얻어진 외화 수익의 50%를 반드시 러시아 중앙 은행에 환매하도록 규정한 러시아 연방 대통령령의 발효로부터였다.

또한 같은 해 국제통화기금이 러시아에 허가한 스탠바이 크레디트(Stand – by credit)[34] 루블 안정화 기금의 첫 번째 부분(트랑슈, tranche)[35]이 러시아에 지급되었으며 이에 의해 외환 준비금이 보충될 수 있었다.

---

34) 국제 통화 기금이 외화 사정이 악화된 나라에 포괄적인 신용장을 공여하고 그 범위 내에서 언제든지 자금 인출을 하게 하는 제도(역주).

35) 크레디트 트랑슈(Credit Tranche)란 IMF가입국이 리저브 트랑슈를 초과해서 IMF에서 인출할 수 있는 부분을 의미한다. 리저브 트랑슈의 100%를 합하여 IMF가 보유하고 있는 자국통화의 200%까지 인출이 인정되며 25%씩 구분돼 있다. 따라서 첫 번째 크레디트 트랑슈의 금액은 IMF의 자국통화 보유액의 125%까지의 범위를 가리키게 된다(역주).

이후 외화 수익의 일부를 의무적으로 환매하는 규정이 철폐됨에 따라 러시아 은행은 국내 외환 시장 거래 및 재무부로부터의 직접적인 외화 매입, 혹은 국제 외환 시장에서의 통화 준비금 운용 수익 등을 통해 외환 준비금을 충당하게 되었다.

1990년대 중반 러시아 중앙 은행은 우선적으로 외환 준비를 형성하고 그것을 필요한 수준으로 유지하는 데에 노력을 기울였다.

점차 외화 보유고가 쌓여감에 따라 자산의 충분한 유동성을 확보하고 안정성과 수익률을 고려한 자산의 합리적 분산 투자 구조를 가능하게 하는 외화 운용 체계가 정립되어 갔다.

러시아가 국제통화기금과 맺은 협정에 따르면 1995년 말 러시아는 외환 준비를 115억 달러까지 늘려야 했으며, 기타 조건들과 함께 이 조건을 충족해야만 63억 달러의 2차 안정화 자금이 러시아에 제공될 수 있는 상황이었다.

그러나 실제 외환 보유고 수치는 이를 훨씬 상회하였다. 1997년 중반 러시아의 외환준비는 200억 달러 수준으로 증가했으며, 이 중 175억 달러는 외환, 25억 달러는 금으로 구성되어 있었다.

이러한 준비 자산의 증가가 가능했던 것은 러시아 중앙 은행이 보유한 자산이 증가했기 때문이다. 재무부의 외환준비에는 큰 변화가 없었다. 1997년 말 러시아의 국제 준비금 중 재무부 자산이 차지하는 비중은 거의 60% 정도에 달했다.

그러나 세계적인 경제 위기는 러시아에도 영향을 주었고 이는 외환 준비금의 상태에도 부정적인 영향을 미쳤다. 1998년 7월 러시아의 외환 준비는 162억 달러로 축소되었고 1999년 1월에는 78억 달러까지 떨어져 최저치를 기록하였다. 전체적으로 이 시기 러시아의 외환준비는 두 배 이상이 감소되었다.

2000년에 러시아 연방 정부는 국제통화기금과 합의한 수준의 외환 준비금을 확보하지 못했고 이로 인해 합의 사항의 준수 여부에 따라 그 다음 단계로 지급될 예정이었던(트랑슈) 100~150억 달러 규모의 안정화 기금을 받지 못했다.

그럼에도 불구하고 공식 외환 준비금 보충을 위한 중앙 은행의 적극적인 정책에 힘입어 2000년 말 러시아 외환 준비금은 177억 달러 규모로 성장할 수 있었다.

국제통화기금의 요구에 따라 2000년 11월부터는 러시아 은행이 수권자본금(授權資本金)의 일부를 지분으로 보유하고 있는 국내 소재 은행들에 예치된 자산을 총 외환 준비에 포함시키지 않게 되었다.

러시아 정부의 정책적 노력에 힘입어 2001년 말 러시아의 외환 준비는 390억 달러로 늘어났으며, 2002년에는 478억 달러에까지 이르렀다.

2003년 중반에는 루블의 강세와 중앙 은행의 적극적인 외화 매입 등의 호재 속에서 러시아의 외환 준비는 650억 달러를 기록하였으며, 전체 외환 준비 중 외국 통화의 규모가 600억 달러에 달하게 되었다.

2004년 말에는 러시아의 외환준비가 거의 두 배로 성장하여 1,170억 달러를 기록하였고 마침내 처음으로 대외부채(1,130억 달러) 규모를 앞지르게 되었다.

이후 몇 해 동안도 외환 준비는 지속적으로 늘어 갔다. 2007년 중반 루블의 강세와 중앙 은행의 적극적인 외화 매입을 바탕으로 러시아의 외환준비는 마침내 4,000억 달러를 경신하는 역사적 대기록을 세우게 되었다. 이는 외환준비 규모에 있어 전 세계 3위에 해당한다.

2008년 초 러시아의 외환준비는 거의 5,000억 달러에 이르렀다.

러시아의 외환준비는 전 세계 다른 국가들에서와 마찬가지로 **금융 규제 기관들의 유동성 높은 자산**으로 이루어져 있는바, 러시아에서는 러시아 은행과 러시아 연방 재무부가 바로 그러한 기관에 해당한다.

러시아의 국제 준비 자산은 다음과 같은 부분들로 이루어져 있다.

- 금준비
- 특별인출권(SDR)
- 국제통화기금 보유 포지션
- 외화 표시 자산
- 기타 준비 자산

외화 표시 자산의 범주에는 러시아와 러시아 연방 정부의 통화 자산이 포함되며 다음과 같은 형태의 자산들이 포함된다.

- 현금
- A(Fitch IBCA社와 Standard and Poor's社의 신용등급을 따를 때) 혹은 A2(Moody's 신용등급을 따를 때) 등급 이상의 자국 내에 소재하지 않는 은행의 예치금
- 위와 유사한 신용등급 판정을 받은 자국 내에 소재하지 않는 금융기관에서 발행된 정부유가증권

기타 준비 자산에는 자국 경내 외부 금융기관과의 거래에 사용되는 환매조건부채권매입 자금이 포함된다.

1999년 1월 1일부터는 위에서 열거한 자산에서 러시아 자국 경

내에 소재하지 않는 은행이 러시아 은행에 개설한 거래 계좌에 남아 있는 외화만큼의 금액이 차감되었다. 이때 국가의 대외 부채 상환을 위해 대외경제은행에 예치된 자산은 제외되었다.

2006년 1월 1일부터는 러시아 은행이 정한 시세에 따라 금준비의 자산가치가 결정되게 되었다. 그전까지는 1온스에 300달러라는 고정된 가격에 의거하여 금준비의 가치가 결정되어 왔었다.

러시아의 공식 외환 준비금의 구조는 외환 시장의 다각화 및 러시아 중앙 은행의 준비 통화 확충의 과정에도 불구하고 90년대 초반까지 전 세계의 평균적인 구조와 달랐다.

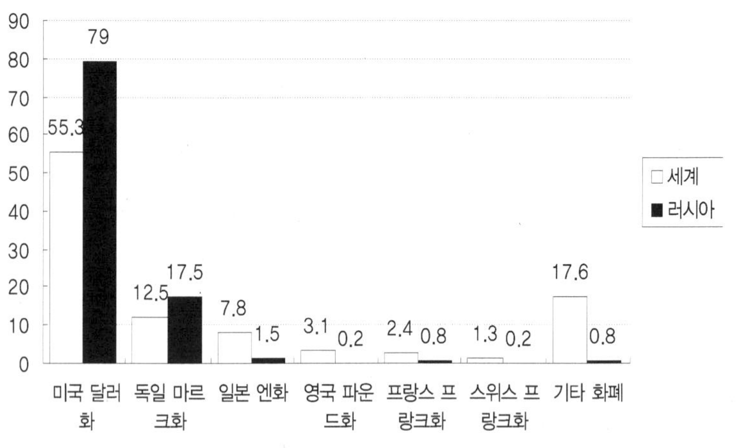

그림6 ┃ 공식 외환 준비금의 구조(단위: %, 90년대 초반 자료)

90년대 말의 자료에 따르면 러시아의 외국 통화 보유고 중 미국 달러가 차지하는 비중은 75%로 축소된 반면, 독일 마르크는 20%로 증가되었다. 기타 다른 통화가 차지하는 비중은 5%에 머물렀다.

국제 금융 시장에 출현한 유럽의 단일 통화는 러시아의 외환 준비금의 구조에 영향을 미쳤다. 2003년 11월에는 635억 달러 규모의 러시아 전체 외국 통화 보유고 중 70%가 미국 달러였으며 25% 정도가 유로, 그리고 나머지 5% 정도가 기타 통화(주로 영국 파운드 스털링이나 일본의 엔화)였다.

최근에는 달러로 된 준비금의 규모를 축소함으로써 외환준비의 다각화를 꾀하는 경향이 계속되고 있다.

2007년 초 러시아 은행이 발표한 통계에 따르면 전체 외환준비 중 달러가 차지하는 비율은 50%, 유로가 40%였으며, 나머지는 주로 영국 파운드 스털링과 일본 엔화로 이루어져 있었다.

소수 전문가들의 의견에 따르면 외환준비의 구조는 그 국가의 수입 구조에 상응해야 한다. 러시아의 경우는 전체 수입품의 1/3을 유럽 지역으로부터, 1/3을 독립국가연합으로부터, 그리고 나머지 1/3을 기타 국가로부터 들여온다. 따라서 이와 같은 관점은 다분히 논쟁적이다. 독립국가연합을 구성하는 대다수 국가들의 통화는 준비통화의 기능을 하기에는 턱없이 취약하기 때문이다.

외환준비금을 분배하는 데 있어 그 구조는 크게 두 개의 포트폴리오로 이루어진다. 하나가 투자 포트폴리오라면 다른 하나는 운용(operational) 포트폴리오이다.

90년대에는 러시아 준비 통화 자산의 대부분이(거의 95%) 통화 당국의 단기 및 중기 국고채에 집중되어 있었다.

이러한 분배 구조는 우선적으로 투자금의 충분한 유동성을 확보하게 하며, 둘째로는 높은 신뢰도를 보장해 줄 수 있었다.

유가증권에 투자된 자본이 곧 당국의 중앙 은행 계정에 보존된다는 사실을 고려한다면, 가령 미국 국고나 독일 중앙은행인 분데

스방크가 도산할 경우에도 자산을 잃을 염려는 없었다.

또한 준비 자산의 일부는 비국가 부문의 시장에 투자되기도 하였는데, 특히 국제 신용등급평가기관 분류 AA 등급을 보유한 여러 서구 일류 은행들에 분산된 초단기 외화 콜거래인 ≪오버나이트 overnight≫ 예치금은 그 대표적인 예라 할 수 있다.

러시아 은행의 외환준비 운용은 **한 해의 통화 정책이 지향하는 목적**에 의해 좌우된다. 러시아 중앙은행은 예금 증서나 환어음과 같은 보장성 낮은 자산에 대규모 자금을 투자하는 것을 꺼린다.

외환 준비금의 규모가 상당히 커짐에 따라 러시아 중앙 은행은 2003년 새로운 투자 지침을 마련하였으며, 장기 투자 포트폴리오는 바로 이러한 지침에 따라 구성되었다. 이러한 장기 투자에 관한 포트폴리오가 심의된 것은 1999년이 마지막이었다. 새로운 지침에 따르면 운용 부문의 포트폴리오에는 20억 달러 이상의 자산을 투자해서는 안 되었다.

투자 포트폴리오의 구조는 상당히 다각화되었다. 전반적으로 러시아 외환 시장에서 유통되는 태환통화의 다각화 과정은 자연스러운 경향이었다.

이는 또한 향후 외환준비의 구조에도 영향을 미치게 될 것이며, 이로 인해 전체 외환준비에서 달러가 차지하는 비중은 축소되고 유로와 영국 파운드, 스위스 프랑을 비롯한 기타 선진국들의 태환성 높은 통화가 차지하는 부분은 커지게 될 것으로 보인다. 이는 새로운 지침의 주요 목적이 다름 아닌 자산 수익의 극대화이기 때문이다.

'귀금속 및 보석에 관한 연방법'(No.41 – F3, 1998년 3월 26일부터 시행, 2005년 7월 18일 개정, 제8조)에 따르면 러시아 연방이 보유하고 있는 금준비는 정제된 금괴 형태로 된 연방 귀속 자산이자 외환준비의 일부로서 정부의 재정 정책 실현 및 위급 상황 시 러시아 연방에 요구되는 비상 지급을 위한 것이다.

러시아 연방 보유 금준비는 일부 중앙 은행에 보관되어 있으며, 이때 중앙은행은 그에 대한 책임을 진다. 또한 보석 및 귀금속 국가 기금에 보관되어 있는 금준비의 일부에 대해서는 행정부의 특별 전권기관이 책임을 진다.

역사적 참고자료: 혁명 전까지 러시아는 엄청난 양의 금을 보유하고 있었다. 1886년에서 1914년 사이에 러시아의 금 보유고는 다섯 배가 넘게 증가하여 총 16억 9500만 루블에 달했다.

이 금액으로 볼 때 러시아는 당시 유럽 최고의 금 보유국이라 할 수 있었다. 그것은 영국은행과 독일 라이흐방크(국민은행)의 금 보유고를 합한 것의 1.5배가 넘는 수준이었다.[36]

1913년 행해진 국영은행의 운용보고에 대한 감사에서 국영은행 이사회 대표들은 다음과 같이 기록하고 있다. "금 준비금의 보존에 있어 그 정돈된 상태는 특별히 주의를 기울일 만하다. 금괴들은 모두 번호가 매겨져 있으며, 각각의 금괴 가치가 계산되어 등록되어 있다(총 41,500개). 또한 러시아 주화 및 외국 주화는 무게에 따라 분류되어 있으며(12,409자루), 이 역시 각 주화가 담긴 자루마다 값어치가 명시되어 있다."

1917년 혁명 직전 러시아의 금 보유고는 855톤에 달했다. 그러나 혁명 이후 러시아 금 보유고의 2 / 3는 영국, 프랑스, 미국, 일본 등 외국으로 유출되었다.

소비에트 시기(1917~1991년)에는 11,000톤의 금이 생산되었으며, 이 중 3,000톤이 공업용으로 사용되었다. 소연방의 금 보유고가 절정에 이른 것은 1953년으로 이때의 금보유고는 20,498톤에 달했다. 1953년 소연방은 금을 수출하기 시작하였고, 이후 거의 40년간(1991년까지) 세계 시장에서 8,200톤에 이르는 귀금속을 다양한 형태로 현금화하였다.

---

36) *В.Г. Сироткин.* Золото и недвижимость России за рубежом., *М.:1997 г.,* С. 5(*원주*).

표15 ┃ 러시아 연방의 금 보유고 추이(단위: 톤) *

연 도	보유고
1917	855.0
1953	2,049.8
1985 ·	719.5
1990	850.4
1991	484.6
1992	290.0
1993	305.8
1994	321.8
1995	278.0
1996	386.0
1997	–
1998	–
1999	424.0**
2000	430.0**
2001	435.0**
2002	440.0**
2003	370.7(3월)
2004	390.2(3월)
2005	386.3(4월)
2006	395.0(3월)
2007	401.7(6월)

* 1991년까지는 소련 자료.
** 추정치
출처: По данным *Всемирного золотого совета за соответствующие годы.*

러시아는 1991년 소련으로부터 485톤의 금을 물려받았다. 1993년 러시아의 금 보유량은 305톤, 즉 980만 온스에 이르렀다. 이 수치를 따를 경우 러시아의 금 보유량은 전 세계에서 17위에 해당한다.

1995년 1월 1일 러시아의 공식 금 보유고는 321.8톤이었으며, 그중 189톤은 러시아 중앙은행에, 132.8톤은 귀금속 및 보석에 관한 위원회 금고에 보관되어 있었다.

2005년 중반 러시아의 금 보유고는 386.3톤으로 이는 세계 14위 규모로서 전 세계 금 보유량의 4.1%에 해당한다. 러시아 중앙 은행의 외환준비를 구성하는 금 보유량의 규모는 대략 37억 달러 수준으로 평가되었다.[37]

2007년 6월에는 러시아 금 보유고가 401.7톤을 기록하였고, 이 중 러시아 중앙 은행 외환준비를 구성하는 금준비는 85억 달러 규모에 이르렀다.

2008년 초의 **러시아 금 보유고**는 405톤 정도로 평가된다. 그러나 러시아가 자국 영토 내에 세계적인 규모의 금광들을 가지고 있을 뿐 아니라, 대표적인 금 생산 국가의 하나라는 사실을 고려할 때 러시아의 금 보유고가 지나치게 적은 것은 분명하다.

§ 적정 외환 보유고의 기준

금융정책의 수행에 있어 가장 중요한 것 중 하나가 **외환준비(외환 보유고)의 적정 수준을 책정하는 것**인바, 다음과 같은 사항들이 고려되어야 한다.

• 총 준비금

---

37) Ведомости, № 140, 8 Августа 2003 г.(원주).

- 총 준비금에 포함된 외환의 규모 및 총 준비금 대비 외환 준비금이 차지하는 비율
- 총 준비금에서 금이 차지하는 비율

아직까지 외환준비금이 충분한가를 평가하는 일반적 기준이 마련되지는 않았다. 한 국가의 외환준비의 적정 규모를 추정하는 방법으로 다음과 같은 몇 가지 접근법들이 사용된다.

참고자료: 미국 연방준비제도 이사회의 전 의장이었던 유명한 경제학자 알렌 그린스펀(Alan Greenspan)은 외환준비금이 국가의 공식적 단기외채 및 공식적으로 보증된 단기외채 규모보다 커야 한다고 생각했다.

그 외에도 외환준비금의 규모에 관해서는 다음과 같은 다양한 시각들이 존재한다:

- 외환보유고는 국민 총생산의 8% 이상이어야 한다.
- 외환 보유고는 국가의 외채로 인한 채무불이행(디폴트) 가능성을 완전히 배제할 수 있는 정도가 되어야 한다. 이를 위해 최소 외환 준비금은 수입품 대금을 포함한 경상지급대금의 총액이나 국가 외채 변제금의 규모보다 작아서는 안 된다.
- 향후 일년간 외채를 빌리지 않을 수 있을 정도의 외환 준비금이 있어야 한다.
- 자국통화의 갑작스런 평가절하나 평가절상에 충분히 대비할 수 있어야 한다. 이를 위해 외환 준비금은 넓은 의미에서의 본원통화(reserve base; monetary base)의 규모보다 커야 한다.
- 외환준비금은 경제를 구성하는 개인 부문에서 외채 상환 자금을 필요로 하는 위기상황에 직면하였을 때 국가가 그것을 변제할 수 있을 정도의 규모를 유지해야 한다.

전 세계적으로는 소위 **'적정외환보유계수'**가 자주 적용된다.

이는 한 국가가 월평균 수입품 대금을 외환 준비금으로 변제할 수 있는지를 평가하는 것으로서, 대개의 경우 3개월 간의 수입품 대금을 변제할 수 있을 경우 적정 수준의 외환 준비금을 보유하고 있는 것으로 평가한다.

1993년 말 러시아의 순수 외환 준비금은 1.4개월간 상품 및 서비스 수입 대금을 지불할 수 있는 규모였다.

러시아가 적정 수준인 3개월 간의 수입품 대금을 지불할 수 있는 외환 준비금 규모에 도달한 것은 1997년 1분기에 이르러서였다. 그러나 같은 해 제2분기에 이 수치는 다시 떨어져서 2개월 수준을 기록하였으며 이후 2000년 제1분기에 이르기까지 이러한 외환보유계수는 계속해서 적정선인 3개월 이하에 머물러 있었다.

그러나 2004년 2분기에는 위의 계수가 6개월 이상을 기록하게 되었다.

2008년 초에 러시아의 외환준비금은 적정 수준의 3배를 넘어섰고, 러시아는 이를 바탕으로 효과적인 자국 통화 강화 정책을 펼 수 있었다.

전체적으로 2008년 러시아의 외환준비금 규모는 앞서 열거한 적정외환보유고 평가 척도 전부를 충족시키는 수준에 도달하였다.

이때 준비금을 합리적이고 효과적으로 사용하기 위해서는 **외환 준비금 조성 및 사용을 위한 기능적 경제 시스템**을 정립하는 것이 필수적이다.

특히 이러한 시스템을 정립하는 데 있어서 다음과 같은 각 단계별 지표가 되는 파라미터를 준거로 삼는 것은 적절한 듯 보인다:

외환 보유고가 자국 화폐의 극심한 평가절상 및 평가절하의 위기에 대응하기에 충분할 경우 그것은 **적정 수준의 파라미터**로 평가될 수 있다(이를 위해 외환 보유고는 넓은 의미의 본원통화 규모보다 더 커야 한다).

국가의 외채로 인한 채무불이행(default) 가능성을 완전히 배제할 수 있는 정도의 외환 보유고는 지나치게 과도한 수준이다(이를 위해 최소 외환 준비금은 수입품 대금을 포함한 경상지급대금의 총액이나 국가 외채 변제금의 규모보다 작아서는 안 된다).

외환 보유고가 3개월간의 수입 물품 대금의 총합보다 작은 경우, 이는 곧 위기를 알리는 **임계적** 파라미터로 간주될 수 있다.

◉　　◉　　◉　　◉　　◉

세계화 시대 대부분의 국가들이 외환 준비금을 조성하고 사용하는 가장 근본적인 목적은 더 이상 수입품에 대한 가격을 지불하기 위한 것이 아니다. 오히려 **자국 통화의 안정성을 보존하고 유지하는 것**이 외환 준비금의 진정한 목적이 되어 왔다.

공식준비자산 축적 속도가 빠르게 얼마간 계속되는 경우 이 역시 위험성을 내포하고 있는 것으로서, 이는 인플레이션 압력을 고조하고 잉여 투자를 증가시킴으로써 자산에 대한 과대 평가를 초래하고 금융정책의 실현을 어렵게 만든다. 중국과 한국, 인도 등이 이러한 상황에 직면하였다.

이때 총 대외지급준비(international liquidity)에 포함된 공식준비자산의 잉여가 발생하고 축적되는 경우 이러한 문제를 해결할 수 있는

방법은 준비자산의 투자 분산화를 통한 자산구조의 다각화이다.

중앙은행은 국제 준비금의 투자 부문 포트폴리오에 있어 투자 수단의 스펙트럼을 넓히고 있으며, 중기자산도 늘리고 있다.

2000년대 들어 많은 국가들은 미국 달러에 대한 높은 의존도로부터 벗어나고자 하며, 이를 위해 기존의 전통적 **외환준비금 운용과는 다른 새로운 자금 운용의 가능성**을 모색하고 있다.

참고자료: 국제준비금을 기존의 전통적인 방법과는 다른 식으로 운용하였던 최초의 국가는 싱가포르였다.

1990년 투자기금이 설립되었다. 이 기관은 통화 기금과는 독립적으로 1,000억 달러 규모의 자산을 운용하였으며, 당시 이러한 자산은 금융 정책상의 목적을 위해 사용될 수 없는 것이었다.

한국에서는 싱가포르의 경험을 모델로 하여 2005년 '한국투자공사'라는 독립적인 기관이 만들어졌다. 한국 은행은 외환준비금에서 200억 달러와 한국 재정경제부의 안정화 기금에서 30억 달러를 출자하여 투자공사의 이사회에 전달하였다. 공사 설립 시의 조건에 따르면 한국은행은 필요시 운용 자금으로 위탁한 금액을 회수할 수 있다.

2004~2006년 중국은 3개 국영은행의 자산비율을 높이고, 개혁과 향후의 민영화에 대비하기 위해 이들 3개 은행에 자국의 공식준비자산으로부터 출자한 600억 달러를 전달했다.

2007년에는 중국의 외환준비가 1조 달러를 넘어섰고 국가 재정 자산의 효율적인 운용에 대한 문제가 제기되었다. 중국은 미국 달러 위기를 피해 준비금으로 보유하고 있는 달러를 기업의 매입이나 해외 부동산 투자로 돌리고 있으며 또한 전략적인 석유 및 원자재 준비금 조성에도 힘쓰고 있다.

전문가들의 의견에 따르면 보유하고 있는 외국 통화 준비금이 3,000~4,000억 달러 규모에 이를 경우 이는 해외 경제 투자 및 투자상품의 수입 확대를 위해 사용하기에 충분한 자산 규모이다. 이를 보다 효과적으로 사용하기 위해 중국에서는 국립투자청이 설립되었다.

대만에서는 2000년대 들어와서 거의 150억 달러의 외환 준비금을 지역 투자 프로젝트를 위한 특수 은행들에 지급하였다.

인도 정부는 축적된 외환준비의 일부를 도로 및 항만, 발전소 건설 등의 산업인프라 확충을 위해 사용할 계획을 세우고 있다. 이러한 계획을 위해 2005

년에는 약 150억 달러가 투자되었다.

독일 정부는 공식외화준비를 혁신기술을 위한 재정 지원 및 첨단 과학 연구 지원을 위해 사용할 수 있는지 그 가능성을 모색 중이다.

외환준비금 규모의 성장 속도를 볼 때 **러시아**에서도 가까운 시일 내에 외환준비 조성을 위한 비용절감 및 그것의 효과적이고 합리적인 사용에 대한 문제가 제기될 것으로 예상된다. 외환준비의 합리적 사용은 일부 그에 적합한 기능적 경제 시스템을 통해 실현될 수 있을 것이다.

이러한 관점에서 볼 때, 경제 성장 활성화 및 경제 구조 다각화를 최우선의 목적으로 하는 경제 전략에 기반하여 **특별 투자 기금을 설립하는 등의 방안은 외환 보유고 축적과 집중의 문제를 해결**하는 한 방법이 될 수 있을 것이다.

이러한 특별 기금은 경제 성장의 활성화뿐 아니라 국제 무대에서의 러시아의 위상과 이미지를 확고히 하는 데에도 사용되어야 한다. 특히 **국제적 협력에 있어 러시아의 참여를 확대하려는 계획**을[38] 위한 재정지원이 요구된다.

공식외환준비 중 금 보유고의 경우는 아직 처분하지 않는 것이 바람직하다. 특히 금은 외환준비자산으로서의 기능을 완전히 잃는다 하더라도 여전히 상품 자산으로서의 가치를 지니는 장점이 있다.

특히 세계적 경제 위기의 시기에 각국의 중앙 은행으로부터 보다 덜 보수적인 개인 투자자에 이르기까지 전 세계 금융 시장 참여자

---

38) *2006년 11월 국회의 인준을 받아 2007년 6월 25일 러시아 외무부가 발표한 러시아 발전 및 선진화 방안으로 특히 국제 무대에서 러시아 위상의 제고에 관한 내용을 담고 있다. 자세한 내용은 다음에 게시된 전문을 참조하라.*
http://www.ln.mid.ru/nsosndoc.nsf/432569fa003a249c43256999005bcbbc/432569fa003a249cc32572ab002ac4dd?OpenDocument.(역주)

들이 금에 대해 관심을 가졌다는 사실은 금이 여전히 유효한 투자 수단이 될 수 있음을 증명한다.

국제금융전문가들 사이에는 **현대의 세계화된 경제 속에서 금이 지니는 역할과 외환보유에서 금보유의 역할**에 대해 다양한 시각들이 존재한다.

현재 **준비자산으로서 금의 역할**에 대해서는 논쟁의 여지가 있다. 그럼에도 금은 킹스턴(자메이카) 통화 체제에서 발생할 수 있는 위기를 극복하기 위해 필요한 자산 중 하나로 간주된다.

국제통화기금은 여전히 대외지급준비금에서 금준비를 제외하지 않고 있을뿐더러, 국제통화기금의 국제수지작성요람에서도 여전히 금을 준비 자산에 포함시키고 있다.

> **참고자료**: 궁극적인 통화 안정을 위해서 전 세계적 금본위제를 바탕으로 한 새로운 국제 통화시스템을 수립해야 한다는 주장이 유명한 경제학자인 로버트 먼델(Robert Alexander Mundell, 1999년 노벨 경제학상 수상자)에 의해 제기되었다.
>
> 이에 반해 앤드류 크로켓(Andrew Crockett)을 비롯한 몇몇 미국 경제학자들은 금이 더 이상 투자자산으로서 가치를 지니지 못하며, 따라서 외환준비에서 금준비를 제외해야 한다고 주장한다.

금에 투자를 옹호하는 것은 금과 달러화의 가격이 역상관 관계에 있으며 또한 그 어떤 국가도 금을 부채로 하고 있는 곳은 없다는 사실 때문이다. **이러한 상황은 금이 준비 자산으로 적합하다는 전망을 가능하게 한다.**

반면 금을 반대하는 편에서는 **중앙 은행이 금을 보유하는 것이 지나치게 소모적**이라 주장한다. 그러나 대부분의 중앙 은행은 금을 직접 금괴 형태가 아닌 무기명 증서의 형태로 보유하고 있으며, 이는 귀금속을 직접 보관하는 것과 비교해 훨씬 편리하고 경제적이다.

게다가 중앙은행은 금을 단순히 보관하고 있는 데에서 나아가 금을 매개로 한 금융거래를 행하기도 하는바, **스왑이나 정기예금**이 가장 대표적인 예라 할 것이다. 스왑거래를 공식적으로 보고한 최초의 기관은 1990년 포르투갈 은행이었다. 남아프리카공화국 은행은 아직 채취하지 않은 금속과 금을 교환하는 방식으로 지역 생산자와 스왑거래를 행하기도 했다.

일반적으로 중앙은행은 금의 처분과 예금 전환 등에 관한 수치들을 공식적으로 발표하지 않는다. 그러나 국제결제은행이나 영국 금시장연합회 등이 발간하는 자료들을 볼 때, **세계 각국의 중앙은행들이 여전히 참여하고 있는 한 세계 금 시장의 자산유동성은 여러 가지 측면에서 상당히 안정적**임을 알 수 있다.

그보다는 다소 덜 일반적인 파생금융상품으로는 선물(future), 옵션(option) 등을 비롯하여, 금 시세 연동 채권 같은 다양한 복합 금융 상품들이 있다.

이 경우 투자자의 수입은 금 가격의 변화에 의해 결정된다. 이러한 상품들은 투자의 다각화를 가능하게 하며 금 보유에 필요한 비용을 최소화할 수 있다.

공식준비자산에 금이 포함되는 것을 가장 반대하는 곳은 미국 통화당국으로서, 그들은 금의 기본적 기능을 미국 달러에 위임하고자 하면서 금과의 전쟁을 계속하고 있다.

다른 전문가들은 **국제 경제에서 '최고 권위의 화폐'로서의 금**의 역할은 지속될 뿐 아니라, 세계 경제의 불안정 속에서 그 역할이 더욱 증대될 것이라 전망한다.

많은 투자자들은 여전히 준비 자산으로서 금에 많은 관심을 보이고 있다. 사실 지난 수세기 동안의 세계 경제의 역사는 금의 특권을 부정할 수 없게 만든다.

2007년에서 2008년의 세계 경제 위기는 유동 통화 자산의 위기 속에서도 재정준비자산으로서의 금의 역할은 여전히 세계 경제 시스템에서 유효함을 입증하였다.

이처럼 '금속의 제왕'인 금을 왕좌에서 밀어내려는 부단한 시도에도 불구하고 금에 대한 태도는 인간의 변하지 않았다. 사람들은 여전히 금을 소유하고자 열망하며, '지상에 존재하는 태양의 조각'과도 같은 금 앞에서 경외심을 느낀다.

문명이 변화하고 제국이 탄생과 몰락을 거듭하며 인간의 삶과 죽음이 반복되는 동안에도 금은 여전히 빛나면서 비밀스러운 광택으로 인간을 유혹한다. 인간은 때로 금을 잃기도 하고 때로는 국가의 영광 혹은 개인의 축복이라는 미명 아래 새롭게 금을 얻기도 한다. 금의 역사는 우리가 살고 있는 세계의 역사와 마찬가지로 이렇게 계속되어 왔다.

이런 관점에서 볼 때 러시아가 금 보유량을 최소 2배 이상 늘림으로써 적어도 선진 산업 국가들의 금 보유 수준을 확보하려는 것은 고무적인 일이다.

또한 유로라는 강한 경쟁 상대가 나타난 상황에서 미국 달러가 여전히 국제적인 준비 자산이 될 수 있을지는 의문스럽다.

2000년대 들어 대다수의 유럽국가들은 기본 준비통화로 유로화를 선호한다. 아시아 국가들의 외환 준비금에서 역시 유로가 차지하는 비중이 증가하였다.

이를 통해 볼 때 **러시아의 자국 통화를 국제적인 준비 통화가 될 수 있도록 하려는 러시아 정부의 목표**는, 그것이 비록 다소 야심 찬 계획임에도 불구하고 다분히 실현 가능성을 지닌다. 특히 러시아가 지닌 주목할 만한 경제성장의 잠재력을 본다면 더욱 그러하다.

그러나 루블을 준비통화로 전환하는 것은 앞으로 긴 시간을 내다볼 때에나 가능한 일이다. 이는 러시아 경제의 상황 및 그것이 국제 경제 속에서 차지하는 비중에 달린 문제다.

대외무역거래의 대대적인 확대도 필수적이다. 러시아가 전 세계 경제 대국의 반열에 올라야만 루블 역시 국제적인 통화로 인정받을 수 있을 것이며, 더 나아가 국제 준비 통화가 될 수 있을 것이다.

러시아는 또한 국제 원자재 거래 시스템에 참여하여야 한다. 러시아 영내에 루블로 거래가 행하여지는 석유 및 천연가스, 기타 원자재 중개 거래 기구를 세우는 것도 루블을 국제 준비통화로 만들기 위해 반드시 선행되어야 할 중요한 과제라 할 것이다.

우선적으로 유라시아 경제 공동체 국가들과의 무역거래에 있어 루블을 사용하고, 이를 통해 점차 루블화 사용 지역을 넓혀가는 것도 필요하다.

뿐만 아니라 러시아는 주요 지역 경제 거점 중 하나가 되어야 하며, 더 나아가 장기적으로 전 세계적 수준의 경제 거점이 되어야 한다.

이와 같은 구체적인 목표들을 설정하고 이를 하나하나 실현시켜

간다면 언젠가 루블이 국제 준비 통화가 될 수 있을 것이라 기대
한다.

5. 경쟁환경의 조성과 유지를 보장하는 기능적 경제 시스템

경쟁은 시장 경제의 가장 중요한 특징 중의 하나이다. 즉 경쟁
은 개인의 창의적 자유를 보장하고, 경쟁력 있는 새로운 상품과
서비스에 대한 연구와 출시를 통해 경제 분야에서의 자율조절을
위한 환경을 만들어낸다. 경쟁은 새로운 자원을 개발하고 기존의
자원을 더욱 효과적으로 이용할 수 있는 가능성을 열어 준다. **경
제학 이론에서 종종 경쟁을 발견의 과정**으로 간주하는 것은 우연
이 아니다.[39]

따라서 시장 경제의 기본적인 기능적 경제 시스템 중의 하나는
개인 기업의 발전과 선의의 경쟁을 위한 최적의 환경을 조성하고
유지하는 것이다.

> **참고자료:** 경제에 있어 주로 시장과 정부 간의 상호 작용에 대한 연구에 주
> 안점을 두었던 신고전주의 이론의 발전에 큰 공헌을 한 학자는 독일의 경제학
> 자인 발터 오이켄(Walter Eucken: 1891~1950)이다. 그는 1930년 대에 신
> 고전주의 이론으로부터 독창적으로 신자유주의 이론을 만들어 냈다.
> 　그는 시장경제의 장점을 가장 효과적으로 이용하는 방법은 '완전 경쟁'이라
> 고 생각하였다. 그러나 많은 장점에도 불구하고, 시장경제는 본질적인 단점을

---

39) *F. A. Von Haye,* 『*발견의 과정으로서의 경쟁*』*(Хайек Ф.А. Конкуренция как пр
оцедура открытия, М.: МЭ и МО, 1989, №.12.)*

가지고 있는데, 그것은 통제가 없는 상태에서의 자유로운 경쟁은 독점과 과점을 낳는다는 점이다.

이로 인해 오이켄은 정부 경제 정책의 주요한 과제는 경쟁의 장려와 더불어 경쟁의 보호라는 점을 강조했다. 따라서 그는 경제에 대한 정부 간섭의 범위를 규정하려는 시도에 대해 강하게 반대했다.

경제 과정의 계획과 조절에 정부가 관여해서는 안 되나, 경제 질서를 구성하는 요소들을 창출하기 위해서는 정부가 필요하며, 그 경제 질서 중에서도 정당한 틀의 형성은 중요한 의미를 가진다.

20세기 후반에 신고전주의적 시각은 미국 시카고 대학의 학자들에 의해 적극적으로 계승 발전되었다. 여기에서 독창적인 경제학파가 만들어졌는데, 이들은 정부 경제 정책의 자유 경제 시스템과 자유주의적 방법론의 신봉자들이었다.

이러한 방향의 옹호자들에게는 경쟁을 보호하는 것은 특별한 의미가 있었다. 시카고 학파의 학자들은 어떠한 시장 구조(순수한 경쟁, 독점적 경쟁, 과점적 경쟁 등)에서도 '경쟁의 효과'가 존재한다는 생각에 근거를 두고 독창적인 경쟁의 개념을 제안하였다.

따라서 이들의 관점에서 정부의 간섭은 시장 경제 주체의 반경쟁적 활동이라는 부정적인 활동을 명백히 규정할 수 있을 때에만 이루어져야 한다는 것이었다.

이러한 생각들은 시장 경제 체제를 가진 대부분의 나라에서 반독점법의 형태로 반영되고 있다. 많은 국가에서 합법적인 기업활동의 수행을 관리하기 위해 반독점위원회가 만들어졌다.

특히 대부분의 국가에서 '지배 기업'에 대한 조항이 법률적으로 확립되었다. 그러한 기업들은 시장의 35% 이상을 독점하는 기업들인데, 만약 한 기업의 점유율이 시장의 65%를 상회하게 되면, 그 기업은 반독점법을 위반하는 것이며, 그 기업에는 벌금 제재가 가해질 수 있다.

유럽공동체에서는 유로위원회가 반독점법 실행을 담당하고 있다. 2006년 유로위원회는 유럽공동체의 반독점법 위반에 대한 벌금 제재를 강화하였는데, 특히 다음과 같은 사항들을 강화하였다.

- 벌금 규모의 증액
- 벌금의 규모와 법규 위반의 기간 사이의 관계를 반영할 수 있는 규정의 도입
- 공모에 대한 추가적 벌금의 도입

벌금액은 반독점법을 위반한 모든 기업에 대해 10%에서 30%까지 증액되었다. 해당 분야에서 기업이 위법적인 활동을 했던 연수가 이 금액에 곱해진다. 카르텔을 형성한 회사들은 경쟁 관계를 위반하며 판매한 모든 상품 및 용역의 연 매출액 대비 15~25%를 추가적인 벌금으로 납부해야 한다.

새로운 법률은 **악의적인 위반행위**에 대해서는 좀 더 엄격한 조치를 검토하고 있다. 지금까지는 반독점법을 재차 위반하게 되면 이전 벌금의 절반을 납부하도록 하였으나, 새로운 법은 반독점법을 재차 위반한 기업에 대해서 두 배의 벌금을 부과할 수 있도록 하고 있다.

공모에 참여하는 **악의적 위반** 기업들은 좀 더 가혹한 처벌을 받게 될 것이다. 현재 악의적인 위반자들이라 함은 국가의 반독점 기관에 의해 기소된 기업들을 말한다.

참고자료: 유럽에서 반독점법 위반으로 인해 발생한 최대 부과금은 로쉐 제약사에 2001년 부과되었던 5억 9천만 달러와, 2004년 마이크로소프트 사에 부과되었던 6억 1천3백만 달러(4억 9천7백만 유로)였다.

유로위원회는 미국법인이 "법인서버 시스템과 멀티미디어 프로그램의 판매 분야에서 우월권을 가질 목적으로 PC의 운영체계 시장에서의 독점적 위치를 이용했다."고 결론을 내렸다.

2007년까지 마이크로소프트 사는 이러한 결정을 반박하려 하였으나, 법원은 유로위원회의 결정의 유효성을 인정하였다. 당시 유로위원회의 반독점법은 매년 법인 매출의 10%에 달하는 최대벌과금을 규정하였고, 마이크로소프트 사는 회사 이익의 2%를 납부하였다.

유로위원회가 아직 결정을 내리지 못하고 있는 조사 대상에 대해서는 새로운 법률이 적용될 것이다.

참고자료: 2006년 5월 에너지 회사인 RWE사, E. On사, 프랑스 가스 사, 에니 사, 그리고 브리티시 항공, 루프트한자, 에어 프랑스 사의 화물항공 업무를 담당했던 KLM 및 카고룩스 사에 대한 조사가 시작되었다. E. On사는 2002년 루르가스 사를 인수한 Veba사와 Viag사의 합병에 의해 2000년에 설립된 회사이다. 프랑스 가스 사는 프랑스 가스 시장을 실제적으로 독점하고 있었고, 에니 사는 이탈리아 가스 시장의 75%를 점유하고 있었으나 2009년까지는 이 비율을 61%까지 낮추어야 했다.

전문가들의 견해에 따르면, 벌과금 계산 과정의 투명성과 납득 수준이 제고됨으로써 관련 기업들이 승리한 셈이 되었다.

새로운 법률에 따라 최종 벌금 규모는 회사와 기관 담당자 간의 협의를 통해 결정될 것이며, 기관 담당자들은 결과에 대한 회사의 협력 여부 및 기타 여건들을 고려하게 될 것이다.

유로위원회는 에너지 회사들에 대해 벌금의 부과와 더불어 회사들로 하여금 하위부문을 매각하도록 하거나, 이미 체결된 계약 조건을 다시 검토하도록 할 수 있는 권리를 가지고 있다. 여기에는 계약에 따른 외국의 에너지 자원도 포함된다.

러시아의 경우는 개혁의 초기 단계에 있는 다른 국가들과는 달리 경쟁의 역할이 충분히 평가되지 못했고, 특히 사유화에 부여된 의미를 고려할 때 더욱 그러하다. 1991년 승인된 "상품시장에서 반독점 행위의 규제에 관한 연방법"은 경쟁을 보호하는 법률적 근거를 오랫동안 제공해 왔었다. 2006년 말에는 '경제 보호 연방법'이 승인되었다.

2004년에는 연방 반독점 위원회(FAS)가 창설되었다. 연방 반독점 위원회의 기본적인 기능은 다음과 같다:

- 상품 시장 및 금융 서비스 시장에서의 반독점법 준수 여부에 대한 감독 및 통제
- 자연 독점에 관한 법률의 준수 여부에 대한 감독과 통제
- 연방 광고법의 준수 여부 및 연방 광고법의 변경에 대한 감독 및 통제
- 자신의 법적 권한 내에서의 법률의 공포

'연방 경쟁 보호법'에는 지배기업에 대한 조항이 공고화되었으며, 집단적 지배에 대한 새로운 규정이 추가되었다.

새로운 법률에 따르면 시장의 35%에서 50%를 지배하는 기업은 지배 기업이 된다. 만약 한 기업이 시장의 50% 이상을 장악하게 되면 이 기업은 반독점법을 위반하는 것이며 벌금 제재가 가해질 수 있다. 집단적 지배는 세 개의 기업이 시장의 절반 이상을 장악하거나, 다섯 개의 기업이 시장의 70% 이상을 장악할 경우를 말하며, 이때 각각의 기업은 집단적 지배 기업으로 간주된다.

반독점법에 있어 카르텔에 의한 공모 또는 지배적 지위의 악의적 이용은 위법으로 간주된다.

새로운 법률에 따라 카르텔에 의한 공모에 부과되는 최대 벌금은 해당 기업의 전년도 거래액의 4%이며, 독점적 지위의 악의적 이용에 부과되는 최대 벌금은 거래액의 2%이다. 이러한 벌금 규정은 유럽의 법률에 비하면 훨씬 자유주의적이다.

새로운 법률은 기업의 90% 정도를 반독점위원회의 통제로부터

벗어나게 하고 있는데, 대상은 주로 중소기업들이다. 이와 반대로 대기업에 대한 통제는 강화되고 있다. 대기업에 대한 더욱 심도 있고 전면적인 조사가 실시될 것이다. 새로운 법률은 대기업의 비양심적 경쟁으로부터 중소기업을 보호하고, 자연적 독점 활동을 규제하기 위한 것이다.

이러한 기능적 시스템의 발전 단계와 효과를 특징짓는 공식적 지표로는 다음과 같은 것들이 있다:

- 경제적 자유 수준 지표
- 경제 개방 (투명) 수준 지표
- 금융 리스크 및 외국인 투자 리스크 수준 지표

국가의 투자환경의 큰 부분이 이러한 기능적 시스템의 성공적 작동 여부에 달려 있다.

이러한 기능적 시스템하에서 경쟁력 있는 외국 상품이 국내 시장으로 유입되는데, 외국 기업들은 국내 상품 생산자들에게 지속적으로 상품의 질과 가격 수준을 유지할 것을 요구한다. 미국과 유럽공동체 국가들에서는 국내 시장에서의 전반적인 경쟁환경에 우호적인 영향을 미치는 개발도상국의 상품수출을 촉진하는 특별법이 시행되고 있다.

여러 국가들에 있는 기능적 경제 시스템의 기본적인 구조를 구성하고 있는 것은 반독점 위원회, 국가 기관 및 이를 지탱하는 중소기업 등이다.

6. 비선의적 경쟁으로부터 국내 시장을 보호하기 위한 기능적 경제 시스템

대외경제 부문의 자유화를 위한 기능적 경제시스템은 **국내 시장에서의 공정한 경쟁을 지원**하는 기본적인 정책 중의 하나이다.

특정상품 시장에서 상당한 비율을 차지하면서 기존의 시장 균형을 깨는 값싼 수입상품이 몰려올 때, 기능적 경제시스템은 국내생산자를 비선의적인 경쟁으로부터 보호해 준다.

세계적인 현황으로 미루어보면 국제교역부분에서의 보호 조치들은 상품 및 용역의 국내 생산자와 소비자 간의 상업적 관계를 통제하는 데 이용된다.

세계무역기구(WTO)의 회원국가들은 어떤 상품의 교류에 있어 한시적으로 관세를 올리거나 쿼터 할당 형태의 보호조치를 취할 수 있는 권한을 국가에 위임하는 특정한 ≪**보호조치에 관한 협정**≫에 서명하였다. 만약 특정한 수입상품의 성장이 현지의, 혹은 유사 상품에 심각한 타격을 가져올 경우 (혹은 그러한 타격을 가져올 것으로 예상되는 경우) 해당 조치가 취해질 수 있다.

보호조치는 상호이해와 비차별이라는 관세 및 무역에 관한 일반 협정(GATT: General Agreement on Tariffs and Trade) 및 세계무역기구(WTO: World Trade Organization)의 기본 원칙에 대해 예외적으로 적용되며, 이는 수입을 임시적으로 제한하는 조치이다. 초기 보호조치의 최대 기간은 4년이다. 이 기간은 2차적인 검토에 의해 보호조치의 유지 필요성이 확인될 경우 4년 더 연장될 수 있다.

보호조치를 취하기 위해서는 법률적 조사가 먼저 이루어져야 한다. 기능적 경제 시스템은 다양한 요인들을 통해 구체적인 상품시장의 기존 상황을 분석한 후, 수입세나 쿼터를 도입 혹은 증대할 수 있고, 다양한 형태의 비관세 장벽이나 다른 조치를 취한다. 해당 조치의 도입은 특정상품의 수입을 제한함으로써 결과적으로 국내 시장에서 최적의 경쟁조건을 만들기 위한 것이다.

기능적 경제시스템에 의거한 외국의 상품교역 보호 조치는 그 범위가 광범위하나 크게 **관세와 비관세**로 나누어 볼 수 있다.

관세는 가장 오래된 대외 통제 도구인데, GATT와 지역경제협의체에서 이루어지고 있는 국제무역의 점진적 자유화로 인해, 보호무역정책의 기본 도구로서의 기존의 역할을 점차적으로 잃어가고 있다. 그러나 공산품, 그중에서도 소비재 상품과 농산물을 포함하여 상대적으로 높은 관세대상 상품들에 대해서는 그 기능을 유지하고 있었다.

참고자료: 40년대 후반기부터 무역자유화의 기초는 다국 간 협정인 관세 및 무역에 관한 일반협정(GATT)이었다.

50년 대 말부터 자유화는 지역경제공동체의 틀 안에서 실현되기 시작했는데 특히 유럽경제공동체가 대표적이었다.

70년대 초부터는 개발도상국의 이익을 보호할 뿐 아니라 개발도상국 상호 간의 이익을 보호하기 위한 시스템이 적용되기 시작했다.

다자간 합의를 기반으로 한 국제무역의 자유화는 주로 공산품 무역을 중심으로 진행되었는데, 전후 몇 년간 양적인 제한을 두었고 상대적으로 높은 관세를 부과하였다.

경제적 선진국에서 1929년에서 1933년 사이의 세계경제공황 시기부터 이어져 내려온 공산품에 대한 평균 세금은 당시 40%를 상회하였다. 또한 비일률적 관세는 실제적으로 금지되어 있었다.

현재는 국제무역의 자유화로 인해 수많은 공산품에 대한 관세가 인하되거나 아예 철폐되고 있지만, 20세기 말까지만 해도 관세는 외국의 경쟁사의 부정적인 영향으로부터 국내 상품을 보호하는 수단으로써 대단히 중요한 의미를 지니고 있었다.

그러한 상품의 예로는 섬유제품이 있는데, 이 제품에 대한 최고 관세는 유럽공동체의 경우 12%, 일본의 경우 16%, 캐나다의 경우 18%, 미국의 경우 32%였다.

농산물 수입 규제에 있어 관세의 역할 증대는 '우루과이 라운드' 협상을 통해 맺어진 관세협정과 관계가 있다.

관세부과의 결과로, 세계무역기구 회원국들에 의해 농업분야에 적용되었던 비관세 보호수단은 좀 더 투명하고 가치 있는 국내 시장의 보호 방법으로써의 관세부과 정책으로 변화해야 했다. 관세부과의 결과 농산품에 대한 평균 관세는 유럽공동체의 경우 1993년 6.1%에서 1996년 10.7%까지, 미국의 경우는 4.1%에서 7.9%까지, 캐나다의 경우는 4.0%에서 5.5%까지 상승하였다.

그러나 관세는 점차적으로 줄어들어, 이전에는 공산품에만 적용되었던 관세 수준도 낮아지고 있는 상황이다.

해외 무역에 대한 비관세 규제 수단은 크게 경제적 비관세 규제 수단과 행정적 비관세 규제수단으로 나눌 수 있다.

경제적 규제수단은 시장의 메커니즘을 통해 행해지며 결국에는 수입상품의 가격상승을 이끄는 의무관세와 비슷하다.

행정적 수단은 직접적으로 국내시장으로의 상품 수입을 제한하는 것이다.

현재의 상황에서 경제적으로 보호목적을 가진 비관세 조치들은 국제무역에서 잦은 마찰을 빚고 있는 반덤핑규제와는 구별된다.

현재 보호목적을 가진 경제적 비관세 규제수단 중에서 반덤핑규제는 국제 무역거래에서 자주 충돌을 빚어내는 다른 조치들과는 구분된다.

반덤핑조치는 국제 무역의 기본원칙을 위반하지 않으면서 수입

---

40) The International Use of Anti-Dumping 1987~1997, Journal of World Trade. November 1998.

41) 외국 산업 정보(Бюллетень иностранной и коммерческой информации), № 139, 1998년 11월 24일 4페이지.

규제를 위해 정부가 이용할 수 있는 기본적인 도구이다. 반덤핑규제 조치는 전권을 가진 국가기관의 특별조사로부터 시작된다. 덤핑의 사실과 그로 인한 손해가 확인될 경우에는 의무적인 반덤핑규약의 결과로 해당 상품에 대한 관세가 평균보다 훨씬 높게 부과된다.

1990년대 초부터 러시아를 포함하여 CIS, 동유럽 등 경제 체제 이행기에 있었던 국가들이 반덤핑심사의 주요 대상이 되었다.

참고자료: 특히 1995년에서 2006년에 걸쳐 WTO 가입국가들은 우크라이나에 대해 49건의 조치를, 카자흐스탄에 대하여 18건의 조치를 취하였는데, 해당 보호 조치들이 취해진 품목은 금속가공품, 화공품 및 가전제품들이었다. 러시아는 90년대 중반부터 반덤핑심사의 대상이 되었다.

참고자료: 2007년 1월에는 러시아에 대하여 54건의 반덤핑 조치(47건의 반덤핑, 4건의 가격 규제, 4건의 할당량 제한), 8건의 특별보호조치(6건의 의무규제, 2건의 할당량 제한)가 취해졌으며, 이것을 제외하고도 조사단계에 있는 것이 10건, 반덤핑조치 이전의 사전조사 단계에 있는 것이 11건이며, 9건은 특별 보호 조사 중이었다.

러시아에 대한 반덤핑조치는 오스트리아, 아르헨티나, 브라질, 베네수엘라, 인도, 카자흐스탄, 중국, 멕시코, 페루, 미국, 터키, 우크라이나를 포함하여 총 17개 국가에서 취해졌으며 유럽연합 내의 25개국에서도 조치가 취해졌다. 러시아 수출품에 대한 반덤핑조사는 심지어 필리핀과 인도네시아에서도 실시되었다.

특히 알루미늄, 합금철 등의 러시아 수출품에 대해서는 반덤핑조사가 반복적으로 이루어졌으며, 티타늄, 화학제품, 무기질비료 및 기타 제품들에 대해서도 조사가 이루어졌다.

러시아의 수출품에 관해서는 비관세 제한 조치가 취해지기도 했다. 2007년 1월에는 65건의 조치가 취해졌으며, 이 중 39건이 벨라루시에서 취해졌다.

주목할 것은 많은 비관세 조치들이 차별적인 성격을 띠고 있다는 점이며, 그러한 조치들의 발단과 시효중단 과정이 대단히 복잡하다는 사실이다.

이러한 조사를 중지시키거나 피하기 위해 러시아 수출상들은 납품을 제한하거나 가격을 올려야 했다. 보호조치로 인하여 러시아 수출상들이 입은 연 손실은 수십억 달러에 이른다.

2006년도에 인도, 남아프리카공화국, 한국, 아르헨티나, 그리고 부분적으로
캐나다에서 10건의 반덤핑조치가 취소되었고 벨라루시에서는 16건의 비관세
제약이 취소되었다.

수입에 대한 반덤핑규제의 본질은 이것이 보상적인 조치라는 사
실이다. 즉 수출국 정부가 보조금을 지급함으로써 인위적으로 경쟁
력을 끌어올린 상품의 경쟁력을 낮추기 위해 수입국이 추가적인
세금을 과세하는 것이다.

보상적인 조치로서의 관세 부과를 적극적으로 실행하는 국가는
미국이다. 특히 철과 유색금속, 베어링, 건축자재에 대한 조사가
이루어졌다.

주목할 것은 미국에서 그들의 법에 따라 행해지는 이런 조사들
이 시장경제체제를 가진 국가에만 적용되고 있다는 점이다.

특별합의에 기초한 외국 납품업자들의 자율적 수출 제한이 최근
10여 년간 새로운 행정적 보호무역 수단이 되었다. 이런 경향은
'그레이존'이라는 이름으로 불리며 유럽연합과 미국에서 널리 이용
되고 있다. 그런데 실제로 이 방법은 자발적이지 않을 뿐 아니라
수출업자들이 납품 제한에 동의하지 않아 수입국 정부의 강경보호
론자들과 충돌할 가능성이 있을 정도로 강제적이다.

'자발적 수출규제'로 인해 직물, 의류, 강철, 합금철, 철제품, 가
전제품 및 전자제품, 공구, 베어링, 자동차 및 기타 상품들이 규제
되고 있다. '자발적 수출규제'에 대한 동의는 다음과 같이 다양한
유형으로 나타난다.

- 정해진 전체 양 안에서 해외 수출 쿼터 및 산업별 쿼터를 실제적으로 규정

하는 것
- 납품 업자에 대한 엄격한 통제
- 한정된 물량의 최소가격을 수출업자에게 의무 부과

90년대 '자발적 수출규제'에 대한 양자 간 협정의 수는 200여 건을 넘어섰다. 이러한 양자 간 협정들은 많은 어려움이 따르기도 했다. 즉, 이 협정들은 항상 정부 간의 협정의 형태로 공식화된 것이 아니어서 개별 기업 간의 합의 정도인 경우도 있었고, 어떤 협정들은 비밀 협정의 형태를 띠기도 했다.

> **참고자료**: '자발적 수출규제'는 1974년에 체결된 다자간섬유협정(Multi-Fiber Agreement: MFA)과 밀접하게 관련되어 있다. 협정은 해당상품의 종류를 확대하면서 여러 번에 걸쳐 연장되었다. 1986년 MFA의 연장 이후 이 협정은 실제적으로 모든 직물 상품에 적용되도록 확장되었다.
>
> MFA는 수입국 간의 양자 협정 또는 자율적으로 어느 일방이 협조하는 방식으로 주로 개발도상국가로부터의 직물이나 의류 수출의 물량 제한을 두기 위한 조건들이 규정되었다.
>
> 직물 및 의류에 관하여 '우루과이 라운드'에서 체결된 협정은 1995년 1월 1일부터 향후 10년간 4단계에 걸쳐 MFA 규제를 점진적으로 폐지하는 내용을 담고 있었다.

새로운 형태의 상품들이 점점 더 많아짐에 따라, 보호무역의 행정수단 중에서 점점 더 큰 중요성을 가지게 되는 것이 **상품에 대한 기술적 요구사항과 특별요구사항들**이다.

해당 요구 사항들은 형식적으로는 수입품뿐 아니라 국산품에도 적용된다. 기술적 요구사항으로는 다음과 같은 것들이 있다:

- 국가 기준
- 품질에 대한 인증 및 검사 시스템

- 안전 및 생태 관련 요구사항
- 위생학, 수의학 및 건강유지 기구에 대한 요구사항
- 상품의 포장 및 표기에 대한 특별 요구사항

외국과의 경쟁으로부터 국내 생산자의 이익을 대변하고 국내 시장을 보호할 목적으로 수입을 제한하고자 하는 산업선진국들은 우선적으로 상품에 대한 기술적 요구사항 및 기타 특정한 요구사항 규정들을 폭넓게 활용하였다.

주목할 점은 해외 상품에 대해 국내 기준 및 기술적인 표준을 따르도록 엄격하게 요구하는 것이 **항상 보호무역주의의 도구가 되지는 않는다는 사실**이다.

많은 경우에 이러한 요구사항들은 이전에는 알려지지도 않았던 고도로 집적된 표준들이 적용되어 강력하고 빠르게 움직이는 기술시장에서 소비자들의 특성에 대한 높아진 관심을 반영하는 것이기도 하다. 이는 심지어 제품의 포장지 사용까지도 문제삼는다.

국제무역의 여러 섹터에서 소비자를 보호하기 위해 만든 **포장재 및 상표에 대한 요구사항**들은 보호무역의 수단으로도 활용되고 있다.

선진국들은 이러한 요구사항들에 의해 규정된 제한요소들을 식료품, 음료, 의약품, 향수 및 화장품, 가전제품의 수입에 있어 대단히 폭넓게 적용하고 있다. 특히, 예비 포장된 제품의 표준규격이나 낱개 포장 방법과 더불어 계란, 고기, 생선류 등의 포장방법에 대해서까지 규제가 이루어지고 있다.

선진국뿐 아니라 최근에는 개발도상국들도 보호무역 목적으로 이용되는 행정적 성격의 비관세조치로서, 국경을 통과하는 외국상품 관세 관련 서류와 과정에 대해 더 많은 요구를 하고 있다. 이 요구사항들에는 다양한 종류의 증명서 및 보증서, 많은 양의 사본, 그리고 이차적인 서류의 외국어 번역본 등이 포함된다.

이러한 경향은 관세 규정 및 과정의 최소화를 기본으로 하는 GATT - WTO 규정에 배치되는 것으로, 관세 규정이나 과정이 보호무역주의의 도구가 되어서는 안 된다.

러시아 국내시장에서 외국의 비선의적 경쟁자로부터 국내필수품 생산자를 보호하기 위한 기능적 시스템은 90년대 하반기부터 작동하기 시작하였다.

러시아는 자국시장보호를 위해 호의를 베풀기에는 부족한 입장이었다. 러시아의 국내시장보호는 고전적 알고리즘에서 시작되지 않았다. 러시아에서 수입정책의 자유화에 대한 논의가 이루어지는 것은 보통 수입세가 충분히 높았을 때이다.

러시아에서 수입관세는 1993년에 도입되었는데 그렇게 높은 적이 없었다. 1997년의 수입관세의 평균비율은 13~15%였다. 2001년도 초반에 발효된 관세는 시장 점유력이 확대되는 상품에 대해 통합관세를 도입하였고, 평균 관세를 11%까지 낮추었다. 향후 수입관세는 더욱 낮아질 예정이다.

1998년에는 '국제무역에 있어 러시아연방의 경제적 이익 보호조치에 대한 연방법'이 도입되었다.

2003년에는 '수입품에 대한 특별 보호, 반덤핑 및 보상조치에 대한 연방법'이 도입되었으며, 2006년에는 해당법이 개정되었다.

국제무역 및 의무관세 정책의 보호무역조치에 대한 러시아연방정부위원회가 설립되기도 했다. 또한 국내외 상품시장 상황에 대한 분석의 수준이 높아졌고 이로 인해 진행되는 조사의 질도 높아졌다.

2000년에서 2007년도 사이에 35개 물품 및 품목에 대한 조사가 실시되었는데, 다수의 상품들이 국내 생산자들에게 손해를 가져온 사실이 확인되었다.

표16 ▎ 보호조치 대상 조사 품목 목록

(2007년 4월 현재)

No	상 품
1	염화암모늄
2	베이킹파우더
3	캐러멜
4	카카오 캐러멜
5	냉장고용 공기압축기
6	전분
7	크리스털 규소
8	램프
9	기계건설용 못
10	닭고기
11	시안화나트륨
12	강철 파이프
13	벽지
14	전분 당밀
15	전분 당밀(반복)
16	형석(螢石, fluorite)
17	평탄 냉각 압연
18	베어링
19	회전 베어링
20	니켈을 포함한 평탄 압연
21	아연 도금 압연
22	철근콘크리트 구조 보강철선
23	철근콘크리트 구조 보강철선(반복)

No	상 품
24	백설탕
25	백설탕
26	백설탕
27	설탕 시럽
28	가공되지 않은 설탕
29	유황을 포함하는 무기화합물
30	버터
31	파이프피복재
32	3상의 비동기 엔진
33	대용량 파이프
34	흑색금속 파이프
35	페로 망간
36	채널강

조사 대상 자료들은 기본적으로 국내시장보호를 위해 러시아연방정부가 도입한 조치의 근거이며, 그 조치로는 반덤핑과세, 의무보상과세, 상품에 대한 쿼터 도입, 자발적인 제한 등이 있다.

특히 2006년도에는 조사결과에 따라 다음과 같은 조치들이 취해졌다.

- 러시아연방 내에서 베어링, 베이킹파우더. 백열등, 대용량 파이프의 수입 증가와 관련된 특별보호 조치
- 철근콘크리트 구조물의 강화를 위하여 정부 보조금을 받아 우크라이나에서 수입된 물품에 대한 보상조치
- 우크라이나로부터 유입된 삼상 비동기식 전동기 및 몇 가지 종류의 강철관 등에 대한 반덤핑 조치

대외무역환경에서 이러한 기능적 경제시스템은 비선의적 경쟁자로부터 국내의 생산자, 소비자 및 서비스를 보호하기 위한 기본 시

스템 중 하나이다.

이러한 기능적 경제 시스템의 효율성을 높이기 위해서는 보호조치의 도입을 위한 근거와 개별 상품 시장의 상황에 대한 모니터링 기제를 위해 필요한 기준을 세우는 것이 무엇보다 필요하다.

7. 자본의 유입과 이동을 조절하는 기능적 경제 시스템

세계 경제권에서 자본의 이동은 직접 투자, 포트폴리오 투자, 정부, 법인 또는 기타 형태의 기관에 의한 유가증권의 거래, 또는 외국환 등에 의해 실현된다.

국가 및 글로벌 수준에서 투자 메커니즘의 중요한 부분을 차지하는 것이 증권거래소이다. 증권거래소 활동에서 중요한 파라미터는 주기적인 하락과 상승에도 불구하고 항시적인 성장이 특징인 국내 증권지수이다.

특히, 중요한 세계 지수들 중의 하나인 미국의 다우존스는 1906년부터 1972년 사이에 100에서 1,000포인트까지 상승했으며, 1991년부터 2002년 사이에는 3천에서 1만 1천 포인트까지 상승했다. 전문가들의 예측에 따르면 2020년까지 다우존스 지수는 10만 포인트까지 도달할 수도 있다.

§ 금융시장의 기원과 발전

유가증권 시장의 역사는 적어도 400년으로 추정된다. 현대 금융 시장의 선구자적인 역할을 한 것은 13세기에서 14세기에 존재했던 중세의 어음 시장과 상설 어음 거래시장이었다.

역사적 참고자료: 유가증권시장 및 최초의 거래소는 어음거래소의 형태로 등장하였는데, 이곳에서 상품과 어음의 거래가 이루어졌으며, 최초의 금융 전문가들이 등장했다. 유가 증권이 처음 거래된 곳은 16세기에 앙트베르펜(1531년)과 리옹에 설립된 거래소였다. 여러 가지 상황변화로 인하여 이 거래소는 16세기 중반에 문을 닫았다.

현대적인 의미의 금융시장이 출현한 것은 국가 유가 증권의 발행과 주식회사가 출현하기 시작한 16세기 말경이었다.

역사적 참고자료: 세계 경제사에서 최초의 주식회사는 일반적으로 16~17세기 영국에서 설립된 것으로 추정되고 있다. 이때 설립된 회사로는 모스크바, 레반트, 발틱, 동인도 회사, 네덜란드와 남인도 합작회사 등이 있다.

무역회사들의 주식은 영국과 네덜란드에서 모두 회사가 설립되면 바로 매매대상이 되었다.

계속적인 자본투자 시스템의 토대 위에서 1600년부터 1657년까지 영국의 동인도 회사가 사업활동을 하였다. 매번 항해가 끝나면 이익이 주주들에게 돌아갔다.

1657년에 회사의 정관이 현대적인 의미에서의 주식회사 형태로 변화되었다. 회사는 총수익의 분배가 아닌 이익 배당금을 지불하기 시작했다. 본질적으로 회사로부터의 주권 발행도 단순화되었다.

네덜란드 동인도 회사에서 40년 동안 주식배당금은 현금으로 지불된 경우가 드물었으며, 대부분은 현물로 지불되었다. 1644년부터 회사는 주식배당금을 화폐형식으로 지불하기 시작하였다. 20여 년 동안 이 회사는 연평균 18%의 세금을 내야 하는 이익 배당금을 정기적으로 지불했다.[42]

---

42) Lamden C.W. The Securities and Exchange Commission, N.Y.,1978, p.36−38. The Principal Stock Exchanges of the World. Their Operations, Structure and Development. Ed. by D.E. Spray. Washington, 1964, p.212.

그러나 19세기에 이르러서 남아 있는 주식회사는 거의 없었고, 그 회사들의 유가 증권들은 금융 유통량의 적은 부분만을 차지했을 뿐이었다. 유가증권 거래의 큰 부분을 차지한 것은 국채였다. 즉 국채 상품 거래가 현대적 증권거래소와 투자 기관의 탄생을 불러온 것이다. 현재까지 남아 있는 가장 오래된 증권 거래소는 1611년 네덜란드에서 설립된 암스테르담 거래소이다.

역사적 참고자료: 암스테르담 거래소는 설립일로부터 1913년에 이르기까지 다양한 상품과 유가 증권의 거래가 이루어진 보편적 거래소였다. 즉 이곳에서는 '시운전 중인 기관차'처럼 현재에도 존재하는 거의 모든 유가 증권 거래 방법들이 시행되었다. 이 거래 방법에는 프리미엄(옵션)거래, 이월거래, 역일변거래, 매매이익 거래 등이 포함된다. 우선 유가증권 거래 방법은 상품 거래소와 유사한 방법이었지만, 점진적으로 특수한 표준 방식으로 발전해 나갔다.

초기에 거래소는 누구에게나 자유롭게 공개되어 방문자들이 누구와도 거래를 할 수 있었다. 거래는 거래 관습이 된 의무적 악수를 함으로써 체결되었다. 당시 사람들의 증언에 따르면 1621년에 들어와 "욕하지 않고 모욕적인 표현을 사용하지 않는다."라는 특별금지조항이 발표되었다.

장기간 정기적인 거래가 이루어졌던 주식은 네덜란드 최초의 주식회사였던 동인도 회사의 주식뿐이었다. 그 밖의 금융 증권으로는 네덜란드 정부 채권, 암스테르담 행정채권, 그리고 몇 개의 네덜란드 도시 채권이 있었다.

두 번째 주식회사는 암스테르담 거래소에서 관심을 끌었던 베스트인도사였다.

18세기에는 유가증권 발행소 중에서 영국 동인도 회사, 남해 회사, 영국 은행, 유럽의 각국 정부들이 출현하였다. 1747년 암스테르담 거래소에서는 44종류의 유가증권이 거래되었다.[43]

역사상 두 번째로 등장한 세계 금융시장은 영국이다. 즉, 영국 내에 최초의 전문 금융 거래소가 생겨난 것이다.

역사적 자료: 1773년 조나단시티의 커피숍, 왕실거래소, 트레드니들 거리 등에서 이미 다양한 금융 거래를 하고 있었던 런던 브로커들은 자신들의 만남을 위한 특정 장소를 임대하였는데, 이것이 최초의 금융거래소라 할 수 있는

---

43) *The Principal Stock Exchanges of the World. Their Operations, Structure and Development. Ed. by D.E.Spray. Washington, 1964, p.212.*

주식거래소였다.

암스테르담에서와 마찬가지로 거래소의 회원권이 처음에는 제한되지 않아, 원하는 사람은 누구나 하루에 6펜스를 지불하고 거래를 할 수 있었다.

금융거래소는 리베르풀에서도 생겨났는데, 그들은 보험사의 주식거래를 전문적으로 하였고, 멘체스터에서는 철도 및 섬유회사의 주식을, 글라스고에서는 조선 및 철강회사의 주식을, 카르디프에서는 채취회사들의 주식을 전문적으로 거래하였다.

그러나 가장 오랫동안 금융시장의 중심지였던 곳은 역시 런던이었다. 19세기 초반에 금융시장의 중심은 이미 암스테르담이 아니라 런던이 되어 있었다.

주식회사가 등장한 이후 대기업들이 회사조직의 주된 형태가 되었고, 이와 더불어 주식거래의 특별한 시장으로서의 금융거래소의 역할은 전례 없이 빠르게 커져갔다.

프랑스에서 유가 증권에 대한 현대 전문가들의 선구자는 중세 환전 상인들이었다.

> **역사적 자료:** 1304년 필립 4세의 특별명령으로 환전상이라는 직업이 생겼다.(Courratier de Change, 추후 이 용어는 Courtier로 간소화되었다). 1969년부터 이러한 전문가들은 환전사(agents de change)라고 불리기 시작했다. 1724년에는 무역 중개인들 사이에서 거래를 위한 목적의 건물이 지어졌는데, 이곳에서 거래와 더불어 환전이 이루어졌다.
>
> 그러나 그들의 사업은 현대적인 증권 거래의 원칙과는 거의 일치하는 부분이 없었다. 즉 투명한 공시가격과 상품 거래 절차가 없었던 것이다. 1777년에 와서야 환전사를 위해 유가증권 거래를 위한 독립공간이 분리되었고, 공개적 공시가격에 대한 법률이 도입되었다.

1801년 나폴레옹은 파리 금융거래소의 특별 건물 건설에 관한 명령을 발효시켰고, 이로 인해 파리 금융거래소가 1826년 완공되었다. 18세기에 환전사들이 다루었던 주요 유가증권은 주식이나 채권이 아니라 어음이었다. 그러나 1840년대에 이르면 파리 금융 거래소에서 약 130여 개의 채권 및 배당증권이 발행되고 있었다.[44]

비슷한 발전이 미국 대륙의 금융거래소에서도 일어나고 있었다. 미국에서의 첫 금융거래소는 1791년 필라델피아 주의 뉴욕에서 개설되었다.

---

44) *The Principal Stock Exchanges of the World. Their Operations, Structure and Development. Ed. By D.E.. Spray. Washington, 1964, p.158.*

뉴욕 증권거래소만큼 학자나 언론인이나 작가들의 관심을 많이 끈 기관은 없었을 것이다. 이는 19세기 후반기에서 20세기 초까지 뉴욕증권거래소가 미국 자본주의의 성장에 미친 엄청난 역할 때문이었다. 즉 이곳에서 반데빌트, 모간, 해리만, 록펠러와 같은 금융 거대 그룹들이 생겨났으며, 이들 중 몇몇은 오늘날까지 존재하고 있다.

개인적인 재산 증식 수단을 제공한다는 점과 더불어 증권거래소는 투자 메커니즘의 중요 요소로서 대단히 중요한 거시경제적 역할을 수행하였다.

금융거래소는 사회 경제적 발전이라는 측면에서 유럽국가나 일본에서보다 앵글로색슨(미국과 영국 등) 계열 국가에서 더 큰 역할을 수행하였다. 이러한 특징은(일본을 제외하고는) 오늘날에도 그대로 유지되고 있다.

'제국주의 시대'[45]에 금융거래소의 역할이 축소될 것이라는 V.I. 레닌의 주장은 유럽 국가들에서만 현실화되었는데, 경제에서의 은행의 영향력이 확대되면서 증권거래가 감소된 독일이 좋은 예가 될 수 있을 것이다. 앵글로색슨 국가들에서는 금융시스템에서의 증

---

45) *Ленин В.И. Империализм как высшая стадия капитализма. ПСС. Т. 27, c.334.*

권거래소의 역할은 20세기 초와 그 이후에도 감소되지 않았다.

자본주의 경제와 세계 금융시장의 발전에 있어 큰 굴곡이 생긴 시기는 '대공황'이라고 불리는 1929년에서 1933년 사이의 세계적 경제 위기가 찾아온 시기였다. 생산이 국가마다 50% 이상 감소하고 실업률이 30%에 육박하는 세계적 경제 위기가 찾아온 원인 중의 하나가 금융시장의 악용 때문이었다는 견해가 지배적이다. 세계적 경제위기의 진원지는 가장 발달한 금융시장을 가지고 있었던 미국이었다. 경제 위기가 오기 전에 주식시장에서의 무분별한 투기와 유가증권과 같은 의제자본의 비대화, 그리고 주식가격의 이상적인 등락이 일어나고 있었다.

의제자본의 흐름은 궁극적으로 실제 자본의 흐름을 반영한다. 즉 국가의 부가 성장하면 유가증권의 가격이 상승한다. 그러나 개별 기간 동안의 자본의 흐름은 객관적인 상황과 결코 관련이 없고 앞서 나가는 측면이 있다. 이러한 불균형이 대단히 커질 경우 의제자본의 '비눗방울'은 터지게 되어 있다.

실제적인 경제 섹터의 생산성이 아무리 좋더라도 의제자본은 생산성에 역작용을 일으킨다. 이러한 역작용의 예로는 시장가격이 높을 때 엄청나게 많은 계약이 이루어지지만 많은 경우 계약의 담보로는 유가증권이 쓰이는 예를 들 수 있다. 의제자본의 갑작스러운 감소는 지불불능을 가져오고, 이것이 또 다른 지불불능을 가져와 결과적으로 대규모 파산을 초래하게 되는 것이다.

역사적 자료: 실제로 20년대 미국에서는 놀랄 만한 주식 투자 열풍이 나타났다. 미국에서 저축하는 사람의 55%가 유가증권에 투자했다. 뉴욕거래소에

서 거래되는 주식의 가격이 몇 배씩 오르게 되었다. 이는 유가증권 시장의 전
문가들이 다양한 방법으로 주식가격을 인위적으로 올렸기 때문이었다.

1929～1932년 거래소의 파산은 끔찍했다. 미국의 주요 법인의 시가가 수
십 차례 폭락해서 PKA는 33차례, 크라이슬러는 27차례, 제네럴모터스는 80
차례, 제네럴일렉트릭은 11차례나 폭락했다.[46]

유가증권산업은 다른 모든 금융 섹터와 마찬가지로 사회의 집중
적인 관심의 대상이다. 월스트리트가 심각한 경제위기를 가져왔다
는 인식은 유가증권시장에 대한 정부규제 시스템에 관한 연구를
진전시켰다.

미국 증권거래소에서의 위기는 가장 파괴적이었다. 그러나 바로
그 미국에서 1930년대 세계 최초로 가장 엄격하고 효율적인 정부
규제 시스템이 탄생했다. 바로 이 시기에 자본 흐름을 규제하는
기능적 경제시스템이 등장한 것이다.

1934년 미국에서는 증권거래 위원회가 설립되었다. 이 위원회는
유가증권 시장 조절을 담당하고, 자본 흐름에 대한 기능적 경제
시스템을 만들어 내는 주요 기관이었다.

1933년에 미국의 유가증권법(Securities Act)에 도입된 '정보공개'
는 세계 대부분의 국가에서 해당 법률에 반영되었다.

모든 선진국들, 특히 미국에서는 모든 규제기관들이 이러한 원
칙을 무조건적으로 준수하도록 규정하고 있다. 이러한 원칙으로 인
해 시장의 투명성이 확보되었으며, 비록 완전히 없어지지는 않았으
나 투자자에 대한 사기나 기만 행위의 가능성은 현저히 줄어들었

---

46) 체르니코프, G. P. 증권거래서(*Черников Г.П. Фондовая биржа, М.: Междуна
родные отношения, 1991, с.20.*), 트라흐텐베르그, I. A. 화폐위기(*Трахтенберг
И.А. Денежные кризисы, М., 1963.*)

다. 대공황 이후 미국의 금융시장 규제 원칙은 전 세계 대부분의 나라에서 받아들여졌다.

주식 시장의 전문가들과 일련의 경제학자들, 특히 신자유주의자들은 엄격한 규제 시스템의 필요성에 대해 회의적인 자세를 견지하고 있었다. 그러나 2차 세계대전 후 이 분야는 1929년에서 1932년의 대공황 때와 같은 심각한 위기를 맞지 않았다. 주식회사들의 파산에도 불구하고 투자자의 심각한 손실은 없었다.

그러나 그러한 위기는 계속되고 있다. 1987년의 위기와 2000년의 위기는 1929년의 위기보다 개별 부문에서는 더 심각했다.

참고자료: 예를 들면, 1987년 10월 18일 다우존스는 508.31포인트가 하락하였는데, 이는 22.6%가 하락한 것이었다(1929년 10월 28일의 지수하락 폭은 단지 12.8%에 불과하였다). 그런데도 이것이 실물 경제에는 현저한 영향을 미치지 않았고, 대공황때와 같은 심각한 파탄을 초래하지도 않았다. 게다가 시장은 매우 빨리 복구되어 자율조절 시스템이 존재하고 있음을 보여주었다. 2000년에서 2002년까지 세계 주식 지수는 39% 감소했고, 절대지수에서 이것은 13조 달러가 하락한 것이었다.

2차 세계 대전 후 자본주의 안정화 요인 중 하나는 금융시장에 《게임의 법칙》이 자리를 잡았다는 점과, 이 분야에서의 사업활동에 대한 엄격한 기준이 자리를 잡았다는 점이었다. 즉 자본의 흐름에 대한 기능적 경제 시스템의 근간이 마련된 것이다.

유가증권 시장은 자본축적가(재원의 원천)로부터 재원을 자본 수요자(채무자)에게 이전하는 역할을 함으로써 기본적인 거시경제 기능을 계속적으로 수행하고 있다.

국가마다 서로 다른 특성이 있어 모든 곳에서는 아니지만 상당히 많은 국가에서 유가증권 시장의 역할은 증대되어 왔다. 또한 금융시장의 개별 섹터, 즉 주권과 채권 시장의 역할에 차이가 있다.

많은 국가들, 특히 앵글로색슨 계열의 국가에서 최근에 금융 시스템에서 차지하는 상업 은행의 역할은 줄어든 반면, 비은행권의 역할, 특히 연금펀드와 투자운영사의 역할은 늘어났다. 이러한 경향은 자본투자에 있어 유가증권의 중요성이 높아졌다는 것을 의미한다. 이러한 과정은 '증권화'로 특징지어질 수 있는데, 특히 국제 자본시장에서 이러한 경향이 현저하게 나타나고 있다.[47]

፥ 현대 세계 금융시장

90년대 세계 금융시장에서 주목할 만한 경향은 세계화였다. 이 경향은 영국의 대처 정부가 국영기업의 민영화를 실행하였던 80년대 초에 시작되어 서유럽의 여러 나라에 파급되었다.

세계 금융시장의 또 다른 경향은 새로운 정보 기술을 이용한 통합 거래소를 이용하여 지리적으로 떨어진 곳에서도 여러 금융시장에 대한 업무가 가능하게 되었다는 점이다. 시장 운영자는 24시간 업무를 볼 수 있게 되었다.

이런 과정이 시작된 시기는 싱가포르 국제 무역거래소와 시카고 거래소가 공동 프로젝트를 실행한 1984년이었다. 금융시장의 통합 과정이 본격화된 시기는 유럽공동체의 단일한 금융시장이 탄생하고 유럽금융거래소(EURER)가 설립되었으며 중앙유럽 및 동유럽

---

47) 증권화(*securitization*)라는 용어는 개발도상국의 은행 외채가 유통되고 있는 유가증권으로 전환된다는 의미로 사용된다.

금융거래소(CCEX)가 설립된 90년대였다.

2000년에는 글로벌 금융시장이 만들어지기 시작했다. 10개의 금융 거래소 - 뉴욕, 도쿄, 암스테르담, 브뤼셀, 파리, 오스트레일리아, 홍콩, 토론토, 멕시코, 상파울루 - 가 '세계주식시장(Global Equity Market: GEM)' 계획을 공식 발표했다.

2007년에 파리, 암스테르담, 브뤼셀과 리스본에서 거래 운영을 하고 있던 유럽거래소 Euronext는 뉴욕증권거래소로부터의 흡수에 동의했고, 공동이사회에 의한 뉴욕 - 유로넥스트 증권거래소 설립에 동의했다. 이 거래의 계약가격은 140억 달러에 이르렀다.

미국 증권위원회(SEC)는 세계 최초의 범대서양 거래소의 설립을 승인하였다. 그 이전에 유럽 반독점기구들은 그들이 이 거래를 방해하지 않을 것이라고 발표하였었다. 이렇듯 최근의 경향은 세계금융거래 시장, 특히 유럽시장에서 미국 금융자산의 영향력이 강화되고 있다는 점이다.

세계 금융시장의 자본화는 굉장히 빠른 속도로 진행되고 있다. 1987년부터 2000년까지 세계 금융시장의 주식 총 가격은 5배가 늘었고, 절대치로는 43조 달러에 이르렀다.

그러나 금융투자 붐은 2000년도에 된서리를 맞아 주가가 폭락했으며 전 세계 금융 시장의 자본 규모는 현저히 낮아졌다. 2000년에서 2002년 사이 세계 금융지수는 39% 감소했고, 절대액으로는 13조 달러가 사라졌다. 대불황 시기의 하락폭은 53%였다.

연 도		조 달러
1987	–	8.0
1988	–	9.9
1989	–	11.8
1990	–	9.7
1991	–	11.6
1992	–	11.1
1993	–	14.4
1994	–	15.2
1995	–	17.8
1996	–	20.4
1997	–	21.3
1998		28.7
1999		39.5
2000		43.6
2001		32.9
2002		30.8

출처: *International Finance Corporation, "Emerging Stock Markets Facrbook", Washington, 1993~2003. "Federation Internationale des Bourses Valturs Annual Report and Statistics 1996~2003", Paris.*

2003년 들어 세계 금융시장 지수는 다시 성장하기 시작했다. 2000년대 들어서도 미국기업들은 세계증권시장을 지배하기 시작했다. 그러나 80년대 초부터 90년대 말까지 세계 금융시장에서 미국의 주식이 차지하는 비중은 53%에서 42%까지 떨어졌다. 2002년에 세계 금융시장에서 일본의 비중은 12.1%, 영국 8.7%, 프랑스 3.9%, 독일 3.8%, 캐나다 2.3%, 이탈리아 1.9%였다. 2003년에는 미국의 비중이 다시 53%까지 올라갔으며, 영국이 10%, 일본 8.6%, 프랑스 4%, 독일 3%, 스웨덴 2.8%였다.

미국의 금융시장의 총 규모와 거래 속도는 기본적으로 늘어났다. 전문가들의 계산에 따르면, 뉴욕증권거래소에서 하루에 거래되는 주식가치는 1886년도에 100만 달러에서 2002년 10조 달러로 성장했다.

표18 | 미국 금융 시장의 규모

연 도		10억 달러
1990	–	3,059.4
1998	–	11,308.8
1999	–	16,635.2
2000*	–	18,323.6
2002*	–	11,258.6

* 3월 현재
출처: *World Development Report. 2002, p.261.*

1982년부터 1999년까지 미국 주식회사의 주가는 연평균 12% 성장했다. 미국 금융시장이 최고 시가를 기록한 것은 2000년도의 18조 달러였는데, 이는 국내총생산 대비 200%에 달하는 액수였다.

⑨ 러시아 금융시장

러시아 유가증권 시장은 세계적으로 가장 최근에 형성된 주식시장 가운데 하나이다. 러시아 주식 시장의 형성 시기는 민영화가 시작된 1990년대 초이다. 러시아에는 미국과 독일 모델과는 다른 특수한 모델의 유가증권 시장이 형성되었다.

러시아에는 유가증권 시장에서의 은행의 활동에 제약이 없다. 은행은 투자자이자 동시에 전문적인 시장 참여자이기도 하다. 이것이 미국 시장과 다른 점이다. 다른 한편 러시아에는 집단 투자 기관들이 발달하게 되는데, 가장 중요한 것은 비은행 부문의 전문중개자들인 브로커-딜러 회사들이 존재한다는 점이다. 이 점에서 러시아 시장은 비은행 구조가 없는 독일 시장과 다르다. 러시아 시장 모델의 또 다른 특성은 국채 부문과 기업 유가증권 부문 간의 특수한 상호연관성이다.

그러나 거래 체계, 투자 기관들, 증권의 국가별 차이에도 불구하고, 투자자들의 필요 충족과 경제성장의 동력 제공이라는 주식 시장의 본질은 동일하다.

러시아 시장의 특수성은 러시아 기업들의 자산 구조의 특징들에 있다. 기업 주식의 상당부분이 내부자, 즉 기업들의 직원과 경영자의 수중에 있다.

1990년대 말 많은 회사들의 경우 고정 자산에서 내부자와 외부 투자자들이 차지하는 비율이 거의 동일하였고, 따라서 경영권 경쟁이 극심하였다. 주주들의 권리를 침해하는 경우가 많아 시장 여건에도 영향을 미쳤고 그 결과 주가 변동이 극심하였다. 러시아 시장의 심각한 문제점은 법적인 보장이 미미하다는 점이다. 따라서 유가증권 시장을 규제하는 중요한 법안 마련이 절실히 요구된다.

높은 세율은 유가증권 시장의 발달에 부정적인 영향을 미친다. 높은 세금은 유가증권 시장에서의 거래 수익성을 떨어뜨려 은행 및 비은행 기관들에 타격을 입힌다. 그런 조세 제도에서는 시장 참여자들에게 역외 구조(offshore structure)를 통한 거래가 필요하다.

1996년 민영화된 기업들의 러시아 주식 시장에서의 자본화 규모는 213억 달러에 이르렀고, 기타 증권거래소의 주가는 14억 달러였다.[48] 러시아 주식 시장의 발달에 부정적인 영향을 미친 것은 1990년대 말 러시아 경제를 강타한 금융 위기였다.

금융 위기 발생 과정은 세 단계로 구분할 수 있다. **금융 위기 첫 단계**(1997년 10월～1998년 1월)에는 세계적인 금융위기로 인해 해외투자자들이 국채 및 기업 유가증권 시장에서 자본을 빼내가기 시작하였다. 이자 상환을 위한 국채 발행은 경화의 수요를 급증시키고 기업 유가증권 가격을 하락시켰다. 세계 연료 가격이 하락하는 가운데 러시아 중앙은행의 금 보유고 감소는 루블화의 심각한 평가절하를 가져왔다. 그러나 러시아 연방 정부는 중앙은행과 공조하여 1999～2000년 안정적인 환율변동폭 도입과 루블화 평가절하 반대를 결의하였다.

> **참고자료**: 이 결정은 향후 주가 하락에 영향을 미쳤다. 이미 1998년 1월 러시아 유가증권 시세가 두 번에 걸쳐 평균 30% 하락하였다. 1997년 10월 초부터 1998년 1월 초까지 Russian Trading System (RTS)[러시아 주요 증권거래소 중 하나 - 역주] 지표(RTS - 1)의 총 하락률이 50.9%를 상회하였다. 1998년 2～3월 사이 단기국채, 연방채권 시장과 통화 시장 상황의 일시적인 안정화는 러시아 유가증권 시장에도 긍정적인 영향을 미쳤다. 1998년 2월 중에 RTS - 1 지표는 상승세를 타면서 8.87%, 3월에 7.02% 성장하였다.

러시아 금융 위기의 제2단계는 1998년 3～5월 사이에 찾아왔다. 1998년 3월 정부 위기와 국가의 채무 상환 조건 악화 현상으로 투자자들은 러시아의 경제 상황을 심층 분석하기 시작하였다. 당시 정황에서는 일련의 조치들, 특히 비싼 단기 차관인 단기국채와 연방채권을 보다 저렴하고 장기적인 국채로 전환하는 국가 부채 재조정이 지체 없이 시행되어야 했었다.

---

47) *경제문제(Вопросы экономики, № 9, 1996 г., с.69)*

이와 같은 대책 부재로 투자자들에게 비관적인 정서가 확산되어 1998년 5월 러시아는 다시 '고양된 위기 지역'으로 간주되기 시작하였고, 국채 시장의 수익률이 급등하였다.

단기국채의 수익률 급등은 많은 투자자들에게 시장 이탈의 신호탄이 되었다. 기업 증권 시장 상황은 1998년 5월 7일 '러시아통합에너지체계(RAO EES)의 에너지 및 전력화 부문의 러시아 주식회사의 주식 및 연방 자산인 전력 부문의 주식 처분의 특징에 관하여'라는 연방법 채택으로 더욱 악화되었다. 상기한 법안은 RAO EES의 해외투자자들의 주식 지분을 25%까지 제한하였고, 이는 실질적으로 해외투자자들에게 일정량의 주식 매도를 요구하는 것이었다.

참고자료: 1998년 6월 서구 주요 평가기관들이 러시아 신용도와 러시아 은행 및 기업들의 신용도를 하향 조정한 이후, 투자자들의 자금이 러시아 금융시장에서 대대적으로 이탈하기 시작했고, 그에 상응한 단기국채 수익률은 50% 이상이므로 상향조정되기 시작했다. 그 결과, 러시아 기업들의 주가 역시 20% 하락하였다. 이는 루블 환율을 더욱 압박하고 통화 시장에 중앙은행의 새로운 전면적 개입의 필요성을 증대시켰다.

1998년 6월에 두 해외차관(총액 약 40억 달러)의 도입은 투자자들에게 잇따른 부정적인 신호탄으로 작용하였다. 1998년 7월 전반기에 국채 시장은 평균 수익률이 연 126%까지 급등하며 다시 악화되었다. 1998년 7월 8일 러시아 재무부는 단기국채의 두 차례 발행분과 연방채권의 추가적 분할을 위한 경매를 취소해야 했다.

그 결과 단기국채 및 연방채권 상환은 조세 수입을 통해서만 가능해졌다. 1998년 7월 13일 러시아 정부는 단기국채 보유자들에게 단기국채를 2005～2018년 사이에 달러화로 상환하는 조건의 중기 혹은 장기 차관으로 전환해 줄 것을 제안할 방침이라고 발표하였다. 이 제안은 8월 초에 있었으나 주식 시장 상황을 변화시키지 못하였다.

1998년 7월 13일 국제통화기금(IMF)과 국제부흥개발은행(IBRD), 그리고 일본 정부가 러시아에 226억 달러 규모의 재정 지원을 약속한 이후 상황이 일시적으로 호전되었다. 그 결과 1주일간 단기국채 평균 수익률은 53%로 하락하고, RTS - Interfax 지수는 34% 증가하였다.

　1998년 7월 하반기에 **러시아의 금융 위기 제3단계**가 시작되었다. 시급한 루블화의 예방용 평가절하와 은행 체계의 구조조정 요구 없이 주어진 서구의 원조, 러시아 정부가 위기 타개 방안의 일환으로 취한 생산자에 대한 조세 부담 강화 조치는 투자자들의 복귀가 아니라 그들의 러시아 국채 시장에서의 이탈을 촉발하였다. IMF의 일차 원조 자금들이 루블환 유지 수단으로 지출되자 기업 유가증권 시장이 하락하였다.

　1998년 8월 러시아의 상황을 추가적으로 악화시킨 원인은 외국 은행이 러시아 은행들에 제공한 차관에 대한 담보역할을 하던 러시아 국채 시세가 하락하면서 금융 위기가 첨예하게 대두된 점이었다. 그로 인해 해외투자자들이 러시아 은행에 추가적인 자금 지불을 요구하였다. 해외 채권자들에 대한 의무 이행을 위하여 러시아 상업 은행들은 상당량의 자산 유가증권을 매각하고, 받은 대금을 통화로 전환하였다. 이러한 조치들은 단기국채 및 연방채권 시세와 기업 주가의 새로운 하락세를 유발하였다. 국채 수익률이 증가하고, 기업 증권 시장 하락이 가속화되었다.

　　참고자료: IMF 구제기금의 지불 시점부터 8월 17일까지 RTS - Interfax 지수가 거의 30% 하락하였다. 러시아 외환보유고의 급속한 감소 상황에서 위기 타개책으로 루블화 평가절하가 단행되었다.
　　그러나 1998년 8월 17일에 채택된 다른 결의안들의 단기국채 및 연방채권 상환 유예, 러시아 은행의 해외차관 변상에 대한 90일간 모라토리움 선언, 단기국채 및 연방채권 차관의 강제적인 구조조정은 다음과 같은 치명적인 결과를 초래하였다.

- 러시아의 국가신인도 추락
- 투자자들, 즉 유가증권 시장의 전문적 참여자들과 러시아 증권거래소들이
  극도로 어려운 처지에 놓임
- 러시아 은행체계의 사실상의 마비
- 생산량과 수출입 물량 급감
- 기업 증권 거래량의 급감과 이로 인한 사실상의 자금 유동성 상실

위기 발생 이후 1998년 말까지 투자자들이 중요하게 생각하는 사안들이 미해결상태로 남아 있었다. 국가 부채의 재조정에 관한 최종 방식이 채택되지 않았고, 은행 부문의 명확한 구조조정 프로그램이 부재하였으며, 러시아 경제발전 전망에 대한 전반적인 사회－경제적 불확실성이 남아 있었다.

금융 위기는 러시아의 국가신인도에 부정적인 영향을 미쳤다. 러시아인과 외국인 투자자들은 큰 손해를 입었다. 이 위기로 국민들의 유가증권, 투자 기관, 상업 은행에의 자본 예치에 대한 신뢰가 무너졌다.

1998년 주가 하락으로 인하여 새로운 주식 발행을 활용한 재산권 재분배가 외국인 주주들에게 손해를 가져오게 되었다.

금융위기는 증권 시장의 전문 참여자들과 투자 기관들에게 혹독한 시련이 되었다. 특히 다음과 같은 측면에서 그러했다.

- 국채에 투자한 증권 시장의 전문 참여자들이 상당한 손해를 입음.
- 유동성의 급감으로 사업 수행가능성이 저하되고, 증권 시장의 전문적인 참여자와 펀드 시장 종사자의 수적 감소 경향이 보임.
- 국채 형태로 자본을 보유한 집단 투자기관들은 자발적으로 혹은 국가 입법 기관들의 요구에 따라 파산 위기에 처함.

해외투자자들이 이탈하자 러시아증권거래소(RTS) 시장의 위기가 첨예화되었다. 반면에 모스크바증권거래소(Moscow stock exchange)와

모스크바 은행 간 외환거래소(Moscow Inter-bank Currency Exchange: MICEX)는 위기 상황에서 보다 큰 생명력을 발휘하였다. 금융 위기는 유가증권 시장 전문가들의 집중화와 전문거래소의 대형화를 촉진시켰다.

1998년 러시아 주식시장에서는 달러화 세탁을 통한 증권 처리량이 95% 감소하였다. 1999년 봄 이전까지 주식시장은 정체 상태에 있었다. 러시아 기업의 총 자본화 규모는 1997년 10월 기준의 약 20%였다.

채무 갱신 과정에서 해외투자자들이 획득한 자본을 러시아 증권거래소 주식에 투자하는 것을 허용하는 안이 결의된 이후 시장이 소생하기 시작하였다. 거래소들 목록이 1999년 4월에서야 공식적으로 결정되었고 여기에 6개의 기업이 포함되었다. 외국인 참여자들에게 러시아에서 유일하게 국채 거래가 가능한 MICEX에서의 사업 활동이 허가되었다.

1999년 하반기 주식 시장은 급성장하기 시작하였으며 한 해 동안 러시아 주식시장은 세계적으로 가장 역동적인 시장으로 판명되었다. 평가순위결정의 주요 기준은 한 국가에서 국가통화로 계산된 주요 주식 지표의 변동성이다.

러시아에서 한 해 동안 주식 지표 변화는 84%였다. 동년 터키 82%, 한국 77%, 그리스 62%, 멕시코 60%, 미국 59%, 일본 24%였다.

2000년에 9개월간의 거래 결과, 러시아는 세계주식시장 평가에서 6위를 차지하였다.

표19 ┃ 2000년도 세계 금융 시장 평가.*

국　가	지수변화	해당연도 순위
중　국	62.1	1
베네수엘라	26.7	2
캐나다	23.3	3
이스라엘	16.0	4
아일랜드	14.3	5
러시아	12.0	6
노르웨이	9.8	7
이탈리아	5.4	8
프랑스	5.2	9
호　주	4.4	10
포르투갈	2.7	11
스웨덴	1.9	12
스위스	1.6	13
체　코	0.4	14
칠　레	− 1.4	15
네덜란드	− 1.5	16
독　일	− 2.3	17
남아프리카공화국	− 2.9	18
오스트리아	− 3.1	19
스페인	− 5.9	20
헝가리	− 6.2	21
브라질	− 6.8	22
폴란드	− 7.2	23
미　국	− 7.4	24
홍　콩	− 7.7	25
벨기에	− 8.5	26
뉴질랜드	− 8.9	27
영　국	− 9.2	28
핀란드	− 10.5	29
멕시코	− 11.1	30
말레이시아	− 12.2	31
아르헨티나	− 13.4	32
일　본	− 16.8	33
인　도	− 18.8	34
싱가포르	− 19.5	35

국 가	지수변화	해당연도 순위
말레이시아	− 12.2	31
아르헨티나	− 13.4	32
일 본	− 16.8	33
인 도	− 18.8	34
싱가포르	− 19.5	35
대 만	− 23.9	36
터 키	− 26.0	37
필리핀	− 33.1	38
인도네시아	− 37.8	39
태 국	− 42.	40

* 9개월간의 데이터임.
출처: *<메릴 린치> 투자은행의 추산 지수*

　2003년도에 주식시장이 가장 비약적으로 성장한 국가는 태국(국가통화로 133% 성장), 이집트(129%), 아르헨티나(102%), 브라질(86%)이었다. 2001년 초에 러시아 연방 증권위원회는 러시아 기업들의 시장 자본화 정도를 550억 달러로 산정하였는데, 이는 GDP의 33%에 해당하였다.

　2005년 러시아 주식시장의 자본화 수준은 세계 18위였다. 2006년에 자본화는 8,140억 달러로 13위를 차지하였다.

　서구 투자자들의 러시아 기업 주식에 대한 수요 증대로 모든 신생 러시아 기업들이 세계증권거래소로 진출하고 있다.

　게다가 근래에 연료와 서비스 거래 부문에서 국제적인 위상이 강화된 런던 증권거래소가 가장 선호되고 있다.

　참고자료: 2004년에 총 16개의 러시아 회사가 런던 증권거래소에 상장되었다. 거래 규모가 폭발적으로 증가하여 2004년에 640억 달러에 이르렀고, 이는 전년 대비 76.5%의 증가를 보여주는 것이었다.

  2005년 말에는 거래 규모가 650억 달러에 이른 것으로 나타나고 있다.

2005년 1월부터 10월까지의 기간 동안 판매규모에 있어 선두를 차지한 회사는 루코일 사였다(276억 달러). 그 뒤를 가스프롬 사(82억 달러), 노릴스키 니켈 사(79억 달러)가 뒤따르고 있다.

2005년 2월 전 세계에서 가장 규모가 큰 상장이 성사되었다. Mobile TeleSystems(MTS)(주식 50.6%)와 Moscow City Telephone Network(MGTS)(주식56%)의 최대 주주인 서비스 주식회사 Sistema는 총 15억 달러의 주식을 상장하였고, 이는 기업의 시장 자본화의 20%(82억 달러)에 해당한다.

그러나 런던 증권거래소에서 러시아가 진정으로 주목받은 시기는 이전 기록이 모두 경신된 2006년일 것이다. 17개 러시아 기업이 주식공개상장(Initial Public Offering, IPO)을 마쳤다. 일차(primary) 상장 기업 수에 있어서 러시아는 세계 5위를 차지하였다.

주식 상장 과정에서 러시아 기업들은 거의 143억 달러를 유치할 수 있었다. 여기에는 로스네프츠 104억 달러, TMK 11억 달러, Severstal 11억 달러, Komstar – OTS 11억 달러가 포함된다.

2007년 상반기에 런던 증권거래소에는 저축은행(Sberbank) 주식이 89억 달러에, VTB 은행이 79억 달러에 상장되었다. 일차 기업 주식 상장을 통해서 유치한 자본 규모 면에서 러시아는 세계 1위를 차지하였다.

2007년 런던 증권거래소에는 RUSAL, Gazme- tal, TGK – 3(Mosenergo), Gazprombank, International Industry Bank, MDM – bank, Bank URALSIB, Group Oneksim, DON – Stroi, Euroset, Detmir, Kompulnik, Armada 등과 같은 러시아 기업들이 상장되었다. 분석가들의 평가에 따르면, 러시

아 기업 주식 상장 규모는 2007년 약 440억 달러에 이를 것으로 예상된다.

●　　●　　●　　●　　●

지난 20세기 말 심사숙고하지 않고 무질서하게 추진된 국가 정책은 단기 차관의 파산뿐 아니라, 효과적인 주식 시장 형성에 자극을 주지 못한 주식 시장 핵심 참여자들의 와해를 초래하였다.

주식 시장은 경제에서 전략적으로 중요한 부문이지만, 러시아에서는 아직 완전히 자신의 주요기능을 담당하지 못하고 있다. 즉 축적된 재원이 금융자원으로 변화되어 생산자들이 이를 이용할 수 있도록 해주는 기능을 제대로 담당하고 있지 못하다.

90년대 말 금융 및 주식 위기는 첨예한 분수령이 되어 생명력이 강한 기업들만 살아남게 되었다. 그 기업들은 어려운 러시아 시장 조건에서 합리적인 투자 정책을 수행하며 자신의 투자 가능성을 적극적으로 확대할 수 있었던 기업들이다. 대부분의 중소기업은 파산하거나 다른 금융 부문으로 전환하였다. 막대한 피해를 입은 해외 기업들은 지출을 제한하고 러시아에서의 사업을 중단하였다.

점차적으로 러시아에 자본 이동을 위한 기능적 경제시스템의 제도적 기반이 마련되고 있다. MICEX 이외에 현재 주식 시장 인프라는 14개의 거래 운용사, 5개 어음교환소, 164개 예탁원, 119개 등록원부로 구성되어 있다. 그러나 충분히 세분화된 인프라가 구축되었음에도 불구하고 주식 거래는 여전히 높은 집중도를 보인다.

시장 유통자금의 95% 이상이 10여 개 증권거래소에서 거래되고 최대 규모의 브로커-딜러 기업들은 모스크바에 위치하며 전체 사업의 80% 이상을 관리한다. 이전처럼 역외 사업의 관례가 보편화되어 있다. 시장 전문가들의 평가에 따르면, 역외 비중이 러시아 기업 주식 거래 전체의 60% 정도를 차지한다.

그러나 국가별 거래 체계, 투자기관. 유가증권, 주식시장이 아무리 달라도 주식 시장의 본질은 동일하다. 즉 적합한 기능 체계를 매개로 투자 흐름 조정을 통하여 경제 성장의 필요를 충족시키는 것이다.

국립증권협회 전문가들의 추정에 따르면, 2015년까지 러시아 증권시장은 미국, 영국 및 일본에 이어 세계 4위에 오를 수 있다.

러시아 시장의 자본 규모는 3조 달러로 증가될 것이다. 이 경우 국내에서의 주식공개상장(IPO) 규모는 500억에서 1,500억 달러 규모가 되어야 하며, 투자자 수는 2,000만 명 이상이 될 것이다.

8. 국민의 사회적 보호를 위한 기능적 경제 시스템

최근 100년 동안 세계화, 민주화 그리고 사회의 인간중심화와 과정들은 세계 대부분의 나라들에서 **사회적이고 복합적인 국가 정책**의 중요성을 증대시켰다. 이것은 국가에 의한 사회적 기능들의 실행을 통해 나타났다. 그러나 현대의 모든 국가들이 국민의 사회적 보호를 위한 효과적인 기능적 시스템들을 창조할 수는 없었다.

사회적 기능을 사람들의 구체적인 필요를 충족시키기 위한 국가의 목적지향적인 활동으로 이해할 때, 국민의 사회적 보호를 위한 기능적 경제 시스템은 다음과 같은 기본 과제들을 해결해야 한다.

- 빈곤의 탈피
- 사회적 불균형의 해소
- 취업의 보장
- 사회적 보장
- 적절한 보건과 교육의 보장
- 사회적 서비스의 제공

국가의 사회적 기능이 만들어져 온 역사는 국가가 새로운 사회적 분야를 개척함에 따라 이 영역에서 해결할 과제 항목이 지속적으로 확대된다는 점을 보여준다. 사회적 보호를 위한 기능적 시스템의 실재는 사회적으로 지향된 시장 경제 모델의 근본적 요소이자 특성이다.

기능적 경제 시스템은 인구통계적, 경제적 변화의 결과로 끊임없이 발생하는 사회적 긴장을 해소함에 있어 중요한 역할을 수행한다.

공동체의 사회적 발전 수준을 특징짓는 중요한 지표 중의 하나는 **빈곤지수**이다. 유엔(UN)의 자료에 따르면 빈곤은 생활에 있어 중요한 인간적 필요를 충족할 수 있는 가능성과 선택의 결핍으로 정의된다.

- 건강하고 창조적인 삶을 오랫동안 영위하는 것
- 읽고 쓸 줄 아는 것

- 정상적으로 먹는 것
- 삶의 질을 누리는 것
- 자유와 주위 사람들의 존경을 누리는 것

빈곤은 절대적 빈곤과 상대적 빈곤으로 나눌 수 있다.

절대적 빈곤은 육체적 필요를 최소한으로 보장하기 위한 필수적인 소득의 결핍을 의미한다. 절대적 빈곤에는 노숙자들, 부랑아들, 이주자의 지위를 얻지 못한 사람들 등이 관련된다. 러시아에서 절대적 빈곤은 인구의 약 5%에 달한다.

상대적 빈곤은 세계 평균 국민소득의 40~60%를 넘지 않는 소득으로 정의된다. 각 나라에서는 빈곤의 다양한 척도들이 사용되고 있다. 유엔의 전문가들은 **인구 1인당 1일 1달러를 넘지 않는 소득을 극단적 빈곤으로** 간주한다.

참고자료: 이와 같은 기준은 선진국과 대부분의 개발도상국에서 실제적 상황을 충분히 반영해 준다. 그러나 이 가치지표를 해당국의 통화로 환산할 때 난점들이 발생한다. 공식 환율의 사용이 항상 정당한 것은 아니다. 통화의 구매력 평가에 기초한 산정이 훨씬 객관적인 지표인데, 많은 나라에서는 그러한 계수들이 고려되지 않는다.

세계 여러 나라에서 사용되는 방법들에는 상당한 차이들이 존재한다. 라틴아메리카에서는 빈곤 수준이 실제적 소비가 아니라 소득에 기초해서 결정된다. 동시에 유엔의 전문가들은 삶의 수준을 보다 정확하게 반영하는 가계 소비에 관한 종합적인 정보를 보다 바람직한 것으로 여긴다.

또 다른 문제는 소비 품목의 구성에서의 차이인데, 이것은 취향과 다양한 물건들의 가능성과 관련된다. 그러한 조건들에서 1달러라는 기준은 단지 상당한 근사치로서만 받아들일 수 있을 것이다.

국제노동기구에 따르면 2007년에 세계에서 대략 4억 8천7백만 명의 노동자들(총 취업자수의 16.4%)이 1인당 1일 1달러라는 소득

한계선 이하의 불충분한 임금을 받고 있으며, 대략 13억 명, 혹은 세계 전체 노동자의 43.5%가 하루에 2달러 이하로 살아가고 있다.

세계은행이 실시한 전문적 연구를 보면, 최근 수십 년간 중국과 인도에서 **빈곤 수준이 상당히 하락**하였음을 알 수 있다. 라틴 아메리카와 아프리카에서는 결과들이 그다지 좋지 않았다. 반대로 동유럽에서는 빈곤 수준이 상승되었다.

참고자료: 21세기 초에 빈곤 상황의 긍정적인 변화에도 불구하고, 유엔 전문가들의 평가에 따르면, 세계인구의 약 18%가 여전히 하루에 1달러 이하의 소득으로 살아가고 있다. 세계의 가난한 사람들의 절대다수(1990년 자료에 따르면 60%)는 중국과 인도에 집중되어 있다. 빈곤수준이 심각한 나라는 인도이다. '빈곤선' 너머에서 살고 있는 전 세계 인구 수에서 인도가 차지하는 비율은 21세기 초에 20%~33%에 달했다.

현 단계에서 유엔의 주요한 과제 중의 하나는 '빈곤선' 이하에서 살고 있는 인구비율을 2015년경까지 두 배로(1990년과 비교하여) 축소하는 것이다. 결과적으로 이 과제의 수행과 지구공동체에서 활용되는 전략의 효과성을 관리하는 일은 세계은행이 담당하게 되었다. 개별 국가 수준에서 이 과제가 해결되어야 하는데, 그러기 위해서는 적합한 기능적 시스템의 구축이 있어야 한다.

사회 영역에서 두 번째로 중요한 과제는 **사회적 불균형의 해소**이다. 소득분포의 불균형을 양적으로 평가하는 통계적 지표는 **지니계수 – 소득집중계수**이다. 평등한 소득분포에서는 모든 집단들이 자신들의 수에 비례해서 소득을 분배받는데, 이 경우에 지니계수는 0이다. 절대적인 불균형에서의 해당 지수는 1이다.

유엔의 방법론에 따르면 소득 차이의 한계점은 지니계수 0.410

~0.420이다. 따라서 경계지표는 0.350~0.370이고, 상대적 적정지표는 0.250~0.260이다. 2007년도 러시아에서 이 지표는 위기 수준에 있었다. 특히 최하위층이 총소득의 5.5%를, 최상위층 20%가 총소득의 46.4%를 차지하였다. 더구나 지니계수는 0.400에 달했다.

지니계수는 또한 직업의 성격, 성별 등에 따른 다양한 노동자 집단들의 임금 분포의 불균형 정도를 결정하는 데도 이용될 수 있다.

현대 세계 경제의 가장 심각한 사회-경제적 문제 중의 하나는 **취업 문제**이다. **실업자 수준** 지표는 공동체에서 사회적 안정성을 특징짓는 가장 중요한 거시경제적 지표이다. 이에 관해서 주요 선진 7개국-미국, 독일, 영국, 프랑스, 이탈리아, 일본, 캐나다-정상들의 정기적인 회담을 포함하여, 대규모 국제적 경제 포럼의 현안으로 이 문제가 상정된다는 사실이 이것의 중요성을 특히 잘 보여준다.

2007년 지구상의 노동인구는 30억 명에 이르렀고, 그들 중에서 61.7%가 직업을 가지고 있었다. 2000년 초 전 세계의 상황에 관한 세계노동기구(ILO)의 **공식적인 자료**에 따르면 공식적으로 기록된 실업자 수는 1억 2천만 명으로 집계되었고, 그중에서 3천4백만 명은 선진국에 속해 있었다.

2006년에는 전 세계에서 공식적으로 기록된 실업자 수가 이미 1억 8천7백만 명으로 집계되었고, 2007년에는 1억 9천만 명인데, 이것은 전체취업자 수의 6%에 해당한다. **비공식적인 자료**에 따르면 전 세계의 실업자수는 전문가들에 의해 8억 2천만 명으로 산정되었고, 이것은 전 세계 노동력인구의 거의 1/3에 해당한다.

지난 세기의 90년대 말에 가장 높은 실업률을 기록한 나라는 남아프리카공화국(33.1%), 에스파니아(22.15%), 이집트(17.79%), 아르헨티나(17.20%), 핀란드(16.30%), 요르단(14.00%) 등이었다.

세계에서 가장 낮은 실업률을 가진 나라는 신흥산업국가들과 몇몇 유럽의 국가들이다. 90년대 말에 이들 국가에는 중국(0.60%), 대한민국(2.1%), 말레이시아(2.6%), 대만(2.6%), 태국(2.7%), 룩셈부르크(2.8%), 홍콩(2.9%), 싱가포르(3.0%), 체코(3.1%), 인도네시아(3.1%), 일본(3.3%), 네덜란드(4.0%), 오스트리아(4.3%), 노르웨이(4.3%), 포르투갈(4.5%) 등이 포함되었다.[49]

후기산업사회의 구조적 변화는 기업들, 직업들, 업종들 사이에서 노동력의 재분배를 요구하고 있다. 해고는 경쟁력의 상실과 시장으로부터의 퇴출을 의미한다. 그러나 해고권에 대한 엄격한 법적 제한과 정치적으로 영향력 있는 노동조합들이 존재하는 경우 그와 같은 변화를 보장하는 것은 간단하지 않다.

해고의 어려움은 고용주들이 경기가 양호할 때 새로운 노동자들을 고용하는 것을 가로막는다. 기업가들은 경기가 악화될 때, 그들을 해고하는 것이 극도로 복잡하거나 전혀 불가능하다는 점을 알고 있다. 임금 수준과 실업수당 수준의 상호연관성에 관한 대부분의 연구들은 수혜자들이 실업자로 남아 있는 시간과 수당의 크기의 분명한 관계를 보여주고 있다.

---

49) The Global Competitiveness Report 1999, World Economic Forum, Geneva, Switzerland, 1999.

현대의 **실업수당 시스템들**은 실업에 따른 위험이 심각한 위협이었던 산업 사회에서 만들어졌다. 실업은 일자리, 가족 부양력, 사회적 지위의 상실을 의미했다. 이런 배경에서 노동자가 취업보다 실업을 스스로 선호한다는 사고는 맞지 않아 보인다. 대공황 직후 실업수당 시스템이 만들어졌을 때, 실업의 급속한 증가에 따른 사회적 재앙과 동요에 대한 기억은 아직도 생생하다. 일자리를 잃는 것은 명백히 무서운 재난이었다. 이 시스템들을 만들었던 사람들도, 초기에 그것들을 이용했던 사람들도 **일자리를 찾기보다 수당생활을 선호하는 거대한 인구 집단들**이 생겨날 것이라고는 상상하지 못했다. 넉넉한 사회적 수당들은, 실업수당까지 포함하여, 취업자들의 임금에 대해 높은 세금을 매길 때 가능해진다.

근로자의 지위에서 실업자 신세로의 전락은 국가와의 재정적 관계를 극단적으로 변화시키는 상황을 초래한다. 실업자는 높은 세금을 내지 않고 재정적 도움의 수혜자가 된다. **더구나 실업자의 지위는 수당뿐만 아니라 일련의 추가적인 혜택(의료, 자녀수당 등을 포함하는)에 대한 권한까지 가지도록 해 준다.**

실업수당 시스템이 기능하고 발전한 수십 년 동안 노동 시장에서 실업자가 추산할 수 있는 임금이, 발생하는 납세 의무까지 고려할 때, 수당의 크기보다 그다지 높지 않은 경우가 생겨났다. 서유럽의 주요 국가들에서는 **대중적이고 장기적이며 많은 경우 자발적인 실업이라는 독특한 문화가 형성되었고, 그것에 대한 재정지원은 경제에 대한 국가 부담을 확대하고 경제 성장을 지체시키고 있다.**

점차적으로, 특히 1998년의 재정위기 이후 **러시아**에서는 인플레이션, 빈곤 그리고 범죄와 함께 실업자 수의 증가가 주요한 사회

문제들 중의 하나로 되고 있다. 2003년 초에 러시아고용부에는 공식적으로 일자리를 구하는 9백만 이상의 사람들이 등록되어 있었는데, 그들 중에서 130만 명은 러시아고용부 산하 기관들에 실업자로 등록되어 있었다.[50]

실업수준, 즉 노동력 인구수 대비 실업자수의 비율은 2.1%에 달했다. 이 지표에 따르면 러시아는 아직은 최고의 복지 국가들에 속한다. 그러나 국제노동기구의 계산과 분류 방법에 따르면, 러시아에서는 9백만 명 이상의 실업자가 있는 것으로 보고되었다. 또한 대략 비슷한 수의 사람들이 (행정당국의 조치에 따라) 불완전 고용 상태에서 일하거나 강제 휴직 상태에 놓여 있었다.

이와 같이 2003년 러시아에서 전체잠재실업자수는 거의 1천4백만 명, 혹은 총 경제활동 인구수의 13.4%에 이르는데, 이것은 러시아를 실업이 잠재적으로 중대한 사회－경제적 문제가 될 수 있는 국가로 만들고 있다.

§ 국민에 대한 사회보장 모델들의 특성들

사회보장 모델은 사회보장 시스템의 조직화와 기능화를 위해 구성된 원칙들이다.

특히 유럽 위원회의 전문가들의 연구에 따르면, 유럽공동체(EU)의 국가들에서 기본적인 4개의 사회보장 모델 - 대륙 모델, 앵글로색슨 모델, 스칸디나비아 모델 그리고 남유럽 모델 - 을 찾아볼 수 있다.

---

50) Россия в цифрах 2003 г., Госкомстат, Москва 2002 г., стр.148.

참고자료: 국민의 사회보장 모델들을 다양한 유형으로 분류하는 데는 여러 가지 척도와 방법이 존재한다. 특히 사회 보장을 위한 국가의 지출 수준에 따라, 실행되는 방법에 준해서 '잉여적' 혹은 '제도적' 모델로 나눌 수 있다.

사회보장이 '잉여적' 원칙에 따라 지원되는 국가들은 시민들에게 최소한의 보증과 정량의 사회적 서비스를 제공한다. 사회보장 시스템이 '제도적' 원칙에 따라 만들어진 국가들은 국민들에게 충분한 수준의 지원과 보다 넓은 범위의 사회적 서비스를 보증한다. 그 외에도 사회보장 모델들을 사회 정책의 국가적 우선 순위, 재분배 과정에서 국가의 참여도 등과 같은 기준에 의해 분류할 수 있다. 이러한 기준에 의거하여 3개의 주요한 사회보장 모델 유형 – **자유주의적, 보수주의적 그리고 사회 – 민주주의적** – 을 나눌 수 있다.[51]

ℰ 대륙 모델

비스마르크(Otto Eduard Leopold von Bismark) 모델로도 칭해지는 대륙 모델은 사회보장 수준과 직업 활동의 지속성 사이의 엄격한 연관성을 설정한다. 그것의 기초는 서비스들이 기본적으로 보험 가입자의 납입금으로 충당되는 **사회 보험**이다.

역사적 참고자료: 이 모델의 주요 원칙들은 19세기 말 독일의 총리였던 비스마르크에 의해 정립되었다. 비스마르크에게 사회 개혁의 가장 중요한 목적은 노동자들의 복지상태의 향상이 아니라 국가에 의해 통제되고 조정되는 사회질서의 보장, 정치체제의 안정에 위협을 줄 수 있는 급진주의자들의 영향을 분쇄하는 것이었다.

향후 다른 산업 국가들에게 본보기가 된, 진보적인 사회적 입법의 토대들이 이때 만들어졌다. 바로 그 당시에 오늘날까지도 독일에 존재하는 사회 보험의 3부문이 생겨났다.

- 노령과 장애 보험
- 질병 보험
- 산재 보험

---

51) Esping Andersen G. *The Three Worlds of Welfare Capitalism*, Cambridge, 1990.

해당 모델의 기본 원칙들을 오스트리아, 프랑스, 베네룩스 국가들도 가지고
있다.

이 모델의 근본 원칙들 중의 하나는 직업적 연대인데, 그것은
임금 노동자들과 기업가들에 의해 등가의 원리로 관리되는 보험
기금의 존재를 미리 상정한다. 기금은 임금에서 사회적 공제금을
축적하고, 그것으로부터 보험금이 지급된다. 그와 같은 보험 시스
템들은 대개 국가 예산으로부터 지원을 받지 않는다. 예산 보편성
의 원칙은 이러한 사회 보장 모델에 대립된다.

사회 보험 기관에서 재정적 어려움이 발생했을 때, 그것의 의무
실행을 국가가 보증하는데, 이는 안정과 사회적 정의의 유지를 위
해 사회적 보호 기관의 특별한 역할을 인정하는 것이다.

⅋ 앵글로색슨 모델

영국과 아일랜드에서 이용되는 사회보장제도인 앵글로색슨 모델
은 독일 모델과는 확연하게 구별된다.

역사적 자료: 1880년대 '산업혁명'이라는 개념을 폭넓게 사용했던 영국의
유력한 역사학자, A. 토인비는 산업혁명이 하층계급을 위해 치러야 했던 사회
적 비용들에 대해 깊은 유감을 표명한 바 있다. 1867년과 1884년의 영국의 선
거법 개혁은 임금 노동자들의 정치 참여를 확대시켰다. 이것은 또한 사회적
입법에 대한 태도 변화를 가져왔다.

1880년에 산재에 대한 고용주의 책임이 도입되었다. 사회보장 시스템의 뼈대
를 만들었던 개혁의 주요한 파고는 영국에서 1906~1914년에 밀려왔다.

영국에서 사회보장제도의 현대적 토대를 마련한 것은 1942년에 내각에 진출한 영국의 경제학자, 베버리지(W.H. Beveridge)의 보고서에서 공식화된 원칙들이다. 보고서의 내용에 커다란 영향을 끼친 것은 사회적 생산과 고용의 역동성이 지불능력이 있는 수요에 의해 결정된다는 케인스(J. M. Keynes)의 사상이었다. 따라서 낮은 소득 수준의 사회 집단들을 위한 재정적 수단의 재분배가 필수적이었다.

베버리지는 사회보장제도를, 첫째, **전체성(보편성) 원칙**에 따라, 물질적 원조가 필요한 모든 시민들에게 확대해야 한다고 제안하였다. 둘째로, **사회적 서비스들의 단일성과 통합성**을 제안했는데, 이는 연금과 수당, 그리고 그것들의 지불 조건이 동일해야 한다는 원칙이다.

"동일한 납입금에 대한 동일한 수당"이라는 조건을 베버리지는 사회적으로 정의로운 것으로 간주했고, 따라서 대부분의 경우에 지출된 소득의 규모에 관계없이 연금과 수당의 평등원칙이 지켜졌다. 이전의 공제에 따른 사회적 지불은 인간 평등의 이념에 위배되었었다.

베버리지의 구상은 각각의 노동자들에게 음식, 주거 그리고 의료 분야에서 최소한의 필요를 충족시켜 줄 수 있는 일정한 소득의 수령을 보증하는 것이었다. 앵글로색슨 모델의 근간은 분배의 정의에 있었던 것이다. 즉, 비스마르크의 모델에서처럼 직업적 연대가 아니라 국가적 연대를 중요시했던 것이다.

이러한 사회보장제도를 위한 재정은 보험 납입금뿐만 아니라 정부의 예산으로부터도 충당된다. 따라서 가족 수당과 의료 서비스는 정부 예산에서 지원되며, 다른 사회적 수당은 임금 노동자와 고용주의 보험 납입금으로 충당된다.

비스마르크 모델과는 달리, 이 모델은 아주 낮은 금액을 납부하는 사회 보험과 지배적 역할을 수행하는 사회적 원조를 포함하고 있다. 이처럼 영국의 사회보장제도의 특징은 구체적인 보험 프로그램(연금보험, 의료 보험, 장애연금 등)의 내용을 위해 개별적 보험 납입금의 액수를 미리 상정하지 않는다는 점이다.

그러나 사회적 위험의 구체적 형태 - 노령, 질병, 실업, 산업 재해 등 - 에 대한 보험의 기능을 담당하는 전문적이고, 조직화된 기관들은 존재하지 않는다. 사회적 보험의 모든 프로그램들은 단일한 시스템 속에 있기 때문이다.

이 프로그램의 모든 재정 지출은 단일한 사회적 납입금으로 충당되며, 그 수입은 사회 보험이 필요한 특정 부문에서 사용된다. 또한 수당 수령을 위해 필수적인 소득 산정을 폭넓게 적용하는 것이 특징적이다.

앵글로색슨 모델도 국가별로 약간의 차이가 존재한다는 점을 언급할 필요가 있다. 즉 영국에서는 무상 의료 서비스가 소득 수준에 상관없이 모든 시민들에게 제공되지만, 아일랜드에서는 그것이 단지 저소득층 사람들에게만 국한되어 있다.

스칸디나비아 모델

이 사회보장 모델은 덴마크, 스웨덴 그리고 핀란드에서 실행되고 있다. **사회적 서비스들은 이 모델에서 시민적 권리로 규정되며,**

모든 시민들은 평등하고, 세금으로 지원되는 사회적 보장을 받을 권리를 지니고 있다. 달리 말해서 **사회보장은 국가의 배려가 아니라 시민의 법적 권리로서 이해되는 것이다.** 예외는 국가의 사회보장 시스템에서 분리되고, 자발성의 원칙에 기초하며, 노동조합에 의해 관리되는 실업 보험이다.

스칸디나비아 모델의 변별성은 이 모델이 **공동체의 지원이 필요한 다양한 사회적 위험들과 생활하면서 발생할 수 있는 다양한 상황을 포괄한다는 점에 있다.** 사회적 서비스들은 일반적으로 모든 국민들에게 보장되고 취업과 보험료 납부 여부에 따른 제약을 받지 않는다. 전체적으로 제공되는 사회보장의 수준은 상당히 높다. 무엇보다도 사회보장은 소득의 균등화를 지향하는 재분배 정책을 통해 실현된다.

이 모델이 제대로 기능하기 위한 필수적인 조건은 **사회가 복지사회의 제도화된 원칙들에 입각해 고도로 조직화되어야 한다는 점이다.** 사회보장 시스템의 재정은, 비록 기업가들과 고용노동자들의 보험 납입금이 결정적인 역할을 하기도 하지만, 주로 일반 과세라는 수단을 통해서 마련된다. 얼마 전까지 고용노동자들은 사회적 납입금을 지불하지 않았으며, 일반 납세를 통해 보험에 가입하였다.

그러나 최근 십 년간 보험 프로그램의 재정에 고용노동자들이 참여하는 몫이 점차적으로 확대되고, 임금에서 보험 공제금이 상승하는 경향이 두드러지게 나타나고 있다. 이러한 경향은 기업가들에게서도 나타나는데, 이에 반해 국가의 사회적 지출은 확연하게 축소되었다.

스위스 사회보장제도의 기본 원칙은 **보편성으로, 국민의 모든**

계층을 포괄해야 한다는 원칙이다. 많은 유럽의 사회적 경제에서 특징적으로 나타나며, 스위스에서 특히 두드러진 두 번째 중요한 원칙은 **연대성의 원칙**이다.

그것의 본질은 모든 시민들이 똑같은 방식으로 사회적 지위에 상관없이, 자신의 소득에 상응하는 기여를 함으로써, 사회보장제도의 재정에 기여한다는 데 있다. 결국, 그러한 시스템에서 필수적인 요소는, 생활이 보장되는 사람들로부터 가장 취약한 범주의 사람들에게로 사회적 부의 재분배 기능을 담당하는 국가이다.

그와 같은 시스템에 지불되는 비싼 대가는 국민에 대한 고도의 사회보장, 심각한 빈부격차의 해소, 그리고 이에 따른 정치 사회적 안정성에 의해 충분히 상쇄된다.

스위스 모델의 '황금 시대'는, 스위스가 1인당 국민소득 지표에서 가장 부유한 나라들 중에서 세 번째 자리를 차지했던, 1960~1970년대 초에 도래한다. 70년대의 경제 위기는 다른 유럽 국가들보다는 다소 늦게 스위스에 닥쳐왔다. 위기는 실업수준이 상승하고 재정적자가 확대되며 국가부문에서 고용이 축소되었던 1977년부터 감지되기 시작했다.

⁝ 남유럽 모델

남유럽, 혹은 또한 '미발달' 모델로 칭해지는 사회보장 모델은 이탈리아, 스페인, 그리스 그리고 포르투갈과 같은 나라들에서 만들어졌다. 최근 수십 년간 사회 – 경제적, 구조적 변화의 영향으로 사회보장 시스템들이 이 지역에서 형성되기 시작했다.

이 모델은 발전하고 있는 과도기적 모델이기 때문에 분명한 유기적 구조를 가지고 있지 않다. 바로 이 때문에 이 모델의 '미발달성'은 여러 전문가들에 의해 그것의 주요한 특성으로 언급된다. 일반적으로 이 나라들에서 사회보장의 수준은 상대적으로 낮으며, **사회보장은 친척이나 가족들이 고민해야 하는 영역으로 간주된다**. 따라서 여기에서는 가족과 시민 사회의 다른 제도들이 일차적인 역할을 한다.

이탈리아에서 사회보장의 주요한 문제들 중의 하나는 북부 지역과 남부 지역의 주민들 사이에 역사적으로 형성된 소득 차이인데, 그것은 실업 통계에 반영되어 있다. 국가의 전체 실업 수준(1999년 11.3%)과 비교할 때, 북부의 실업 수준은 대략 7.5%(이것은 유럽의 평균 수치에 근접한다)이지만, 남부에서는 20% 이상이다. 이것은 사회 보험 시스템의 몇몇 형태들이 수행하기 시작한 역할에서 특히 분명하게 나타난다. 무엇보다도 이것은 장애인 연금과 관련되는데, 그것은 경제적으로 취약한 지역들에서 자신의 기본적 사명 이외에 실업 원조와 사회적 원조의 역할을 수행하고 있다.

이탈리아에서 특징적인 요소는 서구 유럽의 다른 나라들에서보다 훨씬 높은 여성들(남성의 9%에 비해 전체 실업률은 16%)과 12.4%를 상회하는 젊은 층의 실업률이다. 또 하나의 본질적인 문제는 경제에서 사회적 보장이 열악한 부문들과 함께 여러 가지 상황 때문에 사회보장이 보다 잘 되어 있는 부문들이 공존하고 있다는 점이다. 문제는 여러 가지 원인들로 인해 아무런 소득도 없는 사람들을 여러 위험들로부터 보호해야 한다는 점에 있다.

다음으로 중요한 문제는 사회적 지출의 불균형한 구조이다. 이 것은 사회적 지출의 가장 큰 부분을 연금 보장 – 국내총생산(GDP) 의 15.4%, 유럽평균은 11.9% 수준 – 이 차지한다는 점에서 드러난 다. 이에 반해 가족, 육아, 교육 그리고 고용 지원에는 상대적으로 적은 재원이, 즉 국내 총생산의 0.8% 정도가 사용된다. 1990년대 중반 이탈리아에서 연금의 평균 규모는 프랑스와 네덜란드에 이어 유럽에서 가장 높았다.

● ● ● ● ●

유럽의 사회보장 시스템의 기본 특징은 **거대한 지출 규모이다.** 1990년대 중반 유럽공동체의 지출 수준은 미국의 13%, 캐나다와 뉴질랜드의 15% 그리고 일본의 12%에 대비하여 평균적으로 국내 총생산의 22%를 차지하였다. 이것은 무엇보다도 사회적 위험뿐만 아니라 상응하는 서비스를 제공받은 집단이 많다는 사실에서 기인 한다. 예컨대, 국가의 의료 보험 프로그램이 아주 제한된 주민에게 만 적용되는 미국이나, 낮은 소득이 연금 보험에 걸림돌이 되는 호주와는 차이가 있다.

현대 세계에서 사회보장의 중요성은 1990년 초에 실행된 사회학 적 여론 조사의 결과들이 잘 보여준다. 유럽 국가들에서 응답자들의 대부분은 국가가 여러 가지 이유로 스스로의 생활을 보장할 수 없 는 사회 구성원들에게 최소 소득을 보장해야 한다는 데 찬성했다.

대부분의 유럽인들은 이와 같이 사회적 위험들을 감소시키는 사 회적 프로그램들의 존재를 현대 국가의 주요한 요소로 간주한다.

향후에도 사회보장을 우선시하는 경향은 분명히 유럽 사회에서 중심적 자리를 차지할 것이다.

⁝ 국민의 사회보장을 위한 러시아 모델

1993년 헌법에 따르면 **러시아연방은 사회적 국가이다**. 특히 제1부, 제1장, 제7조에는 다음과 같이 언급되어 있다. "러시아 연방은 사회적 국가이며, 그것의 정책은 인간의 가치 있는 삶과 자유로운 발전을 보장하는 조건들의 창조를 지향한다(1부). 러시아 연방에서는 사람들의 노동과 건강이 보호되고, 최저 임금이 보장되며, 가족, 모성, 부성, 어린이, 장애자, 노인층에 대한 국가의 지원이 보장되고, 사회적 봉사 시스템이 발전되며, 국가의 연금, 수당 그리고 기타 사회보장책들이 확립되어 있다."

이미 1992년 헌법이 채택되기 이전에 러시아 연방의 해당 부처와 관청은 "1992~1993년 러시아 연방의 사회 정책의 기본 원칙과 방향들"을 수립한 바 있다. 사회 정책의 이러한 원칙들 가운데 기본 요소들은 다음과 같다.

- 다양한 인구 집단들에 대한 차별화된 접근을 포함하고 있는 보편성
- 능동적이고 선별적인 성격
- 사회적 협력
- 다양한 권력 층위 간의 권한 배분

자료에 따르면, 사회 정책의 주요한 방향들은, 사회보장 시스템의 구성과 더불어 사회 보험과 사회적 원조라는 원칙에 입각한 사

회보장의 개혁을 포함하고 있다. 실제로 열거된 원칙들 모두가 성공적으로 실현될 수는 없다. 보편성의 원칙은 다양한 사회적 보호 형식들을 통해 가능한 많은 수의 사람들을 포괄하려는 시도이다. 그러나 다양한 인구 집단들에 대한 차별화된 접근은 개별적인 사회적 원조 수혜자들의 필요성에 대한 고려 없이 특혜 혹은 수당을 통해 다양한 범주의 국민들을 포괄하는 형식으로 실현된다.

사회보장의 선별적 성격은 무엇보다도 실제로 사회적 원조를 필요로 하는 사람들이 아니라 제공되기를 원하는 사람들에게 특혜를 제공하거나 수당을 지급하는 원칙으로 이해된다.

다양한 권력 층위 간의 권한 배분은 아마도 사회적 지불에 대한 의무를 창출하는 결정은 기본적으로 연방 차원에서 이뤄지고, 이러한 결정의 실행은 지역에서 담당하는 역설적인 절차이다.

참고자료: 1990년대 러시아 연방에서 사회보장제도는 첨예화되는 사회–경제적 문제들에 대한 반응 시스템으로서 뚜렷하게 발전했다. 기존의 사회적 수당과 혜택의 물가지수연동제, 사회적으로 취약한 인구 집단의 지원을 위한 기관의 창설 연방적, 지역적, 지방적 수준에서 새로운 수당과 혜택의 도입, 사회적 예산 기금 시스템의 창설 등과 같은 사회보장의 새로운 형식과 방법들은 사회적 문제의 첨예화를 완화시키는 것을 목표로 했다.

동시에 수당과 특혜의 상당 부분은 그것들이 완전히 다른 기능을 수행했던 소비에트 시스템의 유산이다. 결과적으로 1990년대 말 러시아에서는 예산으로 운영되는 다양한 형태의 사회적 지원이 1000개 이상이나 집계되었다.

연방적 수준에서만 236개의 다양한 범주의 국민들(예를 들어, 퇴역군인, 어린이, 장애인, 재학생 등)에게 제공되는 156개 정도의 사회적 지원, 특혜, 수당, 보조금이 마련되었다.

실제로 모든 사회적 수당, 지불 그리고 특혜는 **엄격한 원칙**에 근거해서 제공된다.

1999년 여름에 채택된 '국가적 사회 원조에 관하여'라는 연방 법

안은 처음에는 선별적 원칙에 입각한 사회보장 시스템의 개혁에 관한 법률로서 구상되었으나, 통과안에서는 필요의 검증에 기초해서 실행되는 사회적 지불의 보충적 형태로 변질되었다.

재정적 메커니즘까지 포함하는 법률의 실행 메커니즘의 부재는 국가의 사회 원조를 재정지원이 되지 않는, 따라서 실행될 수 없는 사회적 특혜와 수당의 또 하나의 형태로 만들어 버렸다. 사회 영역의 예산 외 기금에서 재정이 지원되는 사회적 수당과 보조금(이를테면, 실업수당, 일시적 노동불가 수당 등), 생활보장이 힘든 가족들에 대한 사회 원조를 포함하여 지역에 거주하는 다양한 범주의 국민들에게 개별 지역에서 제공하는 사회적 지원과 특혜가 존재한다.

사회보장제도의 확립에 대한 체계적 접근의 부재와 다양한 사회적 특혜와 지원의 결정, 지정 그리고 실행을 책임지는 기관들의 업무에 대한 관청 간의 불충분한 조정은 **사회적 목표들에 대한 지출의 증가를 가져온다**. 게다가 그와 같은 지출증가는 국민들에 대한 추가적인 사회적 원조의 제시, 혹은 국민의 사회적 보호의 기능을 담당하는 기관들이 일련의 업무를 수행함으로써뿐만 아니라, 그러한 서비스를 제공하지 않음으로써 일어날 수도 있다.

예산과 모든 수준의 예산 외 기금에서 사회보장에 배당된 재원의 상당량은 소득이 최저생계비를 상회하는 인구 집단들을 지원하기 위해 지출되고 있다. 다시 말해서 국민의 사회적 보호를 위한 재원의 상당한 부분은 실제로 그것이 필요한 사람들에게 제공되지 않고 있다.

세계노동기구의 평가에 따르면, 선진국들과 동부 유럽의 몇몇 나라들에서는 국민의 사회적 지원프로그램이 빈곤층이 아닌 사람들에게 50% 가까이 지출되고 있다고 한다.

러시아에서는 국민의 사회적 원조 프로그램들의 효과 자체가 겨우 19%에 이른다. 사회보장제도에서 행정적 지출을 줄이기 위한 노력들이 실제로 보이지 않고 있다. 대부분의 지역에서는 사회적 원조의 효과를 평가하는 작업도 이뤄지지 않는다. 현재의 사회보장제도가 가진 문제들 중의 하나는 사회 영역의 실상에 대한 **통계학적 정보의 불충분성**, 그러한 정보의 낮은 대표성, 그리고 통계 자료의 다양한 출처들의 비교 불가능성이다.

전(全) 러시아 수준에서 러시아 연방, 연방 주체들 그리고 지방자치 기관들의 규범적 - 법률적 규정들에 의해 정해진 사회적 지불 시스템들 간의 재원 분배 구조에 관한 정확한 자료가 없다. 사회적 수당, 지불 그리고 특혜 시스템에 관한 현대의 법률적이고 규범적인 토대는 법률, 대통령의 명령, 정부의 결정 그리고 기타 규정들이다. 이들은 연방, 지역, 지방자치 수준에서 채택되거나 채택될 수 있는 많은 제안들을 포함하고 있다.

대부분의 경우 다수의 법률적이고 규범적인 규정들은 상호 일치하지 않으며, 사회적 지원의 재정적 출처, 책임자 그리고 해당 규정의 조항들이 실행되지 않을 경우 책임의 형식을 명확하게 기술하고 있지 않다.

재원의 1 / 4만이 저(低)생활보장 국민 계층에게 돌아가는 사회보장 시스템을 유지하기 위한 시도들은 비효과적일 뿐만 아니라 러시아를 사회적 국가로 선언한 러시아 연방 헌법에도 위배된다. 사회적 국가의 형성은 단지 장기적 전망 속에서만 해결될 수 있는 과제이다.

전환기와 더 나아가 위기 시기에 사회보장 시스템은 무엇보다도 사회적으로 가장 취약한 인구 집단들의 보호와 객관적인 사회 - 경제적 원인들 때문에 독자적으로 자기 생활을 보장할 수 없는 사람들의 지원을 목적으로 해야 한다. 바로 사회적 지원의 선별성을 고양시키고, 필요성에 기초하여 인구의 최저 빈곤층에 대한 지원에 사회적 보호 재원을 집중하는 방향으로 사회보장 시스템의 개혁이 이뤄져야 한다.

또 다른 가능한 방향은 작동 시스템의 최대 간소화이다. 그와 같은 방법은 상품과 서비스의 생산자들에 대한 예산 보조금의 축소 (무엇보다도 공동주택서비스와 대중 교통에 대한 보조금)와 이러한 보조금의 궁핍한 사람들에 대한 선별적 지불로의 점차적인 교체가 결합되어야 한다. 지적했듯이, 오늘날 다양한 사회적 보조, 특혜 그리고 여러 형태의 사회적 원조의 지불에 관한 의무들을 규정하는 결정은 주로 연방 수준에서 이루어지고, 연방법의 형태로 만들어지는 반면에, 이러한 지불의 대다수는 러시아 연방의 지역 주체들에게 맡겨지고 있다.

지방 정부들은 실제로 이러한 특혜를 수정하고 자신의 필요에 맞출 수 있는 가능성을 극히 제한적으로 가지고 있을 뿐이다. 이러한 상황은 연방주의 원칙에 직접적으로 대치된다. 이런 맥락에서 원칙적인 과제들 중의 하나는 해당 지역에서 어떤 지원이 실제로 필수적인지, 얼마만한 규모로 어떠한 형식으로 그것들이 구체적인 범주의 사람들에게 지급되어야 하는지에 관한 결정을 함에 있어 지역의 자립성을 최대한 확대하는 것이다.

　　선별적 사회 원조로의 전환은 최저생활가계를 위해 배당되는 재원 비율의 상당한 확대를 의미할 수 있다. 그와 같은 사회적 지원 시스템은 사회적 특혜와 지원의 수혜자들에 관한 단일한 정보 기반을 만들어 줄 것이며, 사회적 보조금, 특혜 그리고 지원의 수혜자들에 대한 개별적인 고려는 보조금 시스템의 필수적 재정 규모를 줄일 수 있게 해 줄 것이다. 그와 같은 시스템은 상당한 행정적 비용을 요구하겠지만, 그것은 동시에 개별적인 수당 지불과 특혜 지급을 위한 다양한 시스템을 유지하고, 사회적 지원과 특혜 수혜의 필요성 산정에 필수적인 조직의 지출을 축소시켜 줄 것이다.

　　1990년대 사회보장 정책은 두 개의 집단적 요소들의 영향을 받아 입안되었다. 한편으로 빈곤 규모의 상당한 증가인데, 이것은 국가의 사회적 원조 수혜자들의 양적 증가를 가져왔고, 다른 한편으로 사회 영역의 재정 지원을 위한 재정적 자원들의 상당한 축소이다.

　　그 실제적 결과는 **정부가 지닌 자신의 사회적 의무의 완전한 실행의 불가능, 법률적 규범의 체계적인 파괴, 사회보장제도의 상황적, 선택적 접근**이었다. 효과적인 사회 정책 일반과 특히 사회보장을 가로막는 주요한 원인들 중의 하나는 러시아 연방의 헌법에 규정된 사회적 국가로서 러시아의 지위에 대한 단순한 이해, 즉 사회적 국가와 부자주의(父子主義)적 국가를 동일시한 것이다.

　　사회적 법률은, 1990년대의 일련의 상당한 변화에도 불구하고, 개혁 이전의 사회적 흔적들을 지속적으로 보유하고 있다. 이에 대한 가장 분명한 예는 특혜와 혜택이 대중적인 사회 집단들에게 전달되는 사회보장 원칙의 유지와 이에 대한 우선권의 부여이다. 국가가 수행하는 사회적 의무의 절대적 부분은 크게 확대되었다. 그것은 사회적 정의의 원칙에도, 국가의 현실적인 경제적, 재정적, 예산적 능력에도 적합하지 않은 일이다.

그와 함께 기존의 사회보장 시스템을 근본적으로 개혁하려는 시도들은 그 시스템의 명백한 결점들에도 불구하고 강력한 사회적 저항에 부딪힐 수 있다. 이것을 분명하게 보여준 것이 위에서 언급한 사회적 문제들의 해결을 위한 특혜의 현금화에 관한 연방법의 채택이다. 러시아에서 사회보장을 위한 시스템의 근본적 개혁은 기본적인 사회적 지표의 목표 설정과 최대 수준에서 그것들을 감시하고 유지하기 위한 메커니즘의 창조를 겸비한 기능적 경제 시스템의 구축 원칙들에 기초해야 한다.

9. 환경 보호를 위한 기능적 경제 시스템

환경 보호를 위한 시스템은 지속 가능한 발전의 원칙에 기초하고 있다. 다시 말하면 경제는 사람들의 필요를 만족시켜야 하지만, 그것의 성장은 지구의 생태적 가능성 내에서 이뤄져야 한다. 혼란스럽고 무한한 성장 대신에 문명의 균형 잡힌 지속 가능한 발전이 필수 불가결하다.

국가적, 지역적 그리고 세계적 수준에서 그러한 시스템들의 출현은 보다 많은 사람들이 **자연오염의 문제들이 너무나 심각하여 전체 지구 문명의 발전이 의심스러워지는 위기점에 세계 경제 시스템이 도달했다**는 사실을 이해하게 된 1970년대 말에나 가능해졌

다. 점차로 세계 공동체는 경제와 환경을 단일한 시스템으로 간주
할 필요가 있다는 점을 이해하기 시작했다. 지구적 차원에서 생태
학과 환경 보호의 문제들이 중요해졌다.

생태학적 요소는 지역적, 국가적 수준뿐만 아니라 전지구적 수
준에서 경제적 결정의 주요한 요인들 중의 하나가 되었다. 인류에
의한 주요 천연자원의 급속한 이용, 생산·대외무역·투자흐름·
식료품과 공산품의 최종적 소비의 불합리한 구조는 이미 허용 한
계를 넘어서 많은 형태의 환경오염을 유발했다.

이것의 근본적인 원인은 인구 수, 산업 생산, 식료품 생산, 자원
소비, 대외경제 관계의 심화 그리고 환경오염과 같은 세계경제적
시스템의 모든 주요 요소들의 급속한 성장이다. 환경 보호를 위한
기능적 시스템들은 다음과 같은 현대 세계의 가장 심각한 생태학
적 문제들을 해결해야 한다:

- 지구 온난화
- 지구 오존층의 감소
- 산림 면적의 축소
- 지하자원의 고갈
- 수자원의 오염
- 생물학적 다양성의 축소
- 고체·유독성·방사능 폐기물의 축적 등

언급된 시스템들의 기본적인 파라미터들은 개별 국가 및 국제적
인 수준에서 합의 단계에 있고, 입법화 과정을 거치고 있다. 특히
이와 같은 목표 지표들에는 **생태학적 지속 가능성의 지수**가 포함
되는데, 그것의 측정에는 다음과 같은 지표들이 사용된다.

- 대기 중의 탄산가스 배출량
- 국가의 에너지 수지에서 재생 에너지원의 비율
- 국내총생산(GDP)과 개별 산업 부문에서의 에너지사용량
- 자동차 내연 기관의 유독 물질 배출의 허용 기준
- 천연자원의 소비와 매장량의 상호관계
- 자연 상태와 변화된 상태에 있는 대기, 물, 토양의 질적 지표, 생산성과 보존 정도를 고려한 산림의 질적 지표, 소멸 위기에 처해 있는 생물학적 종의 양적 지표
- 다양한 형태의 폐기물의 산출 수준 등

특히 1997년 12월 일본(교토)에서 개최된 지구온난화에 관한 제3차 국제회의에서는 **대기 중 온실 가스 배출의 감축**에 관한 국제적 협약이 채택되었다. 이 협약에 따라 2008~2012년까지 산업 선진국들은 대기 중 온실 가스(특히 이산화탄소) 배출량을 1990년 수준으로 감축해야 한다. 이와 관련하여 유럽공동체 국가들은 8%, 미국은 7%, 일본은 6%의 배출량을 줄여야 한다.

유럽공동체에서 만든 에너지 전략에서는 **회원 국가들의 에너지 수지에서 재생에너지의 비율을 2020년까지 20%까지, 그 가운데 운송에서 바이오 연료의 비중은 10%까지 상향시키는** 과제가 제시되었다.

국가적 수준에서 환경 보호를 위한 기능적 시스템의 주요한 구조적 요소들은 해당 부처와 관청, 비(非)정부 전문 기구들이다. **국제적 수준**에서는 유엔의 환경보호위원회(UNEP), 정부 재단과 '야생보호기금(WWF)'과 '그린피스' 등을 포함하는 민간 재단 등이다.

1990년대 말에 러시아 연방 정부는 러시아가 지속 가능한 발전 모델로 전환해야 한다는 구상을 만들었는데, 그것의 기초는 경제, 자연 그리고 사회가 역동적이고 균형 있게 발전해야 한다는 이념

이었다.

지속 가능한 발전으로의 전환 과정을 관리하기 위해서는 상응하는 기능적 시스템을 구축하여 목표 지표들과 그것들의 성과를 검토하는 절차를 갖춘 규제들을 개발할 필요가 있다. 이를 위해 **러시아에서는 환경 보호를 위한 효과적인 기능적 경제 시스템의 구축이 무엇보다 중요하다. 왜냐하면 러시아는 거대하고 독특한 생태적 잠재력을 지니고 있기 때문이다.**

무엇보다도 러시아에는 생물권의 지속 가능성을 위해 예비자원의 역할을 하는 지구상에서 가장 거대한 자연 생태 지대가 보존되어 있다.

영토의 광활함은 아주 중요한 생물권적 의미를 지닌다. 세계자원연구소의 자료에 따르면 러시아는 경제활동이 미약하거나 전혀 이뤄지지 않는 가장 광대한 영토를 소유하고 있다. 1천7백만 제곱킬로미터 크기의 영토에서 경제 활동이 이뤄지지 않거나 상대적으로 미약하게 이뤄지는 지표 면적은 러시아에서 7백5십만 제곱킬로미터에 달한다. 비교해 보자면 캐나다에서는 그러한 영토가 6백4십만 제곱킬로미터, 중국에서는 2백십만 제곱킬로미터다.[52] 러시아의 산림과 늪지의 보존은 러시아뿐만 아니라 세계의 다른 지역들에게도 기후 변화를 줄여주고, 경제적이고 사회적인 손실을 완화시켜 준다. 장차 세계 공동체가 세계 생물권의 예비자원인 광대한 영토를 소유하지 못해 생겨나는 손실을 (몇몇 다른 국가들에게게처럼) 러시아에 보상해야 한다는 결론에 도달할 수 있는 가능성을

---

52) 국가보고서 『러시아의 전략적 자원들』, 정보-분석 자료들, 모스크바, 1996, 115쪽(Н ациональный доклад "Стратегические ресурсы России", информацион но-аналитические материалы-М.: 1996, стр.115).

배제해서는 안 된다. **이런 맥락에서 러시아의 중요한 장점으로 보존된 영토를 강조할 필요가 있다.**

1990년대 말에 러시아에는 93개의 경제금지구역, 32개의 국립공원, 약 5천 개의 보호구역이 존재했고, 대략 2천 개의 대상이 천연기념물의 지위를 가지고 있다.

보존된 영토는 생물학적 다양성의 유지, 생물권에서 물질과 에너지 흐름의 안정, 과학적 연구의 수행, 교육과 문화의 발전, 레크리에이션 활동과 여행을 위해 아주 중요한 의미를 지닌다. **그 자체의 중요성 때문에 보존된 영토를 러시아의 전략적 자원에 포함시켜야 한다.**

전망해 보건대 러시아의 많은 지역들은 레크리에이션의 발전, 여행, 대내외 시장을 겨냥한 생태학적으로 깨끗한 상품들의 생산을 위해 이용될 수 있으며, 그것은 러시아가 보유하고 있는 또 하나의 타고난 경쟁적 우월성이다.

제4장   미시 경제적 차원의 자율조절 메커니즘들

1. 자율조절조직(SRO: Self-regulatory Organization)의 정의와 기본 성격들

발전된 시장 경제를 지닌 나라들에서 미시 경제적 차원의 자율 조절 시스템은 아주 오래전에 만들어졌고, 기업, 상업 그리고 직업 활동의 많은 영역을 포괄한다.

> **역사적 자료:** 최초의 자율조절 조직은 미국에서 1889년에 생겨난 것으로 간주된다. 미의회의 결정에 따라 행정부로부터 독립된 기관의 독립기관의 지위를 획득하고 개별 주들 사이의 거래 규제 문제를 담당하는 '주간무역협회'가 창립되었다. 후에 유사한 협회들이 유럽에서도 등장하게 되었다.

점차적으로 법률가들, 공증인들, 회계사들, 중재자들, 주식전문가들의 다양한 직업 연합체들이 만들어졌고, 그들은 자기 활동의 윤리적이고 특별한 표준들을 개발하고, 이러한 규칙들의 수행을 통제하는 시스템들을 구축하였다. 그리하여 그들은 사업 영역에서 자신의 직업 활동의 질을 향상시키고, 위법의 양을 줄일 수 있었다.

따라서 서구의 경제 문헌에서 **자율조절(self regulation)은 경제주체가 어떠한 외적 강제 없이 스스로에게 특정한 제한을 부과하는 것**으로 이해되었다. 자율조절은 정부의 개입 없이 경제행위자들 스스로가 특정한 시장과 사업 영역을 조절하는 것을 의미한다.

따라서 서구의 경제 문헌에서는 **자율조절을 독립적인 행정 권력이라고 흔히 부른다.**

참고자료: 프랑스의 법률에서 독립적인 행정 권력 기관들은 1978년에 등장했다. 그러한 기관들에는 은행위원회, 경쟁협의회, 주식거래위원회, 탈세위원회, 소비자안전위원회, AFP최고협의회, 행정문서이용위원회, 보험감시위원회, 정치자금투명위원회 등이 있다. 독립적인 행정 권력 기관들은 규범적인 권한들을 법적으로 부여받으며, 통제적 기능들과 행정적 제재권을 가지고 있다.
자율조절 조직들은 이러저러한 영역에서 결코 조절에 대한 완전한 책임을 지지는 않지만, 행정부와 사법부 사이에서 이러한 기능을 분담한다. 그와 같은 기관들의 창설은, 프랑스인들의 말로 표현하자면, 국가의 새로운 얼굴의 출현으로 귀결되는데, 그것은 헌병이 아니라 중재자이다.
영국에서 비(非)정부적 권력 행사 기관들은 '준(準)정부조직(QUA- NGO: Quasi-Autonomous NGO)'이라는 명칭을 가졌었다. 그것들의 단일한 분류체계는 존재하지 않는다. 그와 같은 비정부 기관들의 공식적 목록에는 국가의 관리 기능들과 연관된 조직들이 포함된다. 대리점들, 학문적-기술적 협조를 제공하는 상담기관들, (산업, 토지 등의) 인허가와 항소를 담당하는 심판위원회들 예산을 사용해서 사회적 서비스를 제공하는 특수기관들 등이 여기에 속한다.

자율조절을 '자유 시장'-'국가 규제'라는 좌표 속에서 살펴보면, 자유 시장과는 달리 자율조절은 시장의 특정 부문의 참여자들을 위한 특정한 '게임 룰(경기 규칙)'의 확립을 전제로 한다.

만들어진 규칙들은 **구체적 문서(직업윤리 규약 등)의 형태로 기록되고**, 이러한 규칙들의 위반에 대한 제재들과 시장 참여자들 사이의 갈등을 해결하기 위한 메커니즘들을 포함하는데, 그것들은 일정 정도로 경제 행위자들의 자유를 제한한다. 다른 한편으로 '게임 룰'의 확립처럼, 갈등의 해결도 국가의 직접적인 개입 없이 시장 참여자들 스스로에 의해 실행된다. 이를 위해서 시장 참여자들에 의해 특별한 조직적 구조 – **자율조절 조직들**이 만들어지는데, 그것들은 경제 행위자들의 특정 권한과 권리의 일부를 대표한다.

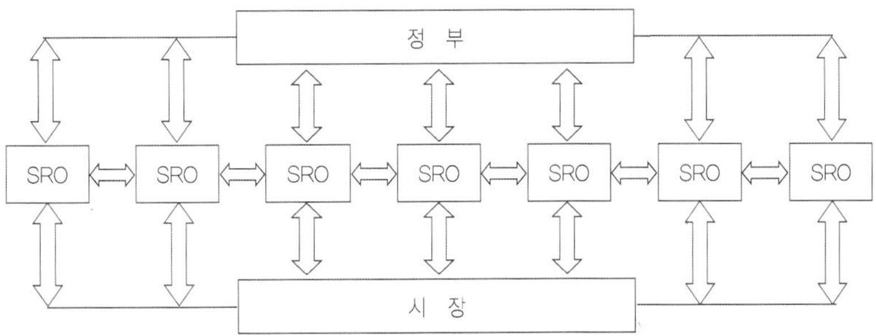

그림7 ‖ 미시경제 차원에서 시장 경제의 자율조절 메커니즘의 도식

달리 말하면, 경제 활동을 관리하는 3자적 구조가 형성되는 것이다. 그러나 제3자는 재판 – 중재 시스템 혹은 부문 규제 기관을 대신하는 정부가 아니라 시장 참여자들 자신에 의해 만들어지고 통제되는 특별한 조직들이다.

자율조절의 규칙들은 국가에 의해 만들어진 형식적 규범에 대립되지 않으며, 정당한 것이다. 물론, 현실 경제에서는 시장에서 그들의 행위에 영향을 미치고, 위반에 대한 특정한 제재를 전제하며,

동시에 형식적 규범들에는 대립되는 경제 행위자들의 합의가 존재할 수 있다. 그러한 합의의 전형적인 예가 자율조절 조직의 정의에 맞지 않는 **비형식적인 카르텔 협약들**이다.

이런 식으로 자율조절의 규범들은 국가적 규제의 규범들을 보충하고 확대하거나 강화할 수 있다. 몇몇 경우에 자율조절은 **어떠한 원인 때문에 형식적이고 법적인 규제가 존재하지 않는** 영역들에서 작동한다. 더구나 자율조절 시스템이 국가적 규제에 앞서 만들어진다면, 국가는 해당 영역에 대한 개입을 거부할 수 있다.

> **역사적 자료:** 바로 이런 방식으로 만들어진 것이 미국의 광고 규제 시스템이다. 1906～1912년에 미국의 사업체들과 대중매체들의 주도로 후에 '거래 개선 협회(Better Business Bureau)'로 변형된 소위 '경계 위원회들'이 생겨나게 된다. 이 조직들의 과제들 중의 하나는 소비자와 경쟁자의 입장에서 비양심적 광고의 적발과 광고의 질적 향상을 위한 광고주와 광고업자에 대한 영향력 행사였다. 따라서 미국에서는 식료품과 의약품, 후에 알코올과 담배를 제외하고는 광고를 규제하는 연방 법안이 채택되지 않았다.

2000년대 초반에는 유사한 과정들이 인터넷 상의 전자상거래 규제와 개인정보보호의 영역에서 목격되었다. 미국에서는 실제로 이 영역에서 효과적인 자율조절 시스템을 만들려고 노력하는 사업체들과 상응하는 규범적 조항들을 개발한 국가 사이에 경쟁이 펼쳐졌다. 말하자면 서로 다른 제도적 협약들 사이에서 경쟁이 드러난 것이었다. 몇몇의 경우에 국가적 규제와 자율조절의 상호작용이 **국가 기관들이 자율조절 조직들에게 권한의 일부를 양도하는 방식으로 진행될 수 있다.** 이와 함께 국가는 자율조절 조직들을 만드는 주도적 역할을 할 수 있다.

대단히 빈번하게 자율조절 조직들은 자기 회원들을 위해 **법률보다 훨씬 엄격한 행위 규범들**을 제정한다. 규범들의 그와 같은 엄격화는 경쟁에서 승리의 요소가 될 수 있다. 일반적으로 고객과 파트너와의 보다 엄격한 상호작용 약정을 준수하는 회사들은 고객들에게 더 큰 호감을 준다. 이 경우에 회사들이 자율조절 조직들에 가입하는 것은 소비자들에게 던지는 또 다른 형태의 구매 신호이다.

다른 한편으로 보다 엄격한 규범들의 채택은 국가 규제의 엄격화라는 위험에 대한 반향이 될 수 있다. 국가가 보다 엄격한 규제 규범들을 도입하려는 상황에서 사업체들은 그것에 앞서서 독자적으로 엄격한 기준들을 도입하는 것이 유리할 것이다. 이와 같이 사업체들 스스로가 효과적으로 시장을 통제할 수 있고, 부가적인 국가 개입은 불필요하다는 점을 보여주어야 한다.

국가의 규제가 객관적으로 어려운 경제 활동 영역들도 존재한다. 무엇보다도 **광고**가 그러한 영역에 속한다. 광고는 상업과 예술의 독특한 공생의 장으로서, 법 조항을 준수하는 가운데 예술적 수단들을 통해 소비자들에게 부정적 영향을 끼칠 수 있다. 예술적 수단들의 사용을 법적으로 상세하게 명문화하는 것은 한편으로 비효과적인데, 왜냐하면 그것은 예술적 수단들의 발전보다 항상 뒤처질 것이기 때문이다. 다른 한편으로 그것은 광고를 무력화시키거나 순수한 정보로 변질시킬 수도 있다. 광고는 **적법성의 관점에서보다는 윤리성의 관점에서** 평가해야만 한다.

따라서 대부분의 나라들에서는 국가가 광고에 대한 주요한 대략적 요구들을 정해 놓고, 개별적으로 보다 위험하거나 사회적으로 중대한 개별적인 광고 형태들, 예를 들어 주류, 식료품, 의약품, 어린이 용품 등의 광고들에 대한 조항들을 명문화한다. 이 영역에서 법률은 법률 규정들을 구체화하는 **자율조절 조직들의 사업 윤리 규약들**로 보강될 수 있다.

특히 국제상공회의소에서 채택된 **국제광고규약**은 자율조절 조직들의 폭넓고 강력한 권한과 규약의 수행에 대한 그들의 책임을 공식적으로 인정하고 있다.

광고주들, 광고업자들 그리고 광고매체들 중의 어느 누구도 자율조절 조직에 의해서 허용되지 않은 광고 제작에 참여해서는 안 된다.

그 밖에도 구체적인 경우들을 고려할 때 자율조절 조직들은 법조문이나 규약뿐만 아니라 상식에도 의거한다. 형식적으로 법조문에 상치되는 광고를 폐기하거나 변경하도록 권고할 수 있다.

전체적으로 자율조절 조직들은 사적 성격의 문제들과 집단적이고 사회적인 문제들도 해결해야 할 사명을 지닌다. 자율조절 조직들의 활동을 위한 **재정적 기반**은 일반적으로 참여 회사들의 회비로 충당된다. 그러나 **자율조절 시스템 자체에는 다른 제도적 대안들과 비교할 때 효과성에서 일련의 한계들이 내재한다.**

무엇보다도 이것은 **자율조절 조직들이 활동하는 시장에서 경쟁의**

제한 가능성과 관계된다. 그러한 위험성은 실제로 존재한다. 비유적으로 표현하자면 **"자율조절 조직의 몸 속에는 카르텔이라는 암세포가 잠복하고 있다."**고 할 수 있다. 조직들에 가입하고 최고 경영자들의 정기 모임들이 이뤄진다는 사실 그 자체는 자연스럽게 정보의 교환을 전제하고 공모의 가능성을 야기한다. 그와 같은 위험성이 얼마나 실제적인가에 대해서는 말하기 힘들다. 비형식적이고 비합법적인 공모는 어떠한 조직의 도움 없이도 충분히 성사될 수 있다.

문제의 또 다른 측면은 자율조절 조직들과 직접적으로 관계된다. 이 조직들의 틀 내에서 사업 수행에 관한 특정한 요구들이 정해지고, 조직의 회원 - 회사들의 권한이 위임되며, 그들의 연합된 정책이 실현된다. 자율조절 조직들의 틀 내에서 반(反)독점 법안을 위반하는 실제적인 위험성을 분석하는 데 커다란 흥미를 제공하는 것이 영국에서 반(反)독점 정책의 실행을 책임지고 있는 기관인 공정거래소(Office of Fair Trade, OFT)의 활동경험이다.

> **참고자료**: 영국의 '경쟁법(The Competition Act, 1998)'에는 경쟁을 방해하거나 제한하는 경제 주체들 사이의 합의를 금지하는 보편적 규범이 포함되어 있다. 이것은 경제 주체들 사이의 합의 자체뿐만 아니라 그들의 연합체의 결정들에도 관계되는데, 그것은 OFT에 의해 특별히 자세하게 밝혀지고 있다. 하지만 그와 같은 연합체의 어떠한 결정들이 실제로 경쟁을 제한하는가의 문제는 대단히 복잡한 성격을 지닌다.
>
> 이것의 보다 명확한 규정을 위해 OFT는 해당 문제에 관한 소개와 설명을 제공하는 특별 안내서를 발간했다.[53] 활동 규범의 준수가 직업 활동에 종사하기 위한 필수적인 조건이라면, 직업 협회들이 활동 규범을 제정하는 것은 별도의 문제이다.

---

53) *경쟁법 1998: 거래연합들, 직업들 그리고 자율조절 조직들, OFT, 3월, 런던, 1999*(The Competition Act 1998: Trade Associations, Professions and Self - regulating Bodies, OFT, March, London, 1999.).

'경쟁법'의 부칙에는 그와 같은 규칙의 채택이 반(反)독점 법안의 위반이 되지 않는 영역들의 목록이 제시되어 있다. OFT는 채택된 규칙들에 관한 정보를 수용하고 보관한다. 또 다른 경우에 OFT는 구체적인 문서를 살펴보고 반(反)독점 법안에 대한 그것의 상응 여부를 결정한다.

경쟁을 제한하기 때문에 금지되는 사업협회들의 결정으로는 **개별 회사들의 합의된 가격 정책을 침해하는, 권고적 성격의 모든 결정들과 합의들이 있다.** 이것은 바로 가격의 책정뿐만 아니라 할인 정책에도 적용된다. 협회의 내외에서 행해지는 생산자들과 판매자들 사이의 가격에 관한 정보 교환 역시 불법으로 간주된다.

무엇보다도 경쟁자들이 상세한 가격 정보를 정기적으로 교환하는 행위가 여기에 해당된다.

그러나 일반적 가격 경향에 대한 정보와 역사적 정보의 교환은 허용된다. 어떤 경우에는 비(非)가격 정보의 교환도 불법으로 여겨질 수 있다.

참고자료: 따라서 '영국 농업 트랙터 등록 거래소(United Kingdom Agricultural Tractor Registration Exchange)'의 회원들 사이의 판매량과 시장점유율에 관한 정보 교환도 불법으로 간주되었다. 지역, 시간, 구체적 상품에 따라 나누어진 상세한 정보는 과두지배시장(시장의 80%가 4개 회사에 속한)의 회사들에게 자신의 활동을 조정하고 시장에 진출하려는 잠재적 경쟁자들의 시도에 적절하게 대응할 수 있도록 하였다.

가이드라인에는 자율조절 조직들에 의해 채택된 행위 규정들이 특별히 인용되어 있다. 게다가 일반적으로 시장 구조가 충분히 경쟁적이고 규약의 요구들이 단지 조직 회원들에게만 의무적이라면, 규약의 채택은 반(反)독점 법안을 위반하는 것이 아니라고 언급되어 있다. 시장의 참여자들에게 원칙적으로 권고된 것들과는 다른 계약들의 체결권이 유지된다면, 계약의 표준적인 형식과 조건들에 대한 합의도 위법이 아닌 것으로 인정된다.

영국에서는 일부 부문의 자율조절 조직들의 활동이 특별 법안에 의해서 규제된다. 예를 들어, 금융 서비스 부문에서 자율조절은 '금융서비스법(Financial

하지만 영국에서 금융 부문의 자율조절의 실천은, 자율조절 조직들에게 회원들의 활동 통제와 시장 진출에 관한 대단히 폭넓은 권한이 주어졌을 때, 그다지 성공적이지 못한 것으로 간주되었다는 점을 언급할 필요가 있다. **자율조절이 비효과적으로 되는 상황이 생겨난 것이다.** 1999년에 금융 분야에서는 몇몇 자율조절 조직들의 자리에 단일 규제 기관이 들어섰다. **자율조절의 시스템이 국가적 규제로 대체된 것이다.**

이와 같은 실례가 보여주듯이, 자율조절 조직들의 활동에서 경쟁 제한의 문제가 실제로 존재한다. 하지만 반(反)독점 기관들은 자율조절 조직들 외부에서 발생하는 반(反)독점 법안의 다른 위반들과 마찬가지로 그것과도 싸울 수 있다. 경쟁 제한의 위험성은 자율조절 조직들에의 가입이 특정 영역에서 사업 수행을 위한 조건인 경우에 증대한다. 구체적인 영역에서 단지 하나의 자율조절 조직이 활동하고, 그것의 회원들에 대한 요구가 경쟁의 수준에 부정적인 영향을 끼치는 중대한 요소가 될 수 있는 경우에 그렇다.

2. 자율조절 조직들의 분류

정의에서 드러나듯이, **자율조절은 본질적으로 제도이다.** 다시 말해서 구체적인 사업 부문에서 경제 주체들의 경제 활동을 규제하는 규칙들의 제정과, 이러한 규칙들의 준수를 보장하기 위한 메커니즘들의 창조를 상정한다.

이미 언급되었듯이, 자율조절은 **시장 참여자들에 의한 특별한 구조들의 창조와 그것들에 대한 일부 권한의 위임을 통해서** 실현된다. 거기에는 '게임 룰'의 준수에 대한 통제권, 규칙들의 위반에 대한 제재권 그리고 시장 참여자들 사이뿐만 아니라 외부인들과의 분쟁의 해결권이 포함된다.

자율조절 조직은 자신의 경제 활동을 자신들에 의해 제정된 규칙들과 중심적 대리자의 틀 내에서 실행하는 경제 주체들의 연합으로 이해해야 한다. 자율조절 기관들은 흔히 **지정된 회원제를 지닌 사업협회들**이다.

그러나 모든 사업협회가 자율조절 조직은 아니다. **여기서 중요한 것은 권한과 권리의 위임에 관한 문제인데**, 왜냐하면 바로 그것이 거래를 관리하는 메커니즘의 기초이기 때문이다.

반대의 경우는 자율조절 조직이 아니라 압력 단체, 이해 집단이 형성되는 경우이다. 어떤 협회의 참여자들이 다음과 같은 기능의 수행권을 해당 협회에 위임하였다면, 그 협회는 자율조절 조직으로 간주될 수 있다.

- 사업 실행의 규칙들과 표준들의 개발
- 이러한 표준들과 규칙들의 준수에 대한 감시
- 규칙 위반에 대한 제재 시스템의 개발과 적용(최소는 조직의 회원들에게, 최대는 시장의 모든 참여자들에게)
- 협회 회원들 사이뿐만 아니라, 외부인들(무엇보다도 소비자들)과의 분쟁을 법외적으로 해결하기 위한 고유한 절차의 확립

자율조절 조직의 선언적 목적은 일반적으로 국가와 다른 사회 세력들과의 상호관계에서 사업 공동체의 이해를 대표하고 방어하는 것이다. 그러나 해당 기능의 수행이 자율조절 조직의 변별적 자질은 아니다. 동일한 목적을 위해 자율조절 기능을 수행하지 않는 순수한 사업 로비 조직들도 만들어진다.

분명한 것은 국가 기관들의 활동에 대한 개인 기업들의 불만들을 분석하는 미국의 '거래 개선 협회', 영국의 산업별 '옴부즈맨' 같은 조직들과 일련의 다른 조직들은 존재 사실 자체만으로 국가의 개입으로부터 사업의 이해를 보호해 준다.

하지만 수년 동안 안정된 시스템 속에 안주했던 몇몇 자율조절 조직들에서는 사업의 이해를 적극적으로 대표하고 방어하는 기능들이 쇠퇴할 수도 있다. 자율조절의 조직들을 몇몇 원칙들과 파라미터들에 따라 분류할 수 있다.

첫 번째, **공동의 이해의 영역에 따라** 그것들을 구분할 수 있는데, 여기에서는 다음과 같은 조직들을 구별할 수 있다. 산업부문별 특징에 따라 여러 기업, 회사, 상사를 연합한 **산업부문의 조직들**, 그리고 공동의 기술이나 공동의 제품에 의해 연관되지 않는 회사들과 상사들을 결합한 **산업부문 간 연합체들**이 있는데, 이러한 조직의 예가 미국의 '거래 개선 협회'이다.

연합의 자질이 생산품이나 서비스의 공통성이 아니라 유사한 원료나 기술의 사용인 **'기술'과 원료에 따른 연합체들**이 있는데, 이러한 조직의 예가 **직접 판매 협회**이다. 여기에는 상당히 다양한 상품들 ― 도서, 화장품, 전자제품, 스포츠 훈련 시설, 식품 첨가물 등 ― 을 제공하면서, **시장으로 상품을 전달하는 데 동일한 기술을**

이용하는 회사들과 상사들이 포함된다.

자율조절 조직의 '**포괄 영역**'은 다음과 같이 규제되는 거래의 내용을 결정한다:

- 상품의 종류
- 상품의 전달 방식
- 최종 소비자의 특성들

따라서 감시의 메커니즘들과 분쟁 해결의 메커니즘들도 약정들의 유사한 질적 특성들에 맞추어진다. 자율조절 조직들을 **회원제의 의무성 혹은 자발성**의 원칙에 따라 나눌 수 있다. 회원제의 자발성 혹은 의무성은 회원들의 동기뿐만 아니라 조직의 내적 관리라는 관점에서 중요한 요소이다. 대부분의 자율조절 조직들에서 회원 가입은 자발적이다.

그러나 실제 외국에서는 때때로 직업 협회들에서 회원제가 의무인 경우도 있다. 일반적으로 이것은 개업 의사, 법조인, 공증인 등과 관련이 있다. 의무적 회원제를 가진 조직들에서 자율조절 조직의 규정 실행은 실제로 직업 활동의 종사 가능성을 의미한다. 다시 말해서 자율조절 조직에서 회원제의 의무는 추가적인 시장 진입 장벽을 만들며, 폐쇄적인 독점의 형성을 가져올 수 있다.

의무적 회원제를 지닌 조직들에서는 구체적인 해당 활동 영역에서 시장에 실제적인 영향을 주는 객관적인 제한들이 존재한다. 자율조절 조직들을 탄생과 설립의 목적들과 방식에 따라 분류할 수 있다. 자율조절 조직들을 설립하는 기본적인 동기들은 다음과 같이 구분할 수 있다:

- 산업부문의 공동 이해를 보호할 목적(이미지 개선, 국가개입의 예방 등)
- 사적 경쟁의 이점을 실현
- 집단적 상표의 개발과 유지
- '전통에 따라' – 자율조절 조직의 적극적 회원인 회사들이 새로운 시장으로 진출할 때 한 지역에서 다른 지역으로 자율조절 경험 전수
- 국가의 영향(특정 영역에서 자율조절 조직의 설립에 대한 법적인 요구와 그러한 조직들에 대한 국가 규제 기관들의 일부 기능의 양도)
- 소비자들의 조직과 같은 '제3세력'의 영향

실제적으로 드러나듯이, 많은 경우에 조직의 내부에 있지 않고서 그것이 탄생한 진정한 원인들을 규정하는 것은 대단히 복잡하다. 동시에 설립의 방식은 많은 점에서 조직의 향후 발전을 규정하고, 그것이 기능하는 조건들에 중대한 영향을 줄 수 있다. 자율조절 조직들은 또한 일정 정도로 **해당 부문의 포괄 범위에 따라, 그리고 자기 회원들과 외부인들을 위한 서비스의 규모에 따라** 구별될 수 있다.

3. 공동규제의 개념

자율조절을 **공동규제**(co – regulation)와 구별해야 한다. 공동규제는 일반적으로 규제 과정에 국가와 다양한 시장의 행위자들과 조직들이 공동으로 참여하는 것이다. 공동규제 시스템은 또한 경제 과정들에 대한 다면적인 관리 방식이다.

그러나 자율조절과는 달리 공동규제는 보다 넓은 범위의 과정 참여자들을 전제한다. 생산자들과 소비자들 외에도 관심 있는 다른

조직들, 특히 소비자 연합체들, 노동조합들 그리고 하부구조영역들의 조직들 등이 참여할 수 있다.

공동규제 조직들과 시스템들은 **다양한 '경쟁자들'의 상이한 이해들을 일치시키는 역할을 한다**. 공동규제는 자율조절과는 **다소 다른 조직화 형식**을 지닌다. 흔히 공동규제기관을 대기업, 또는 자연적 독점기업에 의한 관리 구조에 사회의 대표자들을 끌어들이든지, 혹은 국가의 규제 기관들 속으로 사업과 사회의 대표자들을 끌어들임으로써 형성된다.

자율조절과 공동규제 조직들에 대한 참여자들의 동기는 서로 상이하다. 자율조절 조직 회원들의 주된 동기가 경쟁의 이점과 다른 사적인 혜택의 획득이라면, 공동규제 조직들 속에서는 **다양한 시장 참여자들의 이해들을 균형 잡는 문제가 주된 동기이다**. 따라서 해당 사업 부문의 이해의 대표자로서 그와 같은 조직들에 참여하는 것은 흔히 개별적인 회사들이 아니라 사업협회들인데, 거기에는 자율조절 조직들도 포함된다.

개별 회사들은 부문 사업 전체의 이익를 고려한 규칙들의 제정과 그와 같은 시스템 도입로부터 얻게 되는 사적인 이득이 사적인 비용을 넘어서는 경우에 공동규제 시스템에 참여할 수 있다. 보통 **시장에서 독점적 혹은 지배적인 지위를 차지하고 있는** 회사들이 이 경우에 속한다.

일련의 경우에 공동규제 시스템으로의 참여는 시장 점유율이 낮은 회사들에게도 매력적일 수 있다. 그들은 공동규제에 참여함으로써 다른 이득을 얻을 수 있다. 회사의 소유자들 혹은 최고 경영자들에게 있어서 정치적인 효과가 그 예이다.

자율조절과 공동규제의 효과는 본질적으로 해당 제도들의 기능, 동기 그리고 조직화 형식의 정도에 의해 가능할 수 있다. 과정 참여자들 가운데 누군가의 대표성이 약할 경우, 국가냐 사업이냐 혹은 소비자들이냐에 상관없이, 다양한 이해관계의 균형을 잡고자 하는 규제의 체계로서 공동규제의 의미 자체는 상실된다.

4. 러시아에서 자율조절 조직들의 형성과 발전

러시아에서 사업 영역에서의 자율조절의 전통은 경제 주체들 사이의 분쟁을 합법적으로 합의에 의해 조절하는 전통들과 마찬가지로 거의 상실되었다.

> **역사적 자료:** 러시아 역사에서 자율조절과 유사한 조직들은 변호 업무 분야에서 대략 1850년에 만들어지기 시작했다. 러시아 제국의 주식 시장에서 자율조절 조직의 원형은 1870년에 설립된 모스크바 증권거래소였다.

이러한 전통들은 러시아가 계획 경제에서 시장 경제로 전환하면서 1990년대 초에야 부활하기 시작했다. 따라서 '경제 활동의 자율조절'이라는 개념은 러시아 경제에서 상대적으로 새로운 현상이다. 러시아에서 자율조절 조직들은 가장 우선적으로 유가증권거래, 회계감사, 가격산정, 거래중재 등과 같은 영역에서 다시 생겨나기 시작했다. 집단분쟁위원회들이 조직되었는데, 특히 그와 같은 위원회는 러시아산업 – 기업가연맹 산하에 설립되었다. 1992~1994년 러시아에서 창설된 첫 번째 자율조절 조직들로는 주식거래소연맹으로 합쳐진 두 개의 주식 거래소 연합, 상업은행협회, 비(非)은행 투자기관·등록기관·예탁기관 협회, 지역 협회들이 있다.

상당수의 산업부문별 연맹들, 산업부문 간 연맹들, 소비자 협회들, 개별적 서비스 직종 참여자들의 조직들, 비(非)상업적 조직들과 다른 사회적 조직들 등이 창설되었다. 생산 영역과 서비스 영역에서만 약 1만 5천 개의 연합, 협회, 연맹이 조직되었다. 몇몇 조직들은 법무성에 자율조절 조직으로 등록되었다. 현재 러시아에서는 대략 100여 개의 다양한 종류의 자율조절 조직들, 산업부문협회들, 상품생산자협회들 등이 있는 것으로 집계된다.

참고자료: 러시아의 주요 산업부문협회와 상품생산자협회 목록

1. 러시아무역 - 금융연맹. 2. 러시아석유가스기업가연맹. 3. 러시아아이스크림상연맹. 4. 러시아전시와시장연맹. 5. 전러시아보험업자연맹. 6. 러시아선주연맹. 7. 러시아기업 - 사업가연맹. 8. 러시아설탕생산자연맹. 9. 전러시아중소사업고용주연맹. 10. 국제건설업자연맹. 11. 러시아주식거래소연맹. 12. 러시아번역가연맹. 13. 혁신기업연맹. 14. 러시아석유수출업자연맹. 15. 식품업과가공업생산자연맹. 16. 러시아쥬스생산자연맹. 17. 러시아목재기업가와목재수출업자연맹. 18. 러시아곡물연맹. 19. 러시아정육연맹. 20. 러시아자동차운송연맹. 21. 러시아보안기업연맹. 22. 러시아섬유공업과경공업기업가연맹. 23. 경공업과섬유공업상품생산자와수출업자연맹. 24. 러시아유지방가공연맹. 25. 러시아제혁공과제화공연맹. 27. 석유가스시설생산자연맹. 28. 전국제화연맹. 29. 러시아연료연맹. 30. 유라시아운송연맹. 31. 러시아상품생산자연맹. 32. 러시아 금광업자연맹. 33. 금기업가연맹. 34. 유라시아종자생산자와판매자연맹. 35. 항공산업국제연맹. 36. 무(無)알코올음료생산자연맹. 37. 러시아건축가연맹. 38. 의료보험업자지역간연맹. 39. 러시아석유가스건설업자연맹. 40. 러시아운송업자연맹. 41. 러시아맥주 - 무(無)알코올생산자연맹. 42. 생산자와수출업자연맹. 43. 러시아여행업연맹. 44. 인쇄물출판업자와유통업자연맹. 45. 러시아광산지질연맹. 46. 러시아냉동산업기업연맹. 47. 전국금융조합비(非)상업조직연맹. 48. 금융조합비(非)상업자율조절조직연맹 '신용연맹리그'. 49. 러시아

식품과가공시설업자연맹, 50. 보험업자연맹 '우랄-시베리아 협정', 51. 러시아
기업과조직연맹, 52. 화주와운송노동자연맹, 53. 가축기업연맹, 54. 러시아철
강공급업자연맹, 55. 전국주류시장참여자연맹, 56. 포도재배자와포도주제조자
연맹, 57. 비(非)상업조직 '러시아재고조사자연방연맹'

언급된 조직들 중 많은 조직은 특정이해관계의 보호와 로비라는
자신의 주요한 과제 외에도 부분적으로 자율조절 조직의 기능도
수행한다. 그러나 설립된 연합체들은 자신의 회원들로부터 항상 충
분한 신임을 얻지는 못했다. 그들은 기업가에게 자기 활동에 대한
독자적인 규제를 보장할 수 없었다.

점차적으로 러시아의 현실에서 등장하기 시작한 것이 **공동규제**
의 요소들이다. 그러한 종류의 기능을 수행하는 조직들에 속하는
것이 **러시아광고협의회**(1999년까지는 광고공공협의회)이다. 이 협
의회에는 광고산업부문의 사업-연합체의 대표자들(광고주협회, 러
시아광고대행사협회, 전국광고협회), 국가기관의 대표자들-연방
반(反)독점국과 소비자조직들 및 소비자단체연합이 참여하고 있다.

협의회는 제정된 활동기준에 따라 업무를 수행한다. 특히 협의회
는 러시아 지역에서 광고의 거래 유통에 관한 관례들과 규칙들을
담은 규정집을 만들었다. 협의회는 또한 기준의 준수 여부를 감시
하고 불만과 갈등을 점검한다. 이와 같이 협의회는 정부, 기업 그
리고 소비자의 이해를 일치시키는 영역이며, 따라서 그것은 공동규
제 조직의 전형적인 예가 된다. **자율조절의 발전을 촉진했던 중요한
요소는 규제자 혹은 소비자의 편에서 기업에 가하는 압력이었다.**

참고자료: 이해 갈등의 예가 될 수 있는 것이 21세기 초에 러시아의 주식

시장의 상황이다. 대다수 직업적 시장 참여자들의 견해에 따르면, 유가증권시장의 연방위원회는 해당 경제 구역에서 활동했던 회사들에게 부당하게 엄격한 정책을 펼쳤다. 규제자에 대한 불복은, 그의 요구들의 수행과 마찬가지로, 회사들에게 엄청난 재정적 손실을 야기할 수 있었다.

따라서 유가증권시장에서 가장 오래되고 권위 있는 자율조절 조직들 중의 하나인 전국주식시장참여자협회(НАУФОР)가 직업적 참여자들의 보호 기능을 담당하였다. 공동의 문제들을 해결할 사명이 있는 이 조직들의 대립은 오랫동안 지속되었다. 다른 규제자들과 그것들의 피후견인, 특히 중앙은행과 신용기관들, 러시아보험감독원과 보험회사들의 관계가 결코 항상 매끄럽지는 않았다.

국가와 기업의 상호관계의 복잡성은 갈등을 능률적이고 전문적으로 해결할 수 있는 고유한 메커니즘의 창조를 요구했다. **그와 같은 메커니즘이 되어야 했던 것이 자율조절 조직들이다.** 기존의 연맹, 협회, 조직의 대다수는 **법적 차원에서 재판 절차에 따라 분쟁들을 해결하도록 하는 법률적 토대가 없었기 때문에 충분히 효과적이지 못했다.**

사회적 조직들의 자율조절 조직들로의 지위 변화와 권리와 의무를 지닌 이러한 지위를 법률적으로 공고히 하는 것은 러시아의 기업 발전을 위한 좋은 환경을 창출하는 데 중요한 과제였다.

그러나 오랫동안 러시아에서 자율조절 기관의 역동적 발전을 가로막은 것은 **바람직한 법률적 토대의 부재였다.**

'자율조절 조직'이라는 개념은 러시아 연방의 일련의 법 조항 속에 존재해 왔다. 특히 자율조절에 관한 규범들은 '유가증권 시장법', '러시아 연방의 가격산정법', '광고법', '파산법' 등과 다른 일련의 법률들에 포함되어 있었다. 그러나 '자율조절 조직'이라는 개념에 대한 기존의 해석들은 의미상으로 서로 상당한 차이를 보인다.

자율조절이 도대체 무엇이고, 현대의 러시아 경제 시스템에서 그것의 지위는 어떠한가에 대한 명확하고 보편적인 정의는 존재하지 않았다.

러시아 연방에서 자율조절 조직들의 문제에 관한 법률적 토대를 마련하는 과정은 상당히 복잡했다. 자율조절 조직들, 기업들, 직업 공동체들의 시스템을 만들고 발전시켜야 하는 필요성에 대해서는 **대통령 V. V. 푸틴도 교서에서 세 차례나 언급한 바 있다**. 자율조절조직 시스템을 마련해야 하는 필요성에 대해 언급하는 대통령의 특별 명령이 발효되기도 했다.

러시아 연방의 **헌법재판소**는 국가의 이해에 상응하고, 현행 법적 규범에 대립되지 않는 것으로서 자율조절개념을 전적으로 지지하였다. 특히 헌법재판소의 결정문(2005년 12월 19일자, No.19 – П)에는 누군가의 활동이 사회적 위험이나 사회적 이해를 드러내거나 드러낼 수 있는 경우에, 그 활동은 규제되어야 하고, **국가는 규제의 형식을 선택할 권리가 있으며, 직접적으로는 승인과 관리를 통해서, 간접적으로는 자율조절 제도를 통해서, 그리고 실제로는 아웃소싱을 통해서도 규제할 수 있다고** 분명하게 공표되어 있다.

경쟁력, 경제발전 그리고 기업에 관한 러시아연방공회(The Public Chamber of Russia)의 위원회는 특별 회의에서 자율조절 조직들의 활동에 관한 법률을 만들기 위한 원칙들을 승인했다.

특히 위원회는 **국가 두마**에 우선적인 입법 활동을 통해 러시아 연방에서 자율조절을 법적으로 보장할 것을 권고했는데, 그것은 러시아에서 수행되고 있는 행정 개혁의 범위 안에서 러시아 경제의 탈(脫)관료화를 실질적으로 보장할 수 있는 길이었다.

'자율조절 조직들'에 관한 법률의 기안 자체는 국가두마에서 이미 1990년 말에 시작되었다. 마침내 2003년 국가두마의 상임위원회에서 법안이 마련되었고, 2003년 10월 14일에 1차 심의를 통과했다. 국가두마와 연방회의에서 진행된 의회 청문회에서 법안에 따른 반복적인 심의는 자율조절이라는 주제의 시의성을 확인시켰지만, 이를 법률로 완성하기 위한 실질적인 진전은 일어나지 않았다. 법안을 2차 심의로 회부하기 위해 사회 세력들을 결집하려는 상임위원회의 시도들은 법안의 개별적 조항에 대해 다른 시각을 지닌 수많은 사소한 장애물들에 부딪혔다. '행정 개혁의 법률적 보장'이라는 제하에 진행된 2004년 국가두마의 의회청문회는 실제로 자율조절의 문제만을 다루었지만, 구체적인 조항들의 합의에는 도달하지 못했다. 의회청문회의 대부분은 법안의 보편적인 긍정적 의미에 대해서는 이견을 표명하지 않으면서, 그것의 개별적인 조문들에 대한 요구에 관심을 집중했다.

법안에 대한 직접적인 작업은 2007년에야 재개되었다. 법률연방법(No.315)은 2007년 11월 16일, 국가두마의 3차 심의에서 채택되었고, 2007년 11월 23일 연방회의에서 승인되었으며, 2007년 12월 1일에 대통령에 의해 서명되었다. 일련의 결점들에도 불구하고, 채택된 이 연방법은 러시아에서 자율조절의 발전에 법적인 토대를 마련하였다. 특히, **"자율조절은** 기업 혹은 직업 활동의 주체들에 의해 실현되는 독자적이고 주도적인 활동이며, 그것의 내용은 해당 활동의 표준들과 규칙들의 개발과 제정, 그리고 이의 여부를 관리하는 것이다." 해당 법률에 따르면 자율조절은 기업 혹은 직업 활동의 주체들이 **자율조절 조직들**로 연합됨으로써 실현된다. 따라서 자율조절을 위해 설립되고, 회원제에 기반하며, 상품생산부문 혹은 생산상품시장의 단일성에 의거하여 기업 활동의 주체들을 연합하거나, 특정한 형태의 직업 활동의 주체들을 연합하는 비(非)상업적 조직들도 **자율조절 조직들**로서 인정된다.

연방법에 따르면 자율조절 조직은 다음과 같은 주요한 기능들을 수행한다.

- 자율조절 조직에서 기업 혹은 직업 활동 주체들의 회원 자격에 대한 요건들을 개발하고 규정한다. 자율조절 조직의 가입 요건도 포함된다.
- 현행 연방법과 자율조절 조직의 내부 문서들에 의해 규정된 규율적 조치들을 자기 회원들에게 적용한다.
- 자율조절 조직의 회원들 사이에서뿐만 아니라 그들과 자율조절 조직들의 회원들이 생산한 상품의 소비자들, 그리고 다른 사람들 사이에서 발생하는 분쟁들을 해결하기 위해 중재재판법에 상응하여 중재재판을 구성한다.
- 자율조절 조직의 정관이나 다른 문서들에 의해 규정되고, 자율조절 조직의 총회 결의로써 확정된 절차에 따라, 보고서의 형식으로 자율조절 조직에 제출된 정보에 의거하여 자기 회원들의 활동을 분석한다.
- 러시아 연방의 국가권력기관들, 러시아 연방 주체들의 국가권력기관들, 지방자치단체의 기관들과의 관계에서 자율조절 조직의 회원들의 이해관계를 대표한다.
- 연방 법률에 다른 규정이 없다면, 직업교육을 조직하고, 자율조절 조직의 노동자－회원들의 등록증 혹은 자율조절 조직의 회원들에 의해 생산된 상품들(노동, 서비스)의 증명서를 발급한다.
- 자기 회원들의 활동 정보의 개방을 보장하고, 이 활동에 대한 정보를 현행 연방법과 자율조절 조직의 내부 문서들이 규정한 절차에 따라 공표한다.

이 밖에도 자율조절 조직은 자율조절 조직의 정관에 의해 규정되어 있고, 러시아 연방법에 위반되지 않는 다른 기능들을 수행할 권리가 있다. 자기 활동의 수행 과정에 대해 규정된 주요한 기능들에 상응하여 **자율조절 조직은 다음과 같은 권리를 가진다.**

- 자율조절 조직의 표준들과 규칙들의 준수와 관련하여 회원들의 기업 혹은 직업 활동을 통제할 수 있다.
- 자율조절 조직과 그것의 회원들의 권리와 법적인 이해를 침해하거나 그러한 침해를 위협하는, 러시아 연방의 국가권력기관들, 러시아 연방 주체들의 국가권력기관들, 지방자치단체의 기관들의 임의의 규정, 결정 그리고(혹은) 행위(무행위)를 러시아 연방법이 정한 절차에 따라 자신의 명의로 논박할 수 있다.
- 연방 법률들, 러시아 연방의 다른 규범적 법률 규정들, 러시아 연방 주체들의 법률들과 규범적 법률 규정들, 자율조절과 관련된 문제들에 대한 국가의 프로그램들 등을 기획하는 논의에 참여할 수 있으며, 또한 러시아 연방의 국가권력기관들, 러시아 연방 주체들의 국가권력기관들, 지방자치단체의 기관들에게 규범적 법률 규정들의 기획에 대한 독자적인 평가 결과를 제시할 수 있다..
- 러시아 연방의 국가권력기관들, 러시아 연방 주체들의 국가권력기관들, 지방자치단체의 기관들이 참조할 수 있도록 자율조절과 관련된 국가 정책과 지방자치기관들의 정책의 수립과 시행에 관한 제안을 할 수 있다.
- 자율조절 조직은 러시아 연방의 국가권력기관들, 러시아 연방 주체들의 국가권력기관들, 지방자치단체의 기관들에게 연방 법률에 의해 부과된 기능들을 연방 법률이 정한 절차에 따라 수행하기 위해 필수적인 정보를 요구하고 그 기관들로부터 획득할 수 있다.
- 자율조절 조직은 특정한 형태의 기업 혹은 직업 활동을 위해 정해진 특수성들을 감안하면서, 현행 연방법과 기타 연방법들에 의해 규정된 여타의 권리들을 가진다.
- 자율조절 조직, 그것의 관리 기관들, 특수 기관들 그리고 노동자들은 현행 연방법, 기타 연방법들, 자율조절 조직의 정관, 자율조절 조직의 표준들과 규칙들을 준수해야 한다.
- 자율조절 조직은 자율조절 조직의 이해와 회원들의 이해 갈등을 야기하거나 그와 같은 갈등을 야기할 위협을 낳는 활동과 행위에 대한 권리는 없다.

법적인 차원에서 자율조절 조직이 **기업 활동에 종사하는 것은 금지되어 있다**. 특히, "자율조절 조직은 그 조직의 대상이 되는 기업 활동을 수행하는 경제적 단체와 모임을 설립하고 그것에 참여할 권리는 없다." 언급된 연방법은 **다음과 같은 활동 영역의 자율**

조절 조직들에는 효력을 미치지 않는다.

- 유가증권시장의 직업적 참여자
- 주식투자펀드
- 투자펀드의 관리 회사들과 특별 예탁기관
- 배당투자펀드
- 주택저축협동조합
- 비(非)정부연금펀드
- 신용기관
- 신용정보국

상기한 조직들의 설립과 활동을 위한 법적 토대는 해당 활동을 규제하는 연방 법률들이다. 이와 같이 자율조절 조직들은 **모든 시장 참여자들의 이해와 국가의 이해를 일치시키기 위한 보편적 도구로서 간주되어야 한다.** 자율조절은 허가 시스템을 경제 주체들 자신의 책임성으로 대체하는 비(非)국가적인 공적통제 장치이며, 시장 관계를 촉진하는 보다 효과적인 도구이다.

자율조절의 틀 안에서 시장 참여자들은 해당 사업 영역을 규제하는 형식적 규칙들을 독자적으로 제정하고, 이와 함께 특별한 정보를 접하게 됨으로써 **경제 주체들의 활동의 적응 효과가 상승한다.**

기업에서의 자율조절의 발전은 경제에 대한 국가 개입을 보충하거나 때로는 대행하는 효과적인 메커니즘이다. 시장 규제의 효과를 상승시키고 지속 가능한 경제 발전의 조건들을 창출하는 방법 중의 하나가 기업의 자율조절 영역의 확대이다. 많은 경우에 자율조절 조직들은 거래 관리의 효과적인 수단이 될 수 있다.

자기 규제의 문제는 **행정 개혁**과 탈규제 정책과 밀접하게 연관되어 있다. 그것들의 주요한 목표는 행정적 장애물의 제거와 기업의 주도권을 위한 동기의 창조이다. **국가의 잉여적 기능의 상당 부분은 자율조절 조직들에게 양도되어야 한다.** 국가는 다양한 사회 재단들, 정당들, 고용주 연합체들, 노동조합들, 자율조절 조직들 등이 행할 수 없는 권한들만을 가져야 한다. 이렇게 함으로써 사오한 직업적 문제들의 해결을 시장의 참여자들에게 이전할 수 있는 가능성을 열어주게 된다.

동시에 **자율조절 조직들이 폐쇄적 독점체로 변질될 수 있는 현**실적 가능성이 존재한다는 점을 반드시 염두에 두어야 한다. 이를 허용하지 않기 위해서는 자율조절 조직체들의 활동을 반(反)독점법과 다른 법률의 테두리 안에서 규제하는 보편적 법률적 규범의 제정이 요구된다. **경쟁 정책의 시행과 사업의 자율조절의 발전 사이에서 최상의 상호관계를 만들어야만 한다.** 이와 함께 자율조절이 항상 효과적일 수는 없다는 점을 염두에 두어야 한다. 그 경우에 자율조절은 국가 규제에 의해 완전히 대체될 수 있다.

제5장 결 론

시장경제가 공개적이고 자기발전적이며 자율조절적인 시스템으로 점차 변화해 가는 것은 **글로벌 경제 발전의 객관적인 과정**으로 보아야 한다. 경제활동에 대한 규제는 원칙적으로 조직의 질적 변화를 수반하게 된다. 기능적 경제시스템과 자율적 조직들은 목적지향적인 활동과정의 초기에 경제시장에 등장하는 것이 아니라, 조직의 발전 과정에서 나타난다.

다음 단계가 되면, 기능적 경제시스템과 자율조절 조직의 출현과 작동의 법칙성을 알게 된 사회는 거시적이고 미시적인 수준에서의 자율조절 메커니즘으로 이를 인식하고 이용할 수 있다. 거시경제적 수준에서 기능적 경제시스템이 균형을 보장하고, 미시경제적 수준에서는 자율조절 조직이 이를 보장하는 경우, 견고하게 균형 잡힌 지속 가능한 발전 시스템의 창출 가능성이 생긴다.

이러한 양면적 수준에서의 자율조절은 시장의 균형을 유지하며 시장경제의 지속 가능성을 크게 향상시킨다. 경제 발전의 자율조절 모델은 기능적 경제시스템과 자율조절 조직 덕분에 거시경제지표 및 개별 상품 시장의 상황, 그리고 금융 시장의 상황에 대한 지속적인 통제를 구현해 준다는 점에서 우월성을 가지고 있다. 또한 필요할 경우 문제의 교정 기능도 하게 된다.

이는 경제성장속도와 인플레이션 수준, 국민총생산에서 투자와 저축, 정부 예산의 수입과 지출, 국민의 실업수준과 사회적 보호, 상품 및 용역의 수요와 공급, 경제성장력과 환경보호수준 간의 관계를 최적의 상태로 이끈다. 이로 인해 국내 경제의 안정성과 균형이 이루어지며, 결과적으로 모든 경제 시스템의 역동성과 안정성이 자리를 잡게 된다.

현대 경제학 이론과 현실 모두에서 최우선적인 과제는 보편적인 발전 모델을 찾는 것이 아니라, 현대의 새로운 요구에 큰 반향을 일으킬 수 있는 경제시스템을 만들어내는 일이다. 기능적 경제시스템과 자율조절 조직들은 경제학의 적용효과, 연구 및 혁신, 그리고 위험 관리 및 다양한 실험을 수행할 수 있는 능력, 특히 재건 및 현대화 능력을 향상시킨다.

자율조절 경제 시스템 내에서는 통제의 개념도 점차적으로 변해왔다. 위계적 원칙들이 조직망의 통제 원칙에 의해 보완되면서 앞으로 **국가통제의 복잡한 구조에 변화**를 가져올 수도 있을 것이다.

또한 시스템분석법에 따라 경제학에 자율조절 메커니즘이 들어옴으로써 모든 경제 시스템뿐 아니라 그 시스템의 기구 및 조직 구조까지도 최적화된다.

유럽공동체의 설립은 이를 잘 보여주고 있다. 특히 단일 경제 공간이 만들어졌고, 상품, 용역, 자본 및 노동력의 이동을 규제하는 각 국가의 법률이 통합되었다. 관세 서비스가 단일 시스템으로 통합되었고, 단일한 유럽 통화가 도입되었다.

90년대 말의 성공적이지 못했던 경제개혁 이후 현재 러시아는 완전한 경제 시스템을 갖추었다고 보기 어렵다. 따라서 러시아 경제에 실질적인 자율조절 메커니즘이 만들어질 가능성과 미래를 예견하기는 대단히 어렵다.

90년대 초 러시아에서 이루어졌던 상상을 초월한 경제개혁은 거시경제의 불능사태를 불러왔다. 이때의 상황은 기존의 경제시스템을 구성하고 있는 모든 주요 제도적 요소들이 비효율적이었고, 새로운 시스템은 아직 만들어지지 않은 상황이었다.

이후 러시아에는 새로운 제도와 조직이 생겨나기 시작했고, 거시경제뿐 아니라 미시경제에서도 자율조절 메커니즘의 요소들이 형성되기 시작했다. 자율조절 메커니즘의 중요한 요소들 중에서 다음과 같은 통제, 분석, 수출, 정보 구조 및 자율조절 조직들이 생겨난 것을 주목할 필요가 있다.

- 러시아 중앙연방은행
- 연방 반독점 위원회 (前 반독점 정책 및 기업후원을 위한 국가위원회)
- 연방금융위원회 (前 연방유가증권위원회)
- 국제무역 및 관세정책 보호조치를 위한 러시아 연방정부위원회
- 소비자 보호원
- 모스크바 은행 간 화폐거래소
- 러시아 증권거래소(RTS)
- 국립금융가협회
- 국립금융협회
- 국립예탁원
- 다양한 상품 생산자 협회 (50개 이상) 등

그러나 기능적 경제시스템과 자율조절 조직망을 갖추고 시장의 자율조절 시스템이 안착하기까지 러시아는 아직도 제도적 기반을 마련하고, 조직의 발전을 이룩하며, 사회문화적 환경을 조성해야 하는 먼 길을 가야 한다.

특히 **사회문화적 환경**에 대해 언급할 필요가 있다. 사회문화적 환경이란 법치국가의 성립과 법에 대한 사회의 태도를 의미한다. 이때에도 기능적 경제시스템과 자율조절 조직의 성립은 대단히 중요한 본질적인 조건이 된다.

중요한 경제이론의 개념이자 거시경제적 규제의 필수적인 수단은 **정부의 경제정책**이다. 경제정책의 기본원칙은 최적의 지표를 유지하기 위한 기본적인 거시경제지표의 설정과 기능적 경제시스템의 설정이다. 이러한 지표로는 인플레이션 수준, 정부의 적자폭, 실업률, 사회적 갈등, 빈곤수준, 국가 부채비율 등이 있다.

기능적 경제시스템의 설정에 있어 근본적인 문제는 최적인 지표를 설정하고 이를 지속적으로 모니터링하며, 경제시스템의 균형을 보장할 수 있는 지표 보완 시스템을 갖추는 일이다.

경제정책의 수행을 위해서는 경제순환에 올바른 지표를 제시할 수 있는 '계기판'이 필요하다는 것은 너무나 명백한 사실이다. 기능적 경제시스템을 지원하기 위한 중요한 거시경제 지표들은 지속가능하고 균형 잡힌 경제 성장의 '계기판'이 될 수 있다.

세계 경제가 합법칙적으로 발전하는 가운데 경제학 이론의 역할이 다시 제기되고 있는 상황에서, 자율조절이론은 학문적 연구에 기초하여 장기적인 러시아 정부의 경제정책 연구에 영향을 미칠 수 있다.

자율조절이론과 기능적 경제시스템이라는 새로운 연구 패러다임의 기초 위에서 검토와 실행이 요구되는 중요한 경제정책의 방향으로는 다음과 같은 것들이 있다.

- 구조 정책
- 예산 및 조세 정책
- 통화 금융 정책
- 대외경제정책
- 사회정책
- 환경 정책 등

구체적인 거시경제 지표와 이의 실현 및 규제 메커니즘을 가진 정부의 공식적인 경제정책은 공식화되고 법제화되어야 한다. 시장경제의 양면적 자율조절 모델은 국가 수준에서뿐만 아니라 통합지역 및 글로벌 경제의 수준에서도 활용될 수 있을 정도로 보편적이라는 사실을 강조할 필요가 있다. 본 모델은 현재 시장 제도와 통합과정이 상당히 발전되어 있고, 거시 및 미시경제 수준에서의 자율조절 메커니즘이 발전할 수 있는 기틀이 이미 마련되어 있는 유럽공동체에서 우선적으로 실행될 수 있을 것이다.

본 이론은 또한 경영활동을 최적화함으로써 기업 경영에도 실제적으로 적용될 수 있다. 이 이론의 기본 개념들은 기업의 사업지표와 사회적 활동 지표가 어느 수준에서 가장 최적의 상태인지를 결정할 수 있게 해 주고, 기업활동을 위해 안정적 균형을 보장해 줄 수 있는 지속적인 모니터링 메커니즘과 피드백 시스템, 지표 수정 시스템을 활용할 수 있도록 해 줄 것이다.

참고문헌

1. Антология экономической классики. Предисловие И.А. Столярова. М.: МП Экон., 1993.

2. Андрианов В.Д. Теория саморегуляции рыночной экономики. Новая концепция устойчивого развития. Издательство РИО ≪Федеральный аналитический центр≫, М.: , 2007 г.

3. Андрианов В.Д. Теория саморегуляции рыночной экономики. В учебнике ≪Национальная экономика≫., 2 − е издание, М.: Экономистъ , 2007 г.

4. Андрианов В.Д. Теория саморегуляции рыночной экономики. В монографии ≪Социально − экономические модели в современном мире и путь России≫. М.: Экономика , 2003 г.

5. Анохин П.К. Очерки по физиологии функциональных систем. М.: Медицина, 1975 г.

6. Барр Р. Политическая экономия: В 2 − х томах. Пер. с французского. М.: Международные отношения, 1994.

7. Берталанфи Л. Общая теория систем. М.: Наука, 1970.

8. Бем − Баверк Э. Основы теории ценностей хозяйствен

ных благ. Л, 1929.

9. Блауг М. Экономическая мысль в ретроспективе. М..: Дело ЛТД, 1994.

10. Блюмин И. Очерки экономической мысли в России. М.: 1940.

11. Браунинг П. Современные экономические теории – буржуазные концепции. Пер. с англий ского. М.: Эконом ика, 1987.

12. Брентано Л. Опыт теории потребностей . Казань, 1921.

13. Булгаков С. История экономических учений : В 2 – х частях. М.:, 1914.

14. Бухарин Н.И. Политическая экономия рантье: Теория ценности и прибыли австрий ской школы. М., 1988.

15. Вальрас Л. Элементы чистой политэкономии. М., 1992.

16. Veblen T. The Place of Science in Modern Civilization and Other Essays. New York, Huebsch, 1919..

17. Веблен Т. Теория праздного класса. М.: Прогресс, 1984.

18. Всемирная история экономической мысли. (в 6 – ти томах.), МГУ им. М.В.Ломоносова, Гл. ред. В.Н.Черковец . М.: Мысль, 1987.

19. Гелбрей т Дж.К. Экономические теории и цели общес тва. М.: Прогресс, 1979.

20. Жамс Э. История экономической мысли XX в. М.: Ин остр. лит., 1959.

21. Зомбарт В. Строй хозяй ственной жизни. М., 1926.

22. История русской экономической мысли: В 2 – х тома х. Под ред. А. И. Пашкова. М.: Социально – экономиче ская литература., 1958.

23. История экономической мыли. Курс лекций : В 2 – х частях. Под. ред. И.Д. Удальцова и Ф.Я. Полянского. М.: МГУ, 1961.

24. История экономической мысли и России. Под ред. А. Макаровой . М., 1996.

25. История экономических учений . Под ред. А. Худоком ова, М.:МГУ1994.

26. История экономических учений . Минск.: ООО ≪Новое знамя≫, 2006 г.

27. Кей нс Дж. М. Общая теория занятости, процента и д енег. М.: Прогресс, 1978.

28. Кульман А. Экономические механизмы. Пер. с франц узского. М.: Прогресс, 1993.

29. Кларк Дж.Б. Распределение богатства. М.: Прогресс, 1992.

30. Ключевский В.0. Сочинения: В 9 томах. М.: Мысль. 1989.

31. Линдерт П. Экономика мирохозяй ственных связей : Пер. с англий ского Под. общ. ред. О.В.Ивановой . М.: Прогресс, 1992.

32. Ляшенко П. История экономических учений . Л., 1926.

33. Laffer A., Seymour J. The Economics of the Tax Rovolt: A Roader. N.Y., 1979.

34. Май бурд Е. Введение в историю экономической мыс ли. От пророков до профессоров. М., 1996.

35. Макашева Н.А. США: консервативные тенденции в эк ономической теории. М.: Наука, 1988.

36. Маршалл А. Принципы политической экономии: В 3 - х томах. М.: Прогресс, 1984.

37. Менгер К. Основания политической экономики: Авст рий ская школа политэкономии. М.: Прогресс, 1988.

38. Медоуз Д.Х., Медоуз Д.Л., Рандес И. За пределами рос та. М.: Прогресс, 1994.

39. МилльДж.С. Основы политической экономии: В 3 - х томах. М.: Прогресс, 1980.

40. Негиши Т. История экономической теории. Пер. с анг

лий ского. М., 1995.

41. North D. Institutions, institutional change and economic performance. Cambrige, 1996.

42. Ой кен В. Основные принципы экономической полит ики. М.: Прогресс, 1995.

43. Ой кен В. Основы национальной экономики. М.: Экон омика, 1996.

44. Осадчая И.М. Консерватизм против реформизма: две тенд енции в буржуазной политэкономии. М.: Мысль, 1984.

45. Осадчая И.М. Современное кей нсианство: Эволюция кей нсианства и неоклассический синтез. М.: Мысль, 1971.

46. Посошков И.Т. Книга о скудности и богатстве. М.: Со цэкгиз, 1937.

47. Пигу А.С. Экономическая теория благосостояния. В 2 – х томах. М.: Прогресс, 1985.

48. Пияшева Л. И. Экономический консерватизм: теория и международная практика. М., 1988.

49. Рикардо Д. Начало политической экономии и налого вого обложения. Соч. Т.I. М.: Политиздат, 1955.

50. Робинсон Дж. Экономическая теория несовершенной конкуренции. М.: Прогресс, 1986.

51. Родбертус К. Исследования в области национальной экономики классической древности. Выпуск 2. Яросл авль, 1881.

52. Садовский В.Н. Основания общей теории систем: лог ико – методологический анализ. М.: Наука, 1974.

53. Святловский В.В. История экономических идей в Ро ссии. С – Пб., 1923.

54. Селигмен Б. Основные течения современной эконом ической мысли. М.: Прогресс, 1968.

55. Сисмонди Ж. С. Новые начала политической эконом

ии или о богатстве в его отношении к народонаселе нию. М.: Соцэкгиз, 1937.

56. Смит А. Исследование о природе и причинах богатст ва народов. М.: Соцэкгиз, 1962.

57. Сэй Ж.Б. Трактат политической экономии. М., 1896.

58. Тиберген Я. Пересмотр международного порядка. М., 1980.

59. Флекснер К.Ф. Экономика с человеческим лицом. Пе р. с англий ского. М.: Международные отношения, 1994.

60. Friedman M. The essence of Friedman. Hoover institution Press, 1987.

61. Friedman M., Friedman R. Free to choose: a personal statement. San Diego etc., 1990.

62. Хай ек Ф.А. Дорога к рабству. М.: Экономика, 1992.

63. Хай ек Ф.А. Общество свободных. Лондон, 1990.

64. Hayek. F.A. Rules and Order. London, 1993.

65. Хансен Э. Экономические циклы и национальный до ход. М.: Прогресс, 1959.

66. Харрод Р.Ф. К теории экономической динамики. М., 1959.

67. Хикс Дж. Стоимость и капитал. М.: Прогресс, 1988.

68. Чемберлин Э. Теория монопольной конкуренции(Реор иентация теории – стоимости). М.: Экономика, 1996.

69. Шумпетер И. Теория экономического развития. М.: Пр огресс, 1982.

70. Эрхард Л. Благосостояние для всех. М.: Начало – Прес с, 1991.

71. Ядгаров Я. История экономической мысли. М., 1996.

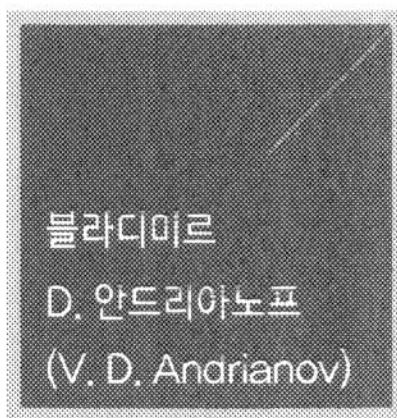

블라디미르 드미트리예비치 안드리아노프 (Vladimir Dmitrievich Andrianov) 현 러시아 연방 대통령인 D. A. 메드베데프가 수석 부총리 시절, 그의 경제자문위원이었다. 또한 러시아연방정부 대표인 M. E. 프라드코프와 M. M. 카샤노프의 자문위원이었다.

그는 경제학 박사이자 모스크바 국립대학교의 교수로서 러시아의 대표적인 경제학자이다. 330여 편의 연구결과물을 발표하였는데, 그중에는 15개의 저서와 21개의 공저가 있다. 그의 저술과 연구서 및 논문들은 여러 외국어(영어, 독일어, 포르투갈어, 한국어, 중국어, 일본어, 루마니아어 등)로 번역 출간되었다.

그의 주요 이론서는 현대 경제 시장의 기능 문제 및 지속 가능한 세계의 문명화, 세계 경제 및 국제 무역, 러시아의 대외 무역 관계, 신흥 산업국 및 경제적 전환기에 있는 국가들의 경제 등에 관한 연구서들이 있다. 또한 저자는 시장경제의 자율조절 이론과 기능적 경제시스템 이론을 통해 지속 가능한 발전이라는 개념을 창시하였다.

그는 '사회과학발전에 공헌'한 학자에게 수여하는 국제적 상인 러시아 경제학자 N. D. 콘드라티예프 메달의 다섯 번째 수상자이다. 이 상은 뛰어난 경제학자들이 노벨상에 버금가는 위상을 가진 것으로 인정하고 있다. 그는 또한 러시아 정부에서 수여하는 '2007년 최고의 저서 및 출판'상의 경제학 분야 수상자이기도 하다.

新경제제도론 – 지속가능한 발전을 위한 시스템과 조직

초판인쇄 │ 2008년 10월 25일
초판발행 │ 2008년 10월 25일

지은이 │ 블라디미르 D. 안드리아노프
펴낸이 │ 채종준
펴낸곳 │ 한국학술정보㈜
주 소 │ 경기도 파주시 교하읍 문발리 513-5 파주출판문화정보산업단지
전 화 │ 031) 908-3181(대표)
팩 스 │ 031) 908-3189
홈페이지 │ http://www.kstudy.com
E-mail │ 출판사업부 publish@kstudy.com

등 록 │ 제일산-115호(2000. 6. 19)
가 격 │ 23,000원

ISBN 978-89-534-9096-3 93320(Paper Book)
　　　978-89-534-9097-0 98320(e-Book)